裴毅然——著

紅色史褶裡的真相（五）

士林紅色‧域外紅感

自序

　　本集專題：紅色士林、域外紅感，史料為證，指謬共運，剖示赤潮歧引士林、毀我中華傳統、殘民禍國。

　　2000年，筆者復旦博士畢業，研究重心由文移史。文史雖鄰，畢竟隔界。研究興趣之所以發生「戰略大轉移」，源自對二十世紀國史那聲驚叫：「原來如此！」中共如此禍國，國史如此沉重，相形之下，文學之輕之飄，實難羈我奔史之蹄，求真價值百倍求美。讀史閱傳，強撼於衷，勢必欲言於外。如極驚訝吳宓1950年如此評議毛共：

　　可以相信，我們的祖國在共產黨手裡會富強，會屹立在世界的東方。……喊毛澤東萬歲也沒什麼，只要能致中國於富強，登斯民於康樂，我也歡迎。我認為什麼政體都能造福民眾。美國競選總統、英國君主立憲，不是一樣都國富民康嗎？……史實歷歷可考，任何一個朝代奠定之初，總得殺一些人，自不待言。……讀了毛澤東的〈論人民民主專政〉，「快哉此文！」……詞藻有太史公之風格，氣勢滔滔，淋漓盡致。……此文實為定正朔定國策之詔書。[1]

　　吳宓（1895～1978），陝西涇陽鄉紳子弟，1917～1921年留美清華生，哈佛文學碩士，對毛共認識如斯，竟認為任何政體都能造福民眾；百萬人頭落地的「鎮反」，歸為「總得殺一些人」；缺乏成例的共產圖紙，說是「可以相信」；個人崇拜也可接受……那一代士子的意識如此混亂、價值邏輯如此錯歧，大事相當不妙。

　　指罪為功、認邪為正，數代士林迷陷赤潮，走至自批其頰的「思想改造」、自誣其罪的「反右」、自撻靈魂的「文革」，豈非歷史必然？匯成中國共運一時滾滾的歷史成因不值得挖掘麼？不該將文化與

---

[1] 張紫葛：《心香淚酒祭吳宓》，廣州出版社1997年，頁97、100～101。

革命與歷史的關係警示後人麼？

中共自演自評，紅色史書按需剪裁，多虛少實，只有概念無有事實，以一二微觀「代證」宏觀全局。文革大亂，1967年7月毛澤東居然都說「形勢大好，不是小好。整個形勢比以往任何時候都好。」[2]二十世紀國史總不能任由中共自演自撰吧？

本人無力立功立德，尚可爭取一下「立言」。很晚才意識到：意識形態偏謬越大，人文學子「建功立業」的機遇也越大——國家不幸史家幸。

「莫之為前，雖美不彰；莫之為後，雖盛而不傳。」（韓愈〈與于襄陽書〉）反赤大業，無數前賢為導，相當時賢為赴，可待後賢為繼。共產赤說悖反人性、違棄人類基本經驗，國際共運當然無法紅旗長飄，第二代就已「西風殘照」。1990年「蘇東波」後，波蘭明令禁止三種主義——恐怖主義、納粹主義、馬列主義。國際共運已進入僵屍期，大陸已是黎明前的黑暗。

2017-10-25　Princeton

---

[2]　《建國以來毛澤東文稿》第12冊，中央文獻出版社（北京）1998年，頁385。

目次 │ CONTENTS

第九輯

士林紅色

最初的偏激

——讀史探幽

　　文革以後，寰內對左傾思潮漸聚共識，中共理論界也意識到左根極深，波及甚廣。世界範圍內，二十世紀獲稱「極端的世紀」。[1] 文革自然是極端的極端，不僅反中國舊傳統，且反西方新文明。2000年，王元化（1920～2008）反思：

> 我不贊成激進的東西。……中國的每次革命都覺得前面的做得不澈底，於是就要做得更澈底。一直到了「文革」，「兩個澈底決裂」就澈底得不能再澈底了，封、資、修全部打倒，新舊道德全都沒有了。

> 中國在個性長期得不到解放的狀況下，所以容易產生一種暴烈的、狂熱的情緒。[2]

　　超越歷史現實乃左傾特徵。1987年中共「十三大」趙紫陽報告：「離開了生產力標準，用抽象原則和空想模式來裁判生活。」[3]

　　那麼，這一社會態勢如何形成？價值趨向初起何處？讀史知往，撥微見著，或有助認清「最初的偏激」。

---

[1] 陳彥：〈從暴力革命到「絲絨革命」：革命的歷史和趨勢〉，載《當代中國研究》（美）2005年秋季號，頁15，注釋6。

[2] 王元化：〈我不贊成激進的東西〉，載《英才》（北京）2000年第10期。《報刊文摘》（上海）2000-11-6摘轉。

[3] 趙紫陽：〈沿著有中國特色的社會主義道路前進〉（1987-10-25），載馮世平：《中國特色：中國共產黨第十三次全國代表大會》，河北人民出版社2012年，頁45。

康有為的「殺變論」

清人魏源（1794～1857）：「變古愈盡，便民愈甚。」[4]只看到傳統對現實束縛的一面，未看到傳統乃經驗沉澱更厚重的另一面。對傳統不屑一顧，整筐扔棄，正是左傾最初之腳步。

1898年6月16日，戊戌變法之初，康有為（1858～1927）在朝房等候光緒召見，碰到榮祿。榮祿（1836～1903）：「法是應該變的，但是一二百年的老法，怎能在短期內變掉呢？」康有為忿對：「殺幾個一品大員，法就可以變了。」平心而論，榮祿並無不當，至少支持變法。康有為惟殺是瞻，失智失理。高舉屠刀如何團結一切能團結的力量？維新派初萌稚弱，推行維新，必然依靠「統一戰線」。

戊戌前，禮部主事王照（1859～1933）勸康有為先辦教育培養維新人才，然後徐圖變法，康有為答局勢嚴重，來不及了。

斷送甲午後大好維新形勢，致因之一實為維新派過於激進，不顧現實地欲一步到位，畢其功於一役。史家唐德剛（1920～2009）：「教條主義之為害中國，康有為是始作俑者。」[5]

清末名士、張之洞幕僚陳曾壽（1878～1949）：戊戌變法操之過急，事機不密，以致光緒幽禁以歿，追源禍始，康有為應負全責。1927年康有為去世，門人徐良上天津請求溥儀賜諡，廢帝伴臣陳寶琛、鄭孝胥認為戊戌失敗，致光緒一蹶不振，幽死瀛台，康有為實為禍端，不應予諡。[6]

戊戌後，康有為感恩知遇，力主君主立憲，不支持革命。1911年，一位留日生問康有為：

何以人人皆談革命，推翻滿清創立共和，而南海先生卻仍主保

---

[4] 魏源：〈默觚〉（下・治篇五），載《魏源集》，中華書局（北京）2009年，上冊，頁48。

[5] 唐德剛：《晚清七十年》，嶽麓書社（長沙）1999年，頁348。

[6] 周君適：《偽滿宮廷雜憶》，四川人民出版社1981年，頁12、19。

皇，擁戴君主立憲？

康有爲答：

我國民智未開，驟行共和，必致內爭。墨西哥之九十年內亂，法蘭西八十三年內爭，是皆前車之鑒。國已凋敝，如再割據內訌，其如生民何？當今急務，不在政體之君憲抑共和，而在救亡圖存，避免內爭，休養生息，徐致富強，以防列強之瓜分耳。虛一君位，執以號令全國，政令得以貫通……虛君，虛一土木偶神耳。……立憲後，君主乃冷廟一木偶耳，民可立之，亦可去之。

君主立憲，頂層設計，漸趨憲政，大大降低社會動盪。歷史證明康氏洞見閃閃發光。保持對傳統的敬畏，等於保持文化對革命的制衡，不至於走上「迷信未來鄙視既往」的不歸路。馬列赤潮一起，紅色專列沒了剎車，社會爲變革所支付的代價，遠遠超出可逆之改良。奈何「時人不諒其苦，每責難之。」[7]

梁啟超《新大陸遊記》（1903）：

自由云，立憲云，共和云，如冬之葛，如夏之裘，美非不美，其如於我不適何！……一言以蔽之，則今日中國國民只可以受專制，不可以享自由。……吾國民二十年、三十年乃至五十年，夫然後與之讀盧梭、論華盛頓不遲也。[8]

但當時青年都不要聽這樣的「不遲論」。1904年，青年陳獨秀、章士釗、蔡元培均加入反清「暗殺團」（以「鼓吹、暗殺、起義」爲三大任務），整整月餘在上海搞炸藥試驗。[9]原本反對暗殺的汪精衛（1883～1944），也參與刺殺攝政王載灃。1919年江蘇宜興小學，學生在城隍廟演出文明戲〈朝鮮亡國恨〉，歌頌刺殺日本前首相、朝鮮

7　康同璧：〈回憶康南海史實〉，載《文史資料選輯》第23輯，中華書局（北京）1962年，頁208、206。

8　梁啟超：《新大陸遊記》，湖南人民出版社1981年，頁148。

9　〈蔡元培自述〉，河南人民出版社2004年，頁50～51。陳獨秀：〈蔡子民先生逝世後感言〉，原載《中央日報》（重慶）1940-3-24。參見陳平原、鄭勇編：《追憶蔡元培》（增訂本），三聯書店（北京）2009年，頁370。

總督伊藤博文的安重根,「娶妻當娶蘇菲亞,嫁夫當嫁瑪志尼」,刺客成為青年偶像。1921年,胡適撰〈四烈士塚上的沒字碑歌〉——

　　他們是誰?/三個失敗的英雄,/一個成功的好漢!/他們的武器:/炸彈!炸彈!/他們的精神:/幹!幹!幹!……[10]

　　四烈士:楊禹昌、張先培、黃之萌、彭家珍,前三者用炸藥暗殺袁世凱,失敗而死,後一人炸良弼,成功而死。

　　戊戌後,「風氣大變,倡言革命已勝過求學。……大家的心目中,演講會是一件大事,比功課不知重要多少倍。……《蘇報》闢『學界風潮』欄,借資號召,聲價大起。」[11]文化也開上激進之道。桐城大將吳汝綸(1840～1903)倡議「廢滅漢字」——

　　中國非廢漢文無以普及教育,蓋漢文過於艱深,人自幼學之,非經數十年寒暑,不能斐然可觀,而人已垂老無用,吾國學問不及東西洋之進步者此也。[12]

　　費正清(1907～1991)評曰:

　　在同革命派競爭之後,梁的開明漸進的主張失敗了,因為它沒有什麼行動綱領,不能馬上產生效果,也不能滿足那些希望一下子就摧毀舊秩序和拯救中國的熱情愛國青年的要求。對於那批素來受過抽象原則教育而不是受過行動訓練的學者來說,革命黨人氣勢磅礴的行動計畫很有吸引力。[13]

---

[10] 胡適:〈四烈士塚上的沒字碑歌〉,原載《新青年》卷九第2號(1921-6-1)。參見歐陽哲生編:《胡適文集》,北京大學出版社1998年,卷九,頁173。

[11] 俞子夷:〈回憶蔡元培先生和草創時期的光復會〉,載《文史資料選輯》第77輯,文史資料出版社(北京)1981年,頁7。

[12] 曹聚仁:《文壇五十年》(正編),香港新文化出版社1954年,頁23。

[13] (美)費正清(John King Fairbank):《美國與中國》,張理京譯,世界知識出版社(北京)2003年,頁194。

孫中山的急變論

革命之初，困難多多，黨人急功近利，治標不治本乃歷史必然。治本耗時，難見時效，黨徒聚議、號召百姓，必掛幌「一夜變國」，哪肯做基礎鋪墊工作？1905年，嚴復（1854～1921）與孫中山會晤英倫，討論中國變革。嚴復持漸進論，認為應從教育入手：

中國民品之劣、民智之卑，即有改革，害之除於甲者將見於乙，泯於丙者將發於丁。為今之計，惟急從教育上著手，庶幾逐漸更新也。

孫中山回答：俟河之清，人壽幾何？君為思想家，鄙人乃執行家也。[14]

孫中山急於事功，浮於言表。辛亥革命固為偉業，然未能兼顧治本（文化建設），遺禍無窮。辛亥後，19歲的顧頡剛（1893～1980）加入中國社會黨，多年後回憶：

我們這一輩人在這時候太敢作奢侈的希望了，恨不能把整個的世界在最短的時間之內澈底的重新造過，種族革命之後既連著政治革命，政治革命之後當然要連著社會革命，從此直可以到無政府無家庭無金錢的境界了。[15]

張國燾回憶：

一般青年的思想是在從一點一滴的社會革新、走向更急進的政治改革方向去。[16]

從孫中山「俟河之清，人壽幾何」，到辛亥青年顧頡剛「太敢作奢侈的希望」，再到五四學生領袖張國燾「走向更急進的政治改革方向」，一脈之承，其絡甚清。

---

[14] 嚴璩：〈侯官嚴先生年譜〉。轉引自湯一介編：《北大校長與中國文化》，北京大學出版社1998年，頁52。

[15] 顧頡剛：〈十四年前的印象〉。轉引自顧潮：《歷劫終教志不灰》，華東師大出版社（上海）1997年，頁26。

[16] 張國燾：《我的回憶》，東方出版社（北京）1998年，冊一，頁21。

1911年11月，英國某刊在倫敦就武昌舉義採訪孫中山，孫中山將建立共和看得很容易：

……中國，由於它的人民性格勤勞和馴良，是全世界最適宜建立共和政體的國家。在短期間內，它將躋身於世界上文明和愛好自由國家的行列。[17]

只有經歷了政治革命，發現社會不可能速變，這才認清變革的艱難性。于右任（1879～1964）回顧創辦上海大學：

思以兵救國，實志士仕人不得已而為之；以學救人，效雖遲而功則遠。[18]

戊戌變法失敗，吾華大不幸。當時朝野對清廷多寄託望，慈禧弄權，堅拒變法，六君子血灑菜市口。維新改良既死，「清廷不可恃」，勢必認可革命。庚子後，清廷意識到變法的必要性，慈禧啟動政改，因失信任，無力平息革命浪潮。清廷對變法的這一認識時差，致使赤潮勃興。

從五四到大革命

上海《時報》總編、後任《申報》總編的陳景韓（1878～1965），同盟會員，1904年撰小說〈俠客談·刀餘生傳〉，借強盜頭領宣布改造社會的方法──「28殺」：

鴉片煙鬼殺、小腳婦殺、年過五十者殺、殘疾者殺、抱傳染病者殺、身體肥大者殺、侏儒者殺、軀幹斜曲者殺、骨柴瘦無力者殺、面雪白無血色者殺、目斜視或近視者殺、口常不合者殺（其人心思必收檢）、齒色不潔淨者殺、手爪長多垢者殺、手底無堅肉腳底無厚皮

---

[17] 薩本仁、潘興明：《二十世紀的中英關係》，上海人民出版社1996年，頁71。

[18] 張元隆：〈于右任執掌上海大學〉，載《世紀》（上海）2004年第1期，頁38。

者殺（此數皆為懶惰之證）、氣足者殺、目定者殺、口急或音不清者殺、眉蹙者殺、多痰噎者殺、走路成方步者殺（多自大）、與人言搖頭者殺（多予智）、無事時常搖其體或兩腿者殺（腦筋已讀八股讀壞）、與人言未交語先嬉笑者殺（貢媚已慣）、右膝合前屈者殺（請安已慣故）、兩膝蓋有堅肉者殺（屈膝已慣故）、齒常外露者殺（多言多笑故）、力不能自舉其身者殺（小兒不在此例）。

錢玄同（1887～1939）名句：「人到四十就該死，不死也該槍斃。」[19]上下一片殺聲，與戊戌康有為的「殺幾個一品大員」，純屬巧合乎？

五四遊行很快演變成暴力打砸，民主之花結出暴力之果。親歷者陳公培（1901～1968）記述：

（千餘遊行者）再到曹汝霖家，曹家鐵門緊閉，學生站在胡同裡僵持著，用旗桿子挑屋簷上的瓦片，瓦片掉到地上，同學們因在胡同僵持時久氣憤難耐就拿瓦片當武器，敲破當街房屋的玻璃窗，有幾個學生就從窗門爬進去（劉仁靜就是其中之一），打開大門放進群眾，人多手雜，就發生了砸家具打人的事。[20]

親日派官員章宗祥，其子清華生，悄然走避，同學不依不饒，搗爛床鋪，將其衣箱翻得狼藉滿地。學生進城遊行，堵塞街道，一聲吆喝便搗毀私家汽車。上了三旬的梁實秋（1903～1987），憶及仍認為：

那部被打的汽車是冤枉的，可是後來細想也許不冤枉，因為至少那個時候坐汽車的不該挨打的究竟為數不多。[21]

---

[19] 孫伏園：〈呈疑古玄同先生〉，載《京報》（北京）1925-10-2（副刊第287號）。

魯迅詩嘲錢玄同——作法不自斃，悠然過四十。何妨賭豬頭，抵當辯證法。魯迅日記1932-12-29，載《魯迅全集》第15集，人民文學出版社（北京）1981年，頁45。

[20] 陳公培：〈關於上海建黨和旅歐勤工儉學的回憶〉，載王來棣採編：《中共創始人訪談錄》，明鏡出版社（香港）2008年，頁251。

[21] 梁實秋：〈清華八年〉，載楊揚等選編：《二十世紀名人自述》（文人自述），杭州大學出版社1998年，頁224。

如此思維，以富為仇，幾近文革邏輯。就連哲學家張申府（1893～1986），也一度認為所有帶危險性的思想都是好事。

1922年，青年陳伯達（1904～1989）撰詩〈我覺悟〉──

啊，我們沒有立足的地方！似這般地布滿了荊棘。

啊，我們不能夠生存了！以這般地充滿了豺狼。

哦，我覺悟了：快磨我們的快刀，把荊棘伐盡；哪怕無立足的地方！

哦，我覺悟了；快造我們的子彈，把豺狼殺盡；哪怕不能夠生存！

我同志們喲！向前喲向前！不要害怕！不要退卻！不久就要達到我們所理想的所希望的一切了！[22]

空洞呼喊，否定一切，現實漆黑，無法立足，非得刀槍殺豺狼，才能實現理想。不瞭解國情，就敢為國家開藥方。這般盲目去搞社會革命，能將革命引向何方？能創造出什麼「新社會」？

紅士夏衍（1900～1995），九旬終悟：

我們當時所以犯「左」的錯誤，就是由於對中國的國情瞭解得不夠。[23]

大戶子女劉清揚、鄧穎超參加南開中學覺悟社，為表示與舊家庭斷絕關係，以編號為筆名。劉清揚號數廿五，筆名「念吾」。[24] 1920年浙江法政學校學生李逸民（1904～1982）：「覺得無政府主義解決問題更為痛快。」[25]

「一戰」使中國知識界懷疑西方文明的優越性。1922～23年，羅素（Bertrand Russell，1872～1970）訪華，發表觀感：

---

[22] 陳健相（陳伯達原名）：〈我覺悟了〉，原載《惠安旅廈學會月刊》1922年第2期。參見陳伯達：《最後口述回憶》，陽光環球出版公司（香港）2005年，頁6～7。

[23] 李子雲：《我經歷的那些人和事》，文匯出版社（上海）2005年，頁42。

[24] （美）舒衡哲：《張申府訪談錄》，李紹明譯，北京圖書館出版社2001年，頁56、79。

[25] 《李逸民回憶錄》，湖南人民出版社1986年，頁7。

他們（按：中國知識分子）對於我們的文明也抱有懷疑的態度。他們之中有好幾個人對我說，他們在1914年之前還不怎麼懷疑，但「大戰」讓他們覺得西方的生活方式中必定有缺陷。……有些年輕人甚至以為蘇俄的布林什維主義正中下懷。[26]

一批激進知青認為共產主義是最先進的人文學說，矯治西方現行制度最佳藥方，奉而行之，中國可實現跨越式發展。十月革命後，「走俄國人的路」，在左翼青年中漸成「正宗」，似乎是走向現代化的最佳途徑。

文化上，偏激之風四處沖激。吳稚暉指導青年學生：

文學不死，大亂不止。[27]

五四名言「金錢乃萬惡之首」，將金錢判為沾碰不得的汙物。看起來很高尚，實質否棄經驗沉澱之物。1950～70年代，「金錢乃萬惡之首」成為中共價值基礎，直到文革實行《共產黨宣言》的「兩個澈底決裂」——與傳統的所有制關係實行最澈底的決裂、與傳統的觀念實行最澈底的決裂。

1920年8月，留法青年李維漢（1896～1984），對「俄國式的革命，我根本上有未敢贊同之處」，但很快完全認同「要以革命暴力戰勝反革命暴力，以無產階級專政代替資產階級專政」。一幫二十來歲青年，聚會數日，討論「改造中國與世界的目標和道路……從人生觀到宇宙觀，從個人理想到人類未來，差不多都說遍了。」

1920年12月1日，毛澤東致函新民學會留法好友——

……無政府主義、德謨克拉西主義在今天行不通，用平和的手段、教育的方法來改造社會也做不到。

毛澤東支持蔡和森的紅色激變——組織共產黨、實行無產階級專

---

[26] （英）伯特蘭・羅素：《中國問題》，秦悅譯，學林出版社（上海）1996年，頁152～153。

[27] 曹聚仁：《文壇五十年》（正編），香港新文化出版社1954年，頁14。

政、仿行俄國十月革命。[28] 氣魄大，經驗乏，以有限認識支撐宏大改造，只能靠理想打氣鼓充，危險因裹於理想難以辨識，看不到暴力的危害性。中共的激變論——短期內成為現代強國，當然是無法完成的政治目標，包涵諸多危險。

五四青年大多信奉「行動高於一切」，包惠僧（1894～1979）：

巴枯甯曾說過：「一次暴動要勝似十萬傳單」，這是一個真理。[29]

1925年2月，黃埔學生軍第一次東征，口號「不要錢，不要命，愛國家，愛百姓」。[30] 不要錢，愛國家，愛百姓，沒錯，但附上「不要命」，將生命看得如此輕快，已蘊危險——既然生命都無所謂，其他價值還能附著麼？

紅女秦德君（1905～1999），九旬憶及1919年在成都女校剪辮、遊行、燒日貨，遭校方開除——

我在離開學校的時候，跑到校長辦公室，準備把頑固保守的校長周烈痛打一頓，向他「辭行」，但他不開門，我氣得舉起拳頭，「嘩啦」一聲，砸破一塊窗玻璃，才悻悻離去。[31]

校方難道不該制止學生的暴力麼？被開除學生就可「打砸」麼？九旬老嫗不檢討自己，還理直氣壯責怪校方不支持她的「革命暴力」。這一代革命者終生奉紅色暴力為「正朔」，左痕尤顯。1978年，中共統戰部長李維漢（1896～1984），回憶五四長沙學生砸抄店鋪，焚燒二十四日本紡布，仍持讚揚之態。[32]1980年代中期，中共元帥徐向前（1901～1990），仍揄揚蘇區口號：「殺盡土豪劣紳」。[33]

---

[28] 李維漢：《回憶與研究》，中共黨史資料出版社（北京）1986年，上冊，頁17、19。

[29] 《包惠僧回憶錄》，人民出版社（北京）1983年，頁72。

[30] 徐向前：《歷史的回顧》，解放軍出版社（北京）1988年，頁24。

[31] 秦德群、劉淮：《火鳳凰——秦德君和她的一個世紀》，中央編譯出版社（北京）1999年，頁8。

[32] 李維漢：〈回憶新民學會〉，載《文史資料選輯》第59輯，文史資料出版社（北京）1979年，頁8。

[33] 徐向前：《歷史的回顧》，解放軍出版社（北京）1988年，頁57。

1926年底，湖南農運正烈，衡陽女三師學生曾志（1911～1998）：

到處都在打土豪劣紳，屬於紳士之列的父親很害怕。在逃經長沙途中，經過衡陽來看我，我不想見他，給他寫了封信，信中說：「我現在是革命者，你逃避農民運動就是反對革命，我不能見你，以後也不承認你是我父親」。[34]

1926年，胡適都接受階級論與社會主義：

十八世紀的新宗教信條是自由、平等、博愛。十九世紀中葉以後的新宗教信條是社會主義。這是西洋近代的精神文明，這是東方民族不曾有過的精神文明。……十九世紀以來，個人主義的趨勢的流弊漸漸暴白於世了，資本主義之下的苦難也漸漸明瞭了。遠識的人知道自由競爭的經濟制度不能達到真正「自由、平等、博愛」的目的。向資本家手裡要求公道的待遇，等於「與虎謀皮」。救濟的方法只有兩條大路：一是國家利用其權力，實行裁制資本家，保障被壓迫的階級；一是被壓迫的階級團結起來，直接抵抗資本階級的壓迫與掠奪。於是各種社會主義的理論與運動不斷地發生。西洋近代文明建築在個人求幸福的基礎之上，所以向來承認「財產」為神聖的人權之一。但十九世紀中葉以後，這個觀念根本動搖了。……幾十年之中，有組織的勞動階級遂成了社會上最有勢力的分子。……這個社會主義的大運動現在還正在進行的時期，但他的成績已很可觀了。……這是「社會化」的新宗教與新道德。[35]

1954年，胡適認識到社會主義並非變革發展必由之路，認同海耶克的「計畫經濟必然反自由、必然通往奴役之路」，對1926年這篇影響甚大的講演公開懺悔：

---

34 曾志：《一個革命的倖存者》，廣東人民出版社1999年，頁42。
35 胡適：〈我們對於西洋近代文明的態度〉，原載《現代評論》（北京）第4卷第83期（1926-7-10）。歐陽哲生編：《胡適文集》，北京大學出版社1998年，卷四，頁10～11。

　　在民國十五年六月的講詞中，我說「十八世紀的新宗教新信條是自由、平等、博愛；十九世紀中葉以後的新宗教信條是社會主義」。當時講了許多話申述這個主張。現在想起，應該有個公開懺悔。不過，我今天對諸位懺悔的，是我在那時與許多知識分子所同犯的錯誤；在當時，一班知識分子總以為社會主義這個潮流當然是將來的一個趨勢。[36]

　　從五四到大革命，犁庭掃穴的紅色風暴已從意識形態埋下禍根。當時名言──「把線裝書扔入廁所去！」（吳稚暉）「所有中國的古書都有毒。」（魯迅）「把四千年的『國粹』同時推翻，因為這都是與帝制有關係的東西。」（錢玄同）「中國這二千年何以沒有真有價值真有生命的『文言的文學』？」「重新估定一切價值。」（胡適）[37]傅斯年將家庭斥為「萬惡之源」[38]。大革命時期，毛澤東家遭哥老會搶劫，毛澤東竟對母親說：「搶得好，人家沒有嘛！」毛母當然很不認同這種「沒有就可以搶」的邏輯。[39]

　　權威崩坍、價值失範、秩序失控，既有文化喪失價值功能，種種偏激無以繩範，各種社會事務的處理脫序混亂，淪為情緒化、未來化（以未來代替現實），全社會一步步走向極端化。

　　進化論以新舊區分優劣，凡新皆美皆進步，凡舊必醜皆落後，激進、新式享有免疑特權，批評新觀念新事物便是反動頑固。說來好笑，前些年還走在時代前列的梁啟超、章太炎、梁漱溟、林紓，竟已落伍──保守主義者、傳統主義者。創造社之所以攻擊魯迅，也是覺

---

[36] 胡適：〈從《到奴役之路》說起〉（1954-3-5），原載《自由中國》（台北）第10卷第6期（1954-3-16）。歐陽哲生編：《胡適文集》，北京大學出版社1998年，卷12，頁834。

[37] 胡適：〈建設的文學革命論〉（1918），載趙家璧主編：《中國新文學大系》，良友圖書公司（上海）1935年，集一，頁157。

[38] 傅斯年：〈萬惡之源〉，載《新潮》創刊號（1919-1）。收入《傅孟真先生集》（台灣大學發行，1952），冊一，丙（社會問題），頁5。

[39] 龔育之：〈聽毛澤東談哲學〉，原載《北京黨史》2003年第12期。《學習時報》（北京）連載：2004-1-5、12、19、2-9。
　　《龔育之回憶：「閻王殿」舊事》，江西人民出版社2008年，頁227。

得魯迅已落伍，沒了革命性，成了時代洪流絆腳石。

王元化認為五四缺陷明顯：意圖倫理、功利主義、激進情緒、庸俗進化。[40]香港學人金耀基（1935～　），評述辛亥～五四社會情緒：

> 清政權已經被推翻了，可是中國還是不行。於是，大家就認定：要想中國強大，非把中國文化打倒不可；只有打倒了孔家店，才能讓西方和各種現代化理論進到中國來。……他們（五四知識分子）不再認定有中國文化才有中國，相反，他們把中國文化與中國的民族命運區分開來，甚至對立起來。在他們看來，中國的出路只有實現現代化，而現代化的途徑只能是全盤西化。從某種程度上說，孫中山是如此，陳獨秀是如此，魯迅是如此，胡適之也是如此……[41]

正是因了1920年代看不起中華文化，才有1990年代看不見中華文化。整個二十世紀，中國思想界一個勁張揚五四新文化運動「破」的一面，充分挖掘「破」的正面效應，而對其摧毀傳統、過激偏行的負面效應，充耳不聞閉口不談。這不，二十一世紀了，中共思想工作順口溜：「通不通，三分鐘；再不通，龍捲風。」還是要你聽他的，「消化咀嚼」的時間都不給。

學衡派、徐志摩的弱聲

辛亥前，老者曾呼：「天下之亡，不亡於長槍大劍而亡於三寸毛錐。」力主新學的張之洞，晚年見激潮洶洶，人心日浮，天下動搖，頗生悔心，袖手嗟歎。[42]1911年，梁漱溟之父得知兒子參加同盟會，勸誡：「立憲足以救國，何必革命？」[43]1919年，北京幾位老吏搥桌

---

[40] 王元化：〈記我的三次反思歷程〉。載王元化：《清園近作集》，文匯出版社（上海）2004年，頁19。

[41] 金耀基：《中國的現代轉向》，牛津出版社（香港）2004年，頁242。

[42] 胡思敬：《國聞備乘》，上海書店出版社1997年，頁56，84。

[43] 梁漱溟：《年譜》，頁24。轉引自林毓生：《中國傳統的創造性轉化》，三聯書店（北京）1988年，頁209。

歎氣：「不好了，過激派到了中國了。」[44]

1920年初，浙江督軍、省長密電北京大總統、國務院：

《新社會》、《解放與改造》、《少年中國》等書以及上海《時事新報》，無不以改造新社會、推翻舊道德為標幟，掇拾外人過激言論，迎合少年浮動心理，將使一旦信從，終身迷惘。[45]

今天還能嘲笑這些言論昏聵老邁麼？不感佩前賢的經驗麼？很清楚，傳統被棄，勢必社會失範——世人拿什麼去裁量檢驗各式新說的理性內涵？

五四時期，主張保持傳統連續性的學衡派，遭到不屑一顧的蔑視。學衡派認為新舊存在聯繫，應疏通對接傳統與現代，強調傳統價值，否認以新為貴，不贊同以進化論全盤否定傳統。《學衡》創刊號並印孔子、蘇格拉底頭像，意味深長——兼顧中西。學衡派的觀點如為國人普遍接受，二十世紀很多悲劇便不會發生。歷史證明：學衡派觀點似右實正，似慢實快。

五四新思潮的躁躁然偏激，一方面對西方各式近代學說缺乏必要消化，急急擇取，一方面也裸露一哄而上雜亂無序的民族劣根。文革後，寰內學界還不是重返傳統，重拾丟棄半個世紀的「國粹」、重新確立「傳統」價值，從中撥找中華文化的「世界價值」？

人類社會的一切離不開歷史，離不開經驗凝結的傳統。1970年代，金耀基：

世上可以有不同形態的「現代化」，但絕沒有「沒有傳統的現代化」。[46]

將傳統視為現代化的對立面，將傳統否定得越澈底，自然越無繼

---

[44] 胡適：〈多研究些問題，少談些「主義」〉，原載《每週評論》（北京）第31號（1919-7-20）。收入歐陽哲生編：《胡適文集》，北京大學出版社1998年，卷二，頁250。

[45] 陳福康：《一代才華——鄭振鐸傳》，上海人民出版社1996年，頁23。

[46] 金耀基：〈沒有「沒有傳統的現代化」〉，載金耀基《中國現代化與知識分子》，時報出版社（台北）1977年，頁230。

承傳統的必要性。越缺乏對傳統的虔敬，自然越滑向「澈底革命」。一個自認為最先進最科學最智慧的政黨，還需要向歷史學習麼？還可能向傳統學習麼？

五四遊行隊伍中，幾人意識到「德先生」、「賽先生」的真正內涵？1920年1月，青年哲學家張申府提醒學生：學運應注意自我解放，而非簡單推動政制改革。他提出思想自由的重要性：如果政府藉口需要人民效忠，禁止思想自由，那麼藉口愛國熱情也可禁止思想自由。[47]張申府與梁漱溟不僅看到政治風潮帶來的社會改革，也看到一同而來的思想文化的危機。但幾人聽得進或理解得了這一層次的哲思？幾人意識得到思想革命比政治革命比制度革命更重要？那些忙於街頭演講、城市罷工的青年政治家，既沒時間也沒興趣來搞費時費力的文化批判。他們將政治革命視為救國捷徑，文化革命在他們看來實在太迂緩了。

1926年1月，徐志摩憑直覺指出在中國搞階級革命缺乏現實基礎：

至於中國，我想誰都不會否認，階級的絕對性更說不上了。我們只有職業的階級士農工商，並且沒有固定性；工人的子弟有做官的，農家人有做商的，這中間是不但走得通，並且是從不曾間斷過。純粹經濟性的階級分野更看不見了──至少目前還沒有。

……這共產革命，按我淺薄的推測，不是起源於我們內心的不安，一種靈性的要求，而是盲從一個根據不完全靠得住的學理，在幻想中假設了一個革命的背景。

徐志摩還看出共產赤說的褊狹：

共產黨的眼裡，據說，只認識階級，不認識種族。

但我卻不希望他（列寧）的主義傳佈。我怕他。……他是一個Fanatic（狂熱分子）……他的議論往往是太權宜，他的主張不免偏窄。

在政治學上根本就沒有萬應散這樣東西。過分相信政治學的危

---

47 （美）舒衡哲：《張申府訪談錄》，李紹明譯，北京圖書館出版社2001年，頁55。

險，不比過分相信宗教的危險小。我們不要叫雲端裡折過來的回光給迷糊了是真的。青年人，不要輕易謳歌俄國革命，要知道俄國革命是人類史上最慘烈苦痛的一件事實……這不是鬧著玩的事情，不比趁熱鬧弄弄水弄弄火搗些小亂子是不在乎的。[48]

徐志摩的聲音不僅當時很弱，此後五十多年更是被斥「反革命」。

大革命時期，武漢政府靈魂人物鄧演達（1895～1931），持守中間路線，反對國共分裂，贊成兩黨繼續合作，但不同意共產黨的土地政策與極端舉措，擁護私有政策。因此，國共兩邊都不認可他。1927年6月15日前後，正當國民革命進行到危急關頭，鄧演達突然撂挑子，與蘇俄顧問鐵羅尼祕密赴俄。[49]鄧演達出走，實為中間路線在中國走不通之標誌。

「鬧紅」之烈

廣西海陸豐蘇區一開張，僅十幾天，海豐縣就殺了1686名豪紳、「反革命」；海豐、陸豐兩縣萬餘人外逃汕頭、香港。[50]據中共史料：海陸豐蘇區頒佈「七殺令」，所有富人均不能免；湘贛蘇區「16歲以上30歲以下豪紳家屬的壯丁無論男女都殺掉了」。[51]要將「有能力反革命的」預先除掉。[52]江西中央蘇區興國縣，紅色上將陳奇涵（1897～1981）：「在冬至祭祖的時候不分親疏，群眾認為可恨的土豪劣紳，拖出祠堂門口就殺了。」〈贛南工農暴動歌〉：「農村大革命，打土豪斬劣紳，一個不留情。」[53]革命手段無限制、道德原則

[48] 志摩：〈列寧忌日──談革命〉，原載《晨報》（北京）1926-1-21。收入《徐志摩全集》，天津人民出版社2005年，卷二·散文（2），頁356～359。
[49] 《包惠僧回憶錄》，人民出版社（北京）1983年，頁345～346。
[50] 《東江革命根據地史》，中共黨史資料出版社（北京）1989年，頁58。
[51] 鍾貽謀編：《海陸豐農民運動》，廣東人民出版社1957年，頁102。
[52] 《湘贛革命根據地》，中共黨史資料出版社（北京）1990年，頁270。
[53] 陳奇涵：〈贛南黨的歷史〉，載《回憶中央蘇區》，江西人民出版社1981

工具化，暴力溢堤，當然不可能得到大多數民眾擁護。湘鄂贛根據地
——

　　亂捉亂殺，造成群眾及黨內恐怖現象，以肅反代替了黨內的思想
鬥爭，使同志不敢說話，甚至開除一個同志，恐其反動就把他殺了。[54]

　　鄂東反改組派的鬥爭亦雖然是正確的，但捕殺工農分子約三千
人，使群眾畏懼，而其生活落入非常狀態。[55]

　　階級路線甚遭反對：「許多群眾說富農有好的（如修水群眾說
富農有仁慈的），不要反對……平江敵人來進攻時，許多中農去投
降敵人。」[56]湘鄂贛蘇區「地主階級無論如何不分配土地，富農只能
按勞動力分配較壞的土地。」[57]不給地富出路，逼著人家出逃或「起
來」。

　　1929年，流亡海外的柳亞子得悉毛澤東豎旗井岡山，詩賀：「神
烈峰頭墓草青，湖南赤熾正縱橫；人間毀譽原休問，並世支那兩列
寧。」列寧下注：「孫中山、毛潤之」。神烈峰即南京紫金山。[58]對
暴力革命的危險毫無警覺。

　　1927年南昌暴動，宣布只沒收200畝以上地主的土地；土地革命
時期則一次次收縮。1933年，擁地十畝甚至不足十畝，只要主要生活
來源依靠部分收租，即便部分自耕，一律劃地主；雇一二人助耕便
是富農。地富屬剝削階級、革命對象，一概殺之。1933年5月下旬，
周恩來在瑞金主持「中央政府」會議，根據第三國際指示宣布農村

年，頁8～9。

[54] 〈蘇區中央局致湘鄂贛省委的信〉（1932-1-20），載《湘鄂贛革命根據地
　　文獻資料》，人民出版社1986年，輯二，頁10。

[55] 〈中共湘鄂贛省第二次代表大會肅反鬥爭決議案〉（1932-9），載《湘鄂
　　贛革命根據地文獻資料》，人民出版社1986年，輯二，頁408。

[56] 〈××同志關於湘鄂贛青年團工作給中央的報告〉（1932-9-3），載《湘
　　鄂贛革命根據地文獻資料》，人民出版社1986年，輯二，頁435。

[57] 〈湘鄂贛省蘇維埃政府對全省選民的工作報告〉（1932），載《湘鄂贛革
　　命根據地文獻資料》，人民出版社1986年，輯二，頁566。

[58] 陳微主編：《毛澤東與文化界名流》，人民出版社2003年，頁210。

政策：「消滅地主，反對富農，中立中農，聯合貧農，以雇農為基礎。」只剩下赤貧雇農是革命的基本力量，貧農都只是聯合對象，對地主則「肉體消滅」。[59]

越無產越革命，越有產越反動。貧農多少有點財產，革命性自然不如雇農。周恩來可能忘了，他這位堅定革命者，可是出身最最「反動兇惡」的官僚地主。

越來越激進

從洋務運動到戊戌變法，再到辛亥革命、五四新文化運動……越來越激進，緩進的階段論被越來越澈底否定。晚清「僅袁世凱、張之洞等人奏摺中關於改革科舉制所提出的辦法，幾乎是幾月一變，一變就躍進一大步；前折所提議的措施尚未及實施，新的進一步建議已接踵而至。原擬用十年時間逐步以學堂代科舉，而不過一年，便不能等待學堂制的成熟即一舉將科舉制澈底廢除了。」[60]對科舉的負面效應認識得相當澈底，對科舉的政治文化功能卻無視忽略。

1905年7月東京同盟會籌備會，孫中山解釋十六字政綱：

本會係世界最新之革命黨，應立志遠大，必須將種族政治社會三大革命，畢其功於一役。[61]

1920～30年代，偏激思潮四處沖決，事例俯拾皆是。如提倡文學家應深入生活：

文學家應該有嘗試的精神，把世間什麼事情都要經驗過嘗試過。所以文學家不特要宿過娼，革過命，做過社會運動，就是強盜也不妨

---

[59] 《龔楚將軍回憶錄》，明報出版社（香港）1978年，下卷，頁495～497、565。

[60] 羅志田：〈數千年中大舉動——科舉制的廢除及其部分社會後果〉，原載《二十一世紀》（香港）2005年6月號，頁19。參見王德昭：《清代科舉制度研究》，中華書局（北京）1984年，頁236～245。

[61] 馮自由：《革命逸史》，中華書局（北京）1981年，集二，頁132。

做做，矢溺也不妨嘗嘗。[62]

文化上的過激言論更是比比皆是，如廢滅漢字。隨拈二例：

——欲廢孔學，欲剿滅道教，惟有將中國書籍一概束諸高閣之一法。何以故？因中國書籍，千百分之九十九都是這兩類之書故；中國文字，自來即專拘於發揮孔門學說，及道教妖言故……此種文字，斷斷不能適用於二十世紀之新時代。我再大膽宣言道：欲使中國不亡，欲使中國民族為二十世紀文明之民族，必以廢孔學，滅道教為根本之解決，而廢記載孔門學說及道教妖言之漢文，尤為根本解決之根本解決。（錢玄同）[63]

——中國文字尤其有缺點的地方，就是野蠻根性太深了。造字的時候，原是極野蠻的世代，造出的文字，豈有不野蠻之理？一直保持到現代社會裡，難道不自慚形穢嗎？（傅斯年）[64]

1950年代，留美學子夏志清（1921～2013）：

由於他們對傳統的態度這麼決絕，也就難怪他們開出來的救國方子也是那麼地武斷了。[65]

「九・一八」後，北大教授陳翰笙、許德珩、李四光、范文瀾都熱烈支持學生運動。[66]清醒者的聲音十分微弱。

抗戰時期重慶一老婦投河，美國大兵脫衣跳河救人，上岸時發現衣服被人偷去，聳肩苦笑。29歲的吳祖光居然擲評：

不要責難任何一個這樣的偷竊者吧！只為了貧窮，在這個國度

---

[62] 王任叔（巴人）：〈作家與人生〉，原載《貢獻》第2卷第5期（1928-4-15）。引自《巴人文藝短論選》，花城出版社（廣州）1988年，頁13。

[63] 錢玄同：〈中國今後之文字問題〉，載趙家璧主編：《中國新文學大系》，香港文學研究社1972年，冊一，頁170、172。

[64] 傅斯年：〈漢語改用拼音文字的初步談〉，載《中國新文學大系》，香港文學研究社1972年，冊一，頁177。

[65] 夏志清：《中國現代小說史》，劉紹銘、李歐梵等譯，復旦大學出版社（上海）2005年，頁9。

[66] 千家駒：〈我在北大〉，載《文史資料選輯》第95輯，文史資料出版社（北京）1984年，頁70。

裡，他們捨去這種鋌而走險的偷竊則別無生存之道了。[67]

　　文學家深入生活非得「宿過娼」、「做強盜」、「嘗矢溺」？偷竊一位行為高尚者的衣服，居然也有道理，不僅應予原諒，似乎還應鼓勵?!如此階級分析，不顧倫理底線，貧窮便可偷竊，豈非應廢除偷竊罪？

　　1933年，留美法學博士王造時撰文〈對內的平等〉，籲行政治民主，結句：「讓作工的人吃飯，吃飯的作工，不作工的餓死，或滾出國外去！」[68] 結論如此極端，抹煞必要分工，王造時自己也不能算作工者吧？

　　抗戰勝利後，朱自清一子正讀中學，友人告誡朱妻：「這孩子在學校活動得很，思想太左，你要注意管管他，現在太危險。」朱自清得知，對妻說：「左，左才是中國的出路，是青年人的出路！這樣烏七八糟的政府，不叫孩子左，難道還叫孩子右嗎？」[69]

　　1948年12月，民盟女士劉清揚登報休夫：與「人民公敵」張申府斷絕關係。10月23日，北大教授張申府在儲安平《觀察》上發表〈呼籲和平〉，要求國共停止「自殺式內戰」，被認為袒護敗勢已定的國民黨。27年戀情的劉清揚，已有幾個孩子，「堅定」地站隊中共一邊。

　　1949年初，北平「南下工作團」文藝晚會，獻演蘇聯紅劇《第41個》：偏僻小島，一位身穿列寧裝的燙髮俄國女兵（蘇共黨員），戀人則為非黨詩人，他用詩句讚美家鄉，嚮往能與女兵過上美滿婚姻生活。他的詩每一字都打動漂亮女兵，她激動地接受詩人愛情，狂吻詩人，詩人向她求婚，女兵矛盾掙扎，突然倒退兩步，拔槍打死詩人。劇情戛然而止。該劇主旨：表現共產黨員的堅強黨性，這是她打死的

---

[67] 吳祖光：〈偷竊者〉（1946-7），載吳祖光：《風雪夜歸人》，新世紀出版社（廣州）1998年，頁74。

[68] 王造時：《荒謬集》，自由言論社1935年版。參見《大學人文讀本·人與國家》，廣西師大出版社（桂林）2002年，頁220。

[69] 陳竹隱：〈追憶朱自清〉，載《文化史料》第三輯，文化資料出版社（北京）1982年，頁11～12。

挑撥她與黨感情的第41個男人。[70]

1949年後

1959年夏，毛澤東在廬山公然否棄辯證法：

陳銘樞說我——好大喜功，偏聽偏信，輕視古典，喜怒無常。偏聽偏信，就是要偏！同右派作鬥爭，總得偏一邊。[71]

還有一條著名毛式語錄——「凡是敵人反對的，我們就要擁護；凡是敵人擁護的，我們就要反對。」[72]鬥爭性壓倒同一性，缺乏任何相容性。價值上的一元化，必然烘焙出行動上的極端化。中蘇赤黨對內部不同思想派別，均採取極端手段。李立三對惲代英、何孟雄、林育南等不同意見者的排斥；博古在蘇區推行的「殘酷鬥爭、無情打擊」。

倡導政治救國，全盤否定科學救國、實業救國、教育救國。1950年代初，晏陽初、梁漱溟因1930年代提倡平民教育與鄉村自治，被斥「改良主義」。反右～文革，偏激的價值起點自出一源。

偏激之下無完卵。批判吳晗的歷史劇《海瑞罷官》，居然得出結論——「清官比貪官更壞」。岳飛被指鎮壓農民暴動，不能因「民族英雄」豁免對趙宋皇朝的「愚忠」。

文革時，「五七幹校」刻意製造艱苦，限制「五七戰士」伙食——吃得好會滋長資產階級思想；大雨臨頭，不准躲避——沖刷嬌氣磨練意志。巴金妻蕭珊病重，六旬巴金欲留家照料，工宣隊頭頭發令：「你又不是醫生，留在家裡，有什麼用！留在家裡對你改造不

---

[70] 劉紹唐：《紅色中國的叛徒》，中央文物供應社（台北）1956年，頁30。

[71] 李銳：〈關於毛澤東功過是非的一些看法〉，載《李銳論說文選》，中國社會科學出版社（北京）1998年，頁125。

[72] 毛澤東：〈和中央社、掃蕩報、新民報三記者的談話〉（1939-9-16），載《毛澤東選集》，人民出版社1966年橫排版，卷二，頁553。

利。」

　　《辭海》條目「人彘」被刪，因涉及抹黑法家的呂后。1950年代後期，錢理群（1939～　），一個滿腦子革命、絕對崇拜毛澤東的激進學生，大學畢業得到的鑒定：「有較為系統的資產階級自由、民主、平等、博愛的觀點。」[73] 對這一代知識分子來說，想左不讓左，已左斥為右，一齣哭都哭不出的荒誕鬧劇。

　　1983年浙江省政協，一政協委員發言：「杭州有三個朝暉新村，為什麼一定要取三個同名的新村？取此同名的人該批評，甚至該判刑！」[74] 同名之錯，何至於判刑？

　　1980年代初，大陸審美標準極端偏激：窄褲、蓄鬍、長髮、耳飾、口紅、迪斯科、意識流、想掙錢、想漂亮……統統「資產階級思想」。李谷一輕聲氣唱〈鄉戀〉，《中國青年報》等大媒體認為「不健康」。1981年，黃鋼為代表的《時代的報告》和《北京日報》，發起對白樺電影劇本《苦戀》無限上綱式大批判。值得一提，台灣當時也規定長髮男士不准進入政府，女士裙子必須超過一定長度。

民國難建

　　韃虜易驅，民國難建，乃當今史界對辛亥革命的沉痛總結。從洋務運動到戊戌變法，再到辛亥革命，越來越激烈，階段論遭越來越強烈的否棄。甲午後，維新變法成主導思潮，戊戌後廢維新倡革命，五四猛將更持「一次到位論」、「先破後立」，澈底砸碎「舊世界」。越開越快的激進列車，癥結叢聚的病灶。中國革命從戊戌時期就與教條主義牽手，就搞清一色，迷信政權，似乎政治革命可搞定一切，立即河清海晏，一切問題迎刃而解。

---

[73] 錢理群：〈我與魯迅〉，載《拒絕遺忘——錢理群文選》，汕頭大學出版社1999年，頁240。
[74] 筆者親歷這次小型會議，擔任記錄。

　　康有為的《大同書》提出廢除財產與家庭，甚至設計男女同棲不得逾年、到期易人，以培養「公有意識」。《大同書》對毛澤東的「大躍進」影響甚巨。國民黨也深受《大同書》浸淫，左得可愛呢。1930年4月，南京立法院聚餐會，胡漢民（1879～1936）提出三問：要不要姓、要不要婚姻、要不要家庭？蔡元培回答：不要姓，用符號代表；不要婚姻，同居須醫生檢查登記以確認子女歸屬；不要家庭。[75]

　　戊戌、五四乃全民族焦慮之下的被動反應，急急拉開社會轉型大幕。當時就有人一針見血指出：「吾以為今日之主張推倒一切舊習慣者，實因其心意中並未發生新思想之故。」[76]其時，我們太窮太弱，窮弱思激變，越窮自然越想快點富強起來。李銳晚年總結：

　　於是「窮」與「左」結下不解之緣，於是客觀上越沒有根據的東西，主觀上對之反而是越堅定不移。[77]

　　我國現代化在西方文明正反兩面「教導下」啟步。正面：堅船利炮、先進的政經制度；負面：一再挨打，兩次鴉片戰爭、中法戰爭、甲午之敗、八國聯軍，一次次屈辱喪權、割地賠款。我國現代化先天帶有追趕性──希望最短時間從農業文明跨入工業文明，歷史直線論擁有天然土壤。跳過別國痛苦的試錯過程直取成功，意圖固然可愛，卻違反常識──歷史階段不可跳躍，任何一個大國的現代化，不可能超越現實基礎，不可能不經擦拭修正，只能邊學邊改，及時回頭，方可避免大失誤大彎路。

　　歷史欠帳終須還清，不可能跳過思想啟蒙、政治實習、發展經濟、提高素質這些歷史台階。荒謬血腥的中國共運告訴我們：只有對

---

[75] 蔡元培：〈關於姓、婚姻、家庭問題的談話〉。載《蔡孑民自述》，江蘇人民出版社1999年，頁196～197。

[76] 傖父：〈何謂新思想〉，載《東方雜誌》（上海）第16卷第11號（1919-11），頁5。

[77] 李銳：〈毛澤東晚年「左」的錯誤思想初探〉，載《李銳文集》第5集，中國社會科學教育出版社（香港）2009年，卷九，頁188。

舊社會邊改邊擦，才能慢慢繪出新社會，一步到位的設計只能是脫離現實的烏托邦。戊戌以後，一味強調「起而行」，否棄「坐而論」，看似簡捷直達，但因缺了「坐而論」對「起而行」的品頭論足，無法認謬糾偏，為了「效率」失去正確，反而走了大大彎路。

識左之難

　　革命求變，方向為左，識左之偏，確有先天性困難。左旗因偏而豔、因片面而「深刻」——終極解決所有社會問題，不僅眩迷數代國人，不少歐美高鼻子也終身被迷。張愛玲美國丈夫、左翼作家賴雅（1891～1967），至死堅信中國的文革在進行人類最偉大的革命。西方左青也從文革得了靈感，發動種種「反建制」運動。海外學界也有人認為文革為全人類指明希望、標示未來。港台一些青年知識分子篤信中共通過文化革命在改造全民。[78]

　　1950年10月中共入朝參戰，美國此前對中共一直缺乏實質認識，更無歷史性預見。1948年12月17日，胡適向美國大使司徒雷登哭求，要美國伸手拉國民黨一把，保持劃江而治的均勢。[79]美國朝野並未意識到中共奪國是「夜來臨」，志願軍入朝參戰，美國才醒悟防堵赤潮具有全球戰略意義，與美國的國家利益緊密關聯，這才立即執行麥卡錫主義。

　　1953年，已經很左的蔣南翔（1913～1988），竟也憤曰：
　　與其寧「左」勿右，還不如寧右勿左。[80]
　　事實證明，一切非理性的「抒情詩」都在默默導向專制恐怖，

---

[78] 李怡編：《知識分子與中國》，遠流出版公司（台灣）1990年，頁74～75、40。
[79] 《美國與中國關係白皮書》。參見《龔育之回憶：「閻王殿」舊事》，江西人民出版社2008年，頁180。
[80] 韋君宜：〈憶蔣南翔〉，載《回應韋君宜》，大眾文藝出版社（北京）2001年，頁160。

一切終極性設計必攜天然缺陷。因為，人類無法到達「終極」，也到達不了終極。真到「終極」，無路可走，豈非太可怕？惟理想為引，立足現實，一點點修正現存錯誤，一步一個腳印，積小績為大效，才可能切實推動社會前進。壯喊玫瑰口號，眩耀無法落實此岸的設計，最終得到荒謬文革。多談點問題，少談點主義，一切主義的價值最終還不得落實於解決問題？主義必須帶著問題走，沒了問題還需要主義嗎？實踐證明，五四未選擇胡適的改良論，實在是代價極大的歷史性錯誤。

總結人類歷史正反兩方面經驗，理性總是與穩健持重聯袂而行。繼承人類共同經驗、秉持顛撲不破的重大原則、保守革命、先立後破、回歸傳統，一筆最最重要的世紀人文遺產。

接受漸進論

歷經反右、文革，漸進論終為中國接受，此為「新時期」各項改革得以漸次收效的思想基礎。李銳、周揚、王元化等所表達的漸進論，乃中國革命史的沉痛總結。1986年，李銳對一位女記者說：「但凡有一絲一毫的可能就千千萬萬別進行什麼革命。」這位女記者「六·四」入獄，1990年出獄後反思赤色革命：

革命（也就是說要推翻一種制度）要遠比維護現行的政治體制更令人感到毛骨悚然，而且前者會給中國帶來的災難也遠比後者為甚。[81]

黑格爾很喜歡援引亞里斯多德名言：「把手從身體上割下來就不再是手了。」事物的整體性決定了完整認識必備的多元性複合性，任何簡而化之，希望畢其功於一役，都只能是淺薄式偷懶、低下式無能。

---

[81] 白傑明：〈步履維艱：中國流亡知識分子的沉重精神包袱〉，載《知識分子》（紐約）1992年冬季號，頁14。

　　簡單化的偏激自有深厚歷史淵源，片面強調某一側面勢必傾向於極端。許由洗耳、巢父樹居、二十四孝、吳起殺妻求將、曾參蒸梨出妻、王凝妻被牽斷臂求潔、曹令女割鼻示志……不走到極端似不足以明意。這些古代範例均表明我國古代哲學很不成熟，一直未能走出片面化通道，無論形式邏輯還是思維習慣，都走在偏激之途上。

　　當然，批判偏激並不意味著對保守的贊同。1988年，余英時（1930～）對激進主義與保守主義的互制互補有一段論述：

　　相對於任何文化傳統而言，在比較正常的狀態下，「保守」和「激進」都是在緊張之中保持一種動態的平衡。例如在一個要求變革的時代，「激進」往往成為主導的價值，但是「保守」則對「激進」發生一種制約作用，警告人不要為了逞一時之快而毀掉長期積累下來的一切文化業績。相反的，在一個要求安定的時代，「保守」常常是思想的主調，而「激進」則發揮著推動的作用，叫人不能因圖一時之安而窒息了文化的創造生機。[82]

　　理論上當然應如此定位，難的是實踐中掌握此間之「度」。兩難之下，行動上應甯右毋左。較之左的破壞性，右的保守性含帶更多承傳性可逆性。變革性的「左」應在充分論證下，即在「右」的制約下（或曰「護航下」）進行，庶可避免缺乏經驗支撐的盲目變革。甯右毋左，一個世紀最慘痛的「革命經驗」。

　　步子慢一點，為修正留下必要的時間空間，看清與確認後再行動，失誤的機率與偏差會小得多；走得太快，邁步過大，再收回來就費事了。尤其像赤左思潮與文革這樣的大動作，沒有50～100年，怕是無法消除巨大社會影響與後滯效應。如今45歲以上的中老年人，思維方式、語彙運用、邏輯習慣、價值依據，都帶有濃重的文革留跡，一張口就是「文革」──不是領袖詩詞便是毛氏語錄、不是二元對立就是簡單取捨，左狹思維方式嚴重影響至少三～四代人。

---

[82] 余英時：《錢穆與中國文化》，上海遠東出版社1994年，頁216。

1980年代海外學界，也有偏激對偏激的評論。有學者批評近代士林對中國毫無貢獻，反而將中國帶上意識形態混亂錯謬的歧途。[83]將百年士林一棍打死，也是一種簡單粗暴的「事後諸葛亮」。

革命雖然單刀突進痛快簡捷，卻留下更麻煩的問題──「革命後」，不僅治標不治本，而且需要花更大力氣返工，撿回此前甩棄的傳統。漸進改良則因兼顧各方，反因艱難而扎實，代價小而成效大。金泳三（1927～2015），從備受迫害的民主鬥志成長為大韓總統，離職前發表只有「當家人」才有的一聲長嘆：「改革比革命還困難！」改革必須兼顧複雜的全面，遠不如革命因目標單一而明快。不過，這種艱難恰恰也是對一個民族與國家集體智慧的考驗，破得難中難，才為智上智，畏難恰恰體現了不成熟的幼稚心理。迭經一個世紀的磨難，當代寰內士林還會那麼幼稚麼？

「最初的偏激」實為赤左祖墳，中共方向性歧誤的原點，致使二十世紀中國走錯路，放射出巨大歷史偏歧。偏激的革命滑向極端，為糾正某些社會不公導致更大不公，引發下一輪「反革命的革命」。就像十月革命後不久，孟什維克發現赤俄「階級專政」遠比沙皇殘酷，更不如仁慈的臨時政府。如此這般，「二次革命」便不可避免地從人們心底萌發。但這次革命的難度遠遠超出前面一次。高爾基在其主持的《新生活報》連續發表〈不合時宜的思想〉，勸說布爾什維克放棄暴力，不要為了黨派利益置人類優秀文化於不顧，《新生活報》遭列寧查封。僅此一舉，已可說明赤俄政府的質地，偉大導師列寧還「偉大」得起來麼？

初稿：2001-10-5

上海・國權北路6弄13號601室（多次增補）

原載：《書屋》（長沙）2004年第8期（初稿）

轉載：《中國社會科學文摘》（北京）2004年第6期

83　林毓生：《中國傳統的創造性轉化》，三聯書店（北京）1988年，頁57。

追趕型
——二十世紀初中國士林心態

　　文藝復興之所以深得後人尊崇，蓋其夯築近代文明基石——自由民主、平等博愛、天賦人權，理順價值序列，為人類帶來普惠利益——提高生產力，優化人文環境。真理根鬚當然扎於形而下利益，而非形而上教條。這一常識在一路唱高調的紅色中國，至今仍須紅臉承認。就是這一低頭的「紅臉」，很有意蘊地說明中西文化差距——尚未達到人家三四百年前的人文水準。

不服輸的晚清士林

　　1840～42年第一次鴉片戰爭，十幾條軍艦、四千英軍就讓天朝上國簽訂城下之盟——〈南京條約〉，逼著寰內士林必須「睜開眼」推窗西望，「追趕」成為必須接受的現實。救亡圖存，晚清在被迫打開國門的同時被迫迎入西學。此前，寰內士林一直自我感覺良好，若非西洋炮艦怒海而至打上門來，怎麼可能揖迎西學？何須「推窗西望」？嚴譯論著、林譯小說，均服務於這一時代主題。

　　1894年甲午之敗，維新黨人發現洋務運動的局限，缺乏人文政治的配套，與西方整體資訊不對稱，僅僅「師夷長技」不行，救亡必先啟蒙，須將昏昏國民從沉沉愚昧中喚醒。全民知識弱化，民智愚昧制約整體國力，無法有效救亡。代表性言論即為梁啟超的「新小說論」：

　　　　欲新一國之民，不可不先新一國之小說。[1]

---

[1]　梁啟超：〈論小說與群治之關係〉，載《新小說》（橫濱）創刊號（1902-11）。

啟蒙成為第二時代主題。就緊迫性而言，固然救亡壓倒啟蒙，但問題解決的序列上，無啟蒙就無法救亡，啟蒙乃救亡必履台階。對西方近代文明一無所知，便不具備救亡能力。從承認科技落後進至承認文化政治落後，這一低頭的「紅臉」也是在英國軍艦、法國陸軍、日本海軍的「教訓」下才有的謙虛。

從漢唐宋明輸出文明，澤遠四夷，淪為轉身「師夷長技」，再進至採用西學，執掌意識形態的士林必須首先轉彎子，必須承認西學勝我，才可能有接下來的虛心學習、積極轉譯。只是，這個腰可不是一下能彎下來的。1898年，張之洞倡立「中體西用」，表明晚清士林對中西文明價值判認的基本態勢：吾華精神文明第一、西洋物質文明第二。不服呵！西夷不就有點硬梆梆的「堅船利炮」？吾華可是五千年精神文明，西學只能為「用」，豈可為「體」？整體上我們還是強於西方！這一折衷的改革哲學體現了數代士林不願認輸，故迅得廣泛接受，立為「正說」。

晚清士林同時還認為西說功利鄙賤，私心發露，豈可勝我風流蘊藉的漢學？多爾袞勸降史可法的握劍文字那麼謙恭含蓄，難道不比直來直去的西學雅致高明？其實，恥談功利正是我傳統文化一大弱點，致使各種觀念高蹈空中，無法落到實處。脫離現實功利，自然悖離人性，只能迫人造假，如「二十四孝」、「存天理滅人欲」、「狠鬥私字一閃念」……

1870～80年代洋務運動，中國留學生到歐美只學造船造炮（水師將領大多留德），日本既習理工經濟，亦學人文政法，德相俾斯麥擲言：「日本漸興，中國漸弱。」[2]

中國現代轉型第一階段的戊戌變法，只有零散簡單的優劣比較。西方以股實財富十分現實地「教導」康梁一代。康有為修正儒學、嚴復譯介《天演論》，形成儒家化社會達爾文主義，為改革提供理論基

---

[2] 朱長超、姚詩煌：〈「日本現象」值得深思〉，載《文匯報》（上海）2002-12-12，版11。

礎，從而將轉型推向第二階段──辛亥革命。

民初士林（辛亥一代），大多留洋，摒棄「中體西用」，認識到「體」為「用」之本，既要學「用」，更要學「體」，代表性成果為孫中山的《建國方略》，改造方案十分澈底──全盤西化。此時，「一戰」爆發，十月革命送來馬列主義，改變中國的現代化路向──從仿習民主憲政的英美轉學暴力專政的法俄。

「一戰」後，西方維多利亞時代（1837～1901）的良好感覺不再，自信動搖。科學萬能、理性至上等理念崩坍，西方士林有人質疑近代文明方向，湧起一股別找藥方的思潮。1919年，一位美國記者對遊歐的梁啟超說：

唉！可憐！西洋文明已經破產了⋯⋯我回去就關起大門老等，等你們把中國文明輸進來救拔我們。

梁啟超很受用：

我初初聽見這種話，還當他是有心奚落我。後來到處聽慣了，才知道他們許多先覺之士，著實懷抱無限憂危，總覺得他們那些物質文明，是製造社會險象的種子，倒不如這世外桃源的中國，還有辦法。這就是歐洲多數人心理的一斑了。

當看到「一戰」後歐洲的混亂，梁啟超認定：

我們可愛的青年啊！立正！開步走！大海對岸那邊有好幾萬萬人，愁著物質文明破產，哀哀欲絕地喊救命，等著你來超拔他哩。[3]

一些西方知識分子竟視中國為未受「汙染」的原生態世外桃源，中華古文明可倒過來拯救文明破產的現代西方。這邊「推窗西向」，人家則「翹足東望」。梁啟超要中國青年「開步走」，既帶民族驕傲，又含「不服輸」心理。辛亥一代士林在一些西人誤導下，再次脫離現實，自大虛驕起來。

「不服輸」也是士林此後不斷左翼化的幽靈，民族主義狂潮的

---

[3] 梁啟超：〈歐遊心影錄〉，載《梁啟超遊記》，東方出版社（北京）2006年，頁25、15、57。

源頭。雖說利弊雙刃，「不服輸」也有鼓動民氣之效，但從整體上，「不服輸」推聳虛幻的夜郎自大，盲目排外，遲滯了學習西方的腳步，成為赤潮鼓湧的溫床，致使意識形態日益偏激，進入赤色法西斯甬道。這一態勢直至文革後才漸漸扭回，正式承認「月亮也是外國的圓」。很簡單，既然人家不如你、要靠你去拯救，還有向人家學習的必要麼？還會有謙虛的心態麼？

無論如何，西方從文藝復興到英國革命再到美國獨立，600年才沉澱下這點結晶——三權分立、議會制度、聯邦政體、自由民主、人權天賦、私產神聖。對這些西學精華，還未學習研析「拿來」，未習之即疑之，就質疑人家的完美性合理性，專挑人家毛病，駕著小舢板嘲笑人家萬噸輪的缺陷，還覺得很英武很偉岸很……

「一戰」改變了中國學歐習美的「必然」，走出原本不可能的「偶然」——轉西潮於赤潮，從歐風美雨轉向「一聲炮響」送來的十月革命，從文明正途的民主自由轉向腥風血雨的階級鬥爭。

追趕下的急躁

西方從文藝復興到啟蒙運動再到英國革命、工業革命，先思想醞釀、思潮發動，調整政制，漸漸滲入社會實踐，最後實現生產提速、社會優化。西方的現代化過程從形而上思想起步，優化人文意識、政經制度，再著床形而下，化出先進的物質文明。中國的現代化則功利開路，十分緊急的「救亡圖存」，先追求物質文明（洋務運動），再發現需要制度配套（戊戌維新），最後轉至文化啟蒙（五四運動），通往最激進的赤色革命。

西方近代文明最初醞釀於社會內部，從形而上思想漸漸落實於形而下物質，由內而外；中國的現代化則由外向裡，外來「主義」先導，跳過思想醞釀、觀念轉彎、途徑探尋，徑欲摘桃——物質豐饒。不修台階，就想將中國一步拽向現代化山頂，可乎？能乎？

　　正因為我國現代化是在西方炮艦刺激下起步，先天追趕型——亟望以最短時間從農業文明邁入工業文明，跳過人家的試錯修正期，走捷抄近，直取中軍，意圖固然可愛，但違反常規，應了古諺：性急吃不得熱粥，只能吃壞腸胃。追趕之下，必躁躁然急猴猴，加之還摻雜「不服輸」，成為二十世紀赤潮一路走高的源頭。戊戌、辛亥、北伐，已很激進，猶嫌不足，再興「井岡山道路」，澈底天翻地覆重起爐灶——廢「私」為「公」。

　　1904年3月1日《中國白話報》，自命「激烈派第一人」的劉師培（1884～1919），撰文〈論激烈的好處〉，棄改良倡激變。1905年，漸變維新派與激變革命派爆發東京大論戰，革命派大獲全勝——得到大多數青年士子認同。思潮決定行動，這場論戰決定了中國百年歷史走向，砌築最初赤色台階。此時，康梁意識到暴力激變代價太大，呼吁莫學法式革命，但沒人聽了，甚至引不起注意。

　　革命者躁躁然急於求成，左脈已然浮露。1905年日俄戰爭，日方勝利，秋瑾居然為之鼓舞，魯迅嗅出同學歡呼中的不祥。直至1990年代，寰內士林才有人認識到：「現在看來，（康梁）是有道理的。」[4]

　　北伐時期，國民黨部門聯——「革命的往左來，不革命的滾出去！」（汪精衛）[5]1923年，武昌高師附小教師陳潭秋（1896～1943），引導學生伍修權：

　　什麼「教育救國」、「工業救國」都是沒有用處的，只有澈底改變社會制度，才是消除社會弊端的根本出路。[6]

　　文學史家夏志清（1921～2013）：

　　國共合作期間（1923～1927），急進派的知識分子和學生影響力

4　李澤厚、劉再復：《告別革命》，天地圖書公司（香港）1995年，頁69。

5　陳白塵：《對人世的告別》，三聯書店（北京）1997年，頁261。

6　〈伍修權同志回憶錄〉（之一），載《中共黨史資料》，中央黨校出版社（北京）1982年，輯一，頁112。

和人數都增加不少，清黨後這些人大半還是跟著共產黨走。[7]

1929年，不少青年國民黨員同情中共。[8]國府湖北煙稅局長吳國楨（1903～1984）：

有一度我竟認為不管共產黨有什麼毛病，看來他們總願意更多地為國家的福祉而奉獻，因此我打算暫時放棄在中國的事業，到蘇聯去實地研究共產主義的運作。只是由於意外的天命，我在最後一分鐘未能成行。[9]（按：赴俄船隻被軍方臨時徵用。）

十七世紀法國法學家讓·多馬（1625～1696）：慣例乃自然法的一部分。[10]長期形成的「自然」實為博弈之果，存在即合理，多含不得不然的「必然性」。歷代沿襲之制亦含一定客觀性。無視現實制約，藐視傳統經驗，理想代替現實，歷史證明遠比「守著前人過日子」可怕，必闖大禍。

社會改革當然應追求代價最小化，變革的必要性得以社會效率為證明，必須攜帶「看得見的利益」。馬列赤說以未來為據，避開歷史理性與現實經驗，且不說這種論證方式的明顯荒謬，僅僅唆使青年「前赴後繼」去拚命，就已令人毛骨悚然。難道為了下一代，就可無視當代人的生命麼？

所有激進思潮的主要特徵：否定傳統揚棄經驗——「覺從前種種皆是錯誤皆是罪惡。」[11]維新派發動的排荀運動，十餘年間將兩千餘年的中國學術，從漢代經學到宋明理學，再到清代義理學、考據學，詞章學，無不加以抨擊，為後來澈底否定傳統的赤潮提供了邏輯台

7　夏志清：《中國現代小說史》，香港中文大學出版社2001年，頁98～99、12。

8　（美）費正清、費維愷主編：《劍橋中華民國史》，中國社會科學出版社（北京）1994年，下卷，頁137。

9　吳國楨：《夜來臨》，香港中文大學出版社2009年，頁110。

10　（英）柏克：《法國革命論》（1790），何兆武等譯，商務印書館（北京）2009年，頁198。

11　《新民學會會員通信集》第2集，載《五四時期期刊介紹》第1集，三聯書店（北京）1978年，上冊，頁154。

階。五四「打倒孔家店」，似乎快速推進思想革命，卻為後來種種悲劇埋下致命禍根。如今遍佈全球的「孔子學院」，還不是「胡漢三又回來了」？擁有自己的「東方蘇格拉底」，炎黃子孫自豪尚不及，那時竟要「打倒」？今人真是只剩苦笑。

「打倒孔家店」一起，凝結歷代經驗的傳統輕易被棄，頓失檢驗新說之衡尺，理性閘門悄然撬開。此後日益褊狹暴烈的赤潮雖成因複雜，缺乏最初的檢驗攔濾乃重要致因。沒有意識形態護航，赤潮不可能形成如此巨浪。赤左文化肆虐乃赤潮騰湧不可或缺之底座。溫和的文學研究會鬥不過偏激的創造社，現實主義鬥不過浪漫主義，很說明五四風氣的浮躁。

任何有一定文化積澱的民族，接受異質外來觀念，都得經過功利這張濾網，而「功利」又取決於該民族士林的認識能力。創造社最初也提倡「個性解放」，追求個人獨立自由，不久感覺「個性」太空疏、與國家富強缺乏看得見的聯繫、不能鼓動民眾，旋即拋棄雖遙遠卻正確的「個性解放」。一些左翼作家甚至顧慮宣倡自由會使民眾提出非分要求、破壞社會秩序。儘管創造社認識到「自由」乃革命終極目的、現代文明價值基石。

1924年6月，柳亞子（1887～1958）勸誡同盟會老友呂天民：「二十年前，我們是罵人家老頑固的，二十年後，我們不要做新頑固才好。」[12]1923年5月，柳亞子接受階級論，認為士林面對窮苦勞工應受良心譴責，謾罵不承認中國有大資本家的知識分子——「替軍閥財閥做走狗的學者」。[13]

1932年，劉半農慨歎社會步伐太快：

從民國六年到現在，已整整過了十五年。這十五年內中國文藝界已經有了顯著的變動和相當的進步，就我們這班當初努力於文藝革新

---

[12] 王晶堯等編：《柳亞子選集》，人民出版社1989年版，上冊，頁229。

[13] 柳亞子：〈勞工問題的中國〉（1923），載《柳亞子選集》，人民出版社1989年，上冊，頁191。

的人，一擠擠成了三代以上的古人。[14]

二十年前的社會先驅，此時已淪為落伍者。五四青年曹聚仁（1900～1972），晚年記述——

> 那時（按1928年），領導中國文學運動，已經是魯迅的時代，大家在開始批判胡適了。……胡適所領導的道路，那時的青年，總覺得太迂遠了一些。[15]

胡適闡釋追求個人價值乃社會發展的酵母——

> 這種自我主義實際上就是最可貴的利他主義……如果社會國家沒有獨立個性的人，就像沒有發酵的酒、沒有酵母的麵包、沒有神經的人體一樣。這樣的社會絕沒有改革或進步的希望。[16]

1930年代初，胡適的聲音已如蚊吟，沒多少青年要聽了。2002年，李慎之（1923～2003）悔曰：「這幾年才發現了胡適的價值的我，在六十年前跟大批進步青年一樣是不大看得起胡適的，認為他戰鬥性太差，我們景仰的是戰鬥性最強的魯迅。」[17]這撥左青意識不到他們這一「遠胡適而親魯迅」，恰恰標誌中國意識形態的別溫和而親暴力。

改革計畫越宏觀，自然越不容易實現。不從具體點滴的改良做起，宏大改革無法落到實處，宏觀得由微觀組成。不顧現實的激變赤說，左禍肇源。接受一個錯誤的起點，就得接受附帶的邏輯。赤色革命以道德開道，強行拉齊人際差異，硬性貫徹「平等」。但道德只是社會的輔助性從動輪，權益才是支撐的主動輪。片面追求道德的「平等」，無視對效率的殺傷破壞，乃是全球赤國必然窮困的謬源。

---

[14] 劉半農：〈《初期白話詩稿》序目〉，載《劉半農研究資料》（乙種），天津人民出版社1985年，頁242。

[15] 曹聚仁：《文壇五十年》（正編），香港新文化出版社1954年，頁180。

[16] （美）黎安友：《中國的民主》，姜敬寬譯，五南圖書出版公司（台北）1994年，頁175～176。

[17] 李慎之：〈革命壓倒民主〉，載笑蜀編：《歷史的先聲》，博思出版集團（香港）2002年，序言，頁20。

先生太多

追趕型文化特徵之一：先生多。「五四」湧入諸多西方新說，一則則「主義」、一張張圖紙、一位位先生⋯⋯沒有先生不行，無人領著走；可先生太多，也麻煩，不知挑選哪一位。

五四有一場「主義」之爭，哪則主義最先進？哪張圖紙最完美？最適合中國？老算計兩點一線的捷徑，如何直取最佳結果⋯⋯如此這般，前一「主義」尚未理解消化，又趨奔後一目標、迎娶另一「主義」。就像「老婆別人的好」──不斷拋棄已獲之物，前後努力因目標不一，效用無法前後銜接，前面的奮鬥努力無法成為後面的台階。迷信理論、眩於「主義」、忽視現實，一個世紀的標誌性通弊。

晚清變法改良、辛亥變政革命、五四再迎澈底改造社會的馬列，幾代士林常常為新思想新主張陶醉激動，又很快對新主義新主張厭棄失望，轉身迎接下一位更時髦的「新娘」。尤其發現自己的「主義」失去號召，輒痛苦不堪，迷惘徬徨，進退失據。他們總希望佔據時代浪尖，卻常常發現不斷滑落。於是，他們不由自主地企盼下一個更新的主義、更炫的主張，以便使大眾再次激動起來。梁啟超之所以被譏「流質易變」，蓋因時代「進步太快」。梁啟超：「吾數年來之思想，已不知變化流轉幾許次」，「保守性與進取性常交戰於胸中」。[18]

然而，社會改造不比產品製造可反覆試錯──這張圖紙不行再換另一張，這次不行下一次。社會改造，安全第一。當然應挑選已得實踐證效的那張圖紙，既免繳人家的學費、又得人家成果，保險可靠呵！更何況，馬列新圖需要一場大革命才能獲得推行權，更該慎之再慎，謹之又謹。

1920～30年代，全球知識界普遍左傾。俄國著名無政府主義者克

---

[18] 梁啟超：〈西學書目表序例〉，載梁啟超：《飲冰室合集》（一），中華書局（北京）1989年，頁122。

魯泡特金（1842～1921），其代表作《麵包略取》認為：大自然賜予的資源和已發明的機器，足以提供全人類所需麵包，只要廢除私有實行共產，經濟平等，全人類便可過上安居樂業的幸福生活；這一偉大歷史任務必須由無政府的共產主義來完成。此類終極解決所有社會問題的烏托邦規劃，不知吸引了多少涉世未深但又熱烈嚮往社會變革的知青，形成「紅色的三十年代」。

1920年10月羅素（1872～1970）訪華，首場演說：希望中國開創一條新路，不要不分好壞抄襲別國，尤須警惕西方商賈主義。[19]羅素這番警告中國「莫學西方」，似是而非。中國偌此大國，如何開創新路？沒有成例的新路，能不繳學費麼？走錯了怎麼辦？創新之日乃易錯之時，多少經驗多少失敗才能換回一點真正的「新」。科學實驗可以試錯百遍，社會改革怎經得起試驗？任何一點微小失誤，都代價巨大呵！要中國蹚走一條現代化新路，如此幼稚之語，竟出自大哲學家之口。作為引導學生的先生，羅素審慎意識太低。他只指出西方近代文明的負弊，隱匿忽略正效，又指不出中國走向現代化的具體路徑，令「學生」無所適從，為赤潮漸興留下巨大價值空間。改變社會，重建秩序，這一建功立業的歷史機遇激動了無數五四士子，太陽似乎就要從他們腳下升起！

五四士林並未意識到嘗試的危險性，他們為「全新改造」熱血沸騰，為「澤被後人」激動不已，士林整體左傾，越蹈越高，足漸離地，最後走至1957年的「大躍進」，以為既可避免西方「原始積累的血腥」，又可長驅直入共產仙境。然而，「大躍進」只能接受違反規律的懲罰——破壞農村生產力，導致大減產、大饑荒。1921～1949年四千萬人頭為代價的中共暴力奪權，換來的「注釋」是1959～1961年四千餘萬餓殍，這還沒算殺人百萬的「鎮反」、冤枉十萬的「肅反」、金鉤釣魚的「反右」、枉死千萬的「文革」。

---

[19] 張申府：〈我對羅素的敬仰與瞭解〉，載《張申府散文》，中國廣播電視出版社（北京）1993年，頁513。

對傳統的再認識

日光之下無新事——歷史不斷重複，過去發生的還會變形發生；現在發生的，過去也都發生過。歷史的意義就在形成今天、含示未來，現象背後必然蹲伏複雜成因。文化既是人類文明的結晶，也是形成各項制度與法律道德的土壤，為各種社會活動提供價值支撐與發展路向。同時，文化也是傳遞經驗的主軸。事實上，傳統本身就是經驗的積累，只能繼承不能揚棄，更不能打倒，二十世紀國史以非常痛苦的代價證明了這一點。

實在難於理解：承載民族五千年歷史經驗的傳統文化，竟被一腳踢開?!別忘了，中華文化乃世界文明兩大發源之一，守著寶貝當垃圾，蠢乎？愚乎？

傳統的價值不僅是過去經驗的沉澱，更是對各種炫目新說的天然攔濾，可防止走偏入斜。因此，赤左思潮一上來就以新自貴，自炫自證，以自己之是為必是，從而避免翻揀受檢。陳獨秀名言：

必不容反對者有討論之餘地，必以吾輩所主張者為絕對之是，而不容他人之匡正也。[20]

首先撬鬆傳統之閘，棄理性尺規，以「新」免檢。以自是為必是，以不容修正之態從事失誤率甚高的革命，實類盲人瞎馬，夜半臨深池矣！及至反右～文革，竟認為「五四」也舊了，所有此前中外價值標準都成為批判對象，惟剛剛建立與尚未建立的「新價值」才值得肯定。革命革至如此絕地，傳統未起攔濾作用，當然必須找找其中原因。

1902年，康有為撰就《大同書》（1913年陸續發表《不忍雜誌》），突破傳統的思想大躍進——破除國界、毀滅家族、取消私產、男女同棲不得逾年（到期必須易人）……認定既有一切制度都不完美，應代

---

[20] 陳獨秀：〈答胡適之信〉，原載《新青年》（北京）卷三，第三號（1917-5）。參見《獨秀文存》，安徽人民出版社1987年，頁689。

之沒有任何缺點的「理性」。康有為以一己之願重構社會，斷定黑人乃劣等種族，提出黑白雜婚，經700～1000年稀釋黑膚，化黑人為白人。如此「完美構思」，太可怕了！然而，理想主義以批判現實開道，較之為現實辯護的保守主義，天然雄辯，更容易賺取民眾歡呼。《大同書》對毛澤東影響甚巨，大躍進時期，毛置《大同書》於床頭。

五四時期，魯迅提倡不看中國書，吳稚暉呼籲將線裝書擲入茅廁：「中國文字，遲早必廢。」錢玄同：「欲廢孔學、欲剷滅道教，惟有將中國書籍一概束之高閣之一法。」[21]毛澤東：「將唐宋以後之文集詩集焚諸一爐。」[22]1922年，蔣夢麟在里昂中法大學鼓勵學生讀一些中國書，校長戴季陶急忙上台「糾錯」，指說蔣發亡國之論：「一戰」以後沒有坦克大炮，何以立國？古書可以救國麼？快把那些線裝書統統丟到茅廁裡去。[23]

吳稚暉：

國故這東西，和小腳、鴉片、八股文一樣，都是害人不淺的。非再把它丟在茅廁裡三十年不可。[24]

傳統縱有糟粕需要撿剔揚棄，但倒洗澡水（糟粕）倒掉孩子（精華），整體否定傳統，實為「追趕型文化」附瘤。急躁易偏，匆促易激，以躁躁然心態推行社會變革，走到土改鎮反、思想改造、荒唐反右、三年大饑、十年文革，便成了我們難以避免的文化宿命。

說到底，還是文化素養不夠，未能於五四期間防堵赤難於「風萍之末」。李慎之晚年回首：

根本的原因就是文化太低、知識不足，不能把學問的新知識放在

---

21 錢玄同：〈中國今後之文字問題〉，載《五四運動文選》，三聯書店（北京）1959年，頁124～126。
22 《毛澤東早期文稿》（1912.6～1920.11），湖南出版社1995年，頁639。
23 蔣夢麟：《西潮‧新潮》，嶽麓書社（長沙）2000年，頁317～318。
24 曹聚仁：《文壇五十年》（正編），香港新文化出版社1954年，頁14。

整個人類發展的歷史背景中來認識。……六十年後回頭看，我們這些進步青年其實什麼都不懂，既不懂什麼叫民主，也不懂什麼叫共產主義。

李慎之乃燕京經濟系高材生，修過六學分的政治學，啃過王世傑、錢端升的《比較政府》、戴雪的《英憲精義》。[25] 對一個自己都不清楚的「主義」，就以新免檢，不容討論匡正，也就只能走出歷史大彎折。1980年4月12日，鄧小平：

什麼叫社會主義這個問題也要解放思想，經濟長期處於停滯狀態總不能叫社會主義，人民生活長期停止在很低的水準總不能叫社會主義。[26]

此為鄧小平推行改革開放的認識前提。可鄧氏得出這一反思，國家已支付巨大代價──公有制孵生共貧，階級專政衍生獨裁。如最初能用傳統檢驗「主義」，中國絕不至於支付反右、大躍進、大饑荒、文革這樣的巨大代價。

余英時先生（1930～ ）剖析：

中國思想的激進化顯然是走得太遠了，文化上的保守力量幾乎絲毫沒有發生制衡作用。中國的思想主流要求我們激底和傳統決裂。因此我們對於文化傳統只是一味地「批判」，而極少「同情的瞭解」。甚至把傳統當做一種客觀對象加以冷靜的研究，我們也沒有真正做到。這是西方「為知識而知識」的科學精神，但卻始終與中國知識分子無緣。中國人文傳統的研究到今天已衰落到驚人的地步。[27]

---

25 李慎之：〈革命壓倒民主〉，載《歷史的先聲》，博思出版集團（香港）2002年，頁27～30。

26 《鄧小平年譜》（1975～1997），中央文獻出版社（北京）2004年，上冊，頁620。

27 余英時：〈中國近代思想史上的激進與保守〉，載許紀霖編：《二十世紀中國思想史論》，東方出版中心（上海）2000年，上卷，頁437。

結語

今天，依托改革開放三十年之實績——人均GDP從1978年不足200美元躍至2011年7000餘美元，[28] 雖距離頂尖的北歐10萬美元差距仍巨，畢竟漸入「小康」，且無外敵之危，「追趕型」心態大大弛緩。但文化上，我們還得繼續學習西方，「追趕型」基本態勢仍在。尤其改革尚未競功，同志仍須努力，仍須邊學習邊改革，急是急不得了，亦無急的必要了。只是，不著急不等於可以慢慢蹭或踏步不前，一點點還得挪呵！

更重要的是：外部環境發生巨變，全球一村，人類一家，追求和諧，放棄對抗，如歐盟的互惠雙贏……文化上，普世價值成為全球士林有可能「勁往一處使」的基礎，長久的「是非」已有可能高於一時「利害」。人文尺度的提高，大大有利於全球人文環境的整體優化。

上世紀末，李澤厚先生（1930～　）提出「告別革命」，儘量避免暴力革命。「告別革命」當然含示告別赤色革命。當代士林形成「非暴力」共識，體現中國思想界的某種成熟。

就當今中國士林整體態勢，無論知識結構還是專業程度，都與一個世紀前不可同日而語，已有能力把握「追趕型」的速率與節奏。事實上，他們已在默默推動新一輪改革。

2012-4-20～22　上海（後修改）

原載：《同舟共進》（廣州）2012年第10期

轉載：《讀書文摘》（武漢）2013年第1期

---

[28] 高尚全：〈深化改革是中國的唯一出路〉，載《炎黃春秋》（北京）2006年第9期，頁4。

1950～60年代紅朝士林
──解讀宋雲彬日記

　　宋雲彬日記《紅塵冷眼》（山西人民出版社2000年），冷眼紅塵，凌世傲然，飄逸飛仙。然捧讀這本大部頭日記，紅塵撲面為實，冷眼飄逸則虛。

　　筆者杭州人，1982～84年供職浙江省政協，熟悉《紅塵冷眼》中不少浙省人物。省委統戰部副部長朱之光、省政協副祕書長曹湘渠，筆者頂頭上司。省委統戰部長余紀一、副部長黃先河、省政協副主席湯元炳、蔡堡……多有接觸，至今印象深刻。

宋氏雲彬

　　宋雲彬（1897～1979），浙江海寧硤石貧家子弟，1921年杭城報刊編輯；1924年宣中華介紹加入中共，1926年黃埔軍校政治部編纂股長（編輯《黃埔日刊》），結識國共要角，1927年「七・一五」後脫離中共；1940年代與周恩來、夏衍、張友漁、邵荃麟等紅角均有過從。1949年，宋雲彬已「淪落」民盟，難脫舊文人習氣，天天與葉聖陶飲酒。3月30日與徐鑄成慕名「冶遊」八大胡同，笑語半小時，「鑄成於臨行時出人民券三百元置果盤中。」（頁116～117）

　　〈自嘲〉（1949-5-15）：

　　結習未忘可奈何，白乾四兩佐燒鵝；長袍短褂誇京派，小米高粱吃大鍋。

　　避席畏聞談學習，出門怕見扭秧歌；中層階級壞脾氣，藥救良方恐不多。

　　人微言輕，自知分不到多少紅、啃不到多少肉，心態相對「邊

緣」，加上日記的私密性，《紅塵冷眼》多少刻錄下各路紅士微妙嘴臉。現有史料中，《紅塵冷眼》還真是紅朝開國前後惟一個人實錄，相對可靠，視窗獨特，一些細節可謂「經典」。羅以民序言——

1957年之前，他基本不用曲筆。他三十年來的日記基本不說假話，無諂媚之語。實在說真話又不行時，那就只能不記日記。

1949年10月前宋雲彬日記的真實性一望而知——

（1949-4-5）趙超構為北平《新民報》被職工控制，其憤憤，與余對酌。

（1949-4-21）聖陶謂彬然認為中共人士凡事皆無錯誤，亦一偏見。

（1949-5-12）晚與聖陶小飲，談小資產階級。余近來對於滿臉進步相，張口學習閉口改造者，頗為反感。將來當撰一文，專談知識分子，擇一適當刊物發表。

（1949-6-14）邇來情緒不佳，一念在港之妻女，一憎友朋多無聊。

（1949-7-18）上午作函致仲堅，告以今後之民盟實與中共分工而非分派。

紅塵熱眼

《宋雲彬日記》700餘頁、68萬字，時間跨度1938～1966年。最有價值的時段：1949年2月～1951年6月。宋雲彬以「民主人士」從香港北上，參與紅朝開國。北平一時紅塵滾滾，名流雲集，各揣懷想——占椅何座？分羹幾何？宋雲彬身分邊緣，聲名微弱，小小配角政協委員（差點被擠下車），冠蓋滿京華，斯人獨憔悴。也正因了板凳較冷，「冷眼」看紅塵，好像也沾邊。

不過，宋雲彬身陷紅塵心繫紅壇，亦步亦趨，不用揚鞭自奮蹄，惟恐分羹太薄。日記為證：

余對於救國會例會向少出席，自被提名新政協代表，每會必到，深恐有人先我得鹿，或被擠出去。今日例會停開，不能聆聽衡老

（按：沈鈞儒）報告，未知名單已否提交新政協籌備會，所提人名有無更動，念念不能忘，甚矣余之熱衷也。（1949-8-1）

知救國會之新政協名單至今尚未提出，因統戰部屢向衡老表示，不妨慢慢提出也。料來統戰部還想安排一些人進來，我的大名恐終被擠出耳。（1949-8-11）

屈子感情原激越，賈生才調亦縱橫；倘逢盛世如今日，未必牢騷訴不平。〈贈柳亞子〉（1949-7-8）

政治玩偶

宋雲彬、葉聖陶等自稱「躬逢其盛」，參與紅朝開國，實則僅僅出演指定角色，並非真正要你建言獻策。共軍尚未過江，中共已北迎「民主人士」，安排高級飯店，極盡優渥，接著政治上不斷「上課」。中共統戰部密集安排聽報告、座談會，灌輸紅色八股，要求他們「思想進步」。

謂解放軍勝利之原因在於實行土改。報告甚長（按：統戰部長李維漢的報告），歷三小時始畢，涉及和談、新政協、統一戰線諸問題。（1949-3-21）

下午開教育座談會，聽冗長之報告，殊不可耐。凡開會必有報告，報告必冗長。此亦一時風氣也。名為座談會，實則二三人作報告，已將全會時間占盡，我等皆坐而未談也，一笑。（1949-4-10）

下午由周恩來在北京飯店作報告，由文管會以座談會名義邀請文化界人士出席，到者二百餘人，欲「座談」何可得也？周報告甚長，主要在闡明新民主主義真義及共產黨政策。然對文化界人士報告，有些淺近的道理大可一筆帶過。而彼乃反覆陳說，頗覺辭費矣。報告至六時半宣告休息，余與聖陶乘機脫身，赴三慶戲院觀葉盛蘭全本周瑜。（1949-5-5）

居然逃周恩來的報告。5月10日董必武報告，宋雲彬趁休息又想

溜號，遭警衛攔阻。中共「改進工作」——強留聽眾。民主人士散漫自由，不習慣開會、聽報告，更不喜歡談學習心得。宋雲彬、葉聖陶每天除了喝酒，就是聽京劇、逛書店、下圍棋、聊大天。幾乎無日不飲，小酌四五兩，暢飲一二斤。

民主人士最重要的角色乃代表「各界」。3月25日上午，通知下午李維漢召集座談會，特發入場券。14點座談會開始，李維漢突然宣布毛澤東16點抵北平，請各位前往西郊機場歡迎。「始知所謂座談會者，設辭也。」組織他們歡迎老毛「闖王進京」，才是重大節目——簞食壺漿以迎王師。至於以「座談會」名義召集，還是對民主人士有所防範，怕他們失慎洩密。這一細節十分經典，凸顯中共對民主人士既需點綴又暗設防的「辯證心理」。

7月6日，周恩來給首屆文代會600餘代表做了整整六小時報告，14:30～21:30，中途休息不到一小時——

19:30，周正作報告，毛澤東忽出現主席台上，全場歡呼鼓掌再三，約十分鐘始息。

鼓掌十分鐘，也有相當時代特徵，今天已不可能出現如此「經久不息」，證明中共當年確得部分士林擁戴。這部分知識分子因恨「國」而擁「共」，為延安「一時氣象」所惑，相信中共有治國能力。[1]儲安平都來摻乎，且很興奮。（頁114）十分鐘掌聲，也說明中共奪國很大程度倚仗意識形態，馬列赤說蒙住相當一批士子。否則，像儲安平這樣的「明白人」，怎會對中共亦揣期待？75歲的沈鈞儒（1875～1963），從未學過外語，1950年想學俄語。（頁178）見微知著，赤潮之騰湧，一斑可察。

不過，共產黨會多，到底惹嫌。1950年6月25日，北京開明書店全體會議，出版總署署長胡愈之（1896～1986）講話——

一講就是三個鐘頭，嚕哩嚕蘇，聆之欲睡。邵力子繼胡講話，亦

---

[1] （英）麥克法誇爾、（美）費正清：《劍橋中國人民共和國史》，中國社會科學出版社（北京）1990年，上卷，頁214。

少趣味。（頁198）

省委負責同志有一惡習慣，即發言稿求其冗長，反而常不得要領，徒費時間。譚啟龍、林乎加均犯此病。（1954-1-9）

宋雲彬最初分配出版總署、教育出版社編教科書，1951年回浙江，省政協副主席、省文聯主席。1957年淪「右」，天上人間，落差不小。可惜宋雲彬順境才有心情寫日記，逆境輒停廢，很要緊的劃「右」，無有記載。多虧陳修良序言介紹一點宋的「右派」言論，一點溫吞水耳。[2]

1957年7月15日，全國人大代表宋雲彬「兩會」發言，透露「右論」：

最近在浙江，我是以省文聯主席的身分，開頭來召開座談會，號召大鳴大放的。隨後，我又在省委統戰部召開的座談會上多次發表意見……說什麼「意見提得越尖銳，牆就拆得越快」……說浙江省委領導同志不懂文藝，一貫輕視文藝工作，同時又在《新民報》發表攻擊浙江省黨領導同志的文章……認為浙江日報上暴露得還不夠，居然寫信給《文匯報》社長徐鑄成，叫他派記者到杭州來收集鳴放材料，大量揭露。我在浙江省委統戰部召開的座談會上還公開表示不同意《人民日報》〈這是為什麼〉的社論，認為這篇社論是阻礙鳴放的，公開說不同意王昆侖同志對章伯鈞的批評。[3]

不過爾爾。奈何中共量窄，浙江省委書記江華聽不得批評──「不懂文藝」、「輕視文藝」，正好借反右打擊批評者。

中共實在太左，大批左士才成「右派」。

────────────

[2]　陳修良：〈宋雲彬先生與他的民主言論〉，載宋雲彬：《紅塵冷眼》，山西人民出版社2002年，頁3～4。

[3]　宋雲彬：〈我辜負了人民給我的信任和榮譽〉（1957-7-15），載《新華半月刊》（北京）1957年第18期，頁119。

張狂亞老

1949年4月19日，毛澤東譏南社詩翁柳亞子（1887～1958）：「牢騷太盛防腸斷」。宋雲彬記述：

> 亞老近來興奮過度，又牢騷滿腹，每談必多感慨。（1949-3-25）

> 亞老近來頗牢落。昨日羅邁（按：李維漢俄名）報告畢，彼即發表冗長之演詞，歷述彼與民革關係及在民革之地位，結語則謂余願歸入文化界，請羅先生今後不以余為黨派人物云云。（1949-4-6）

蓋嫌分羹太薄，柳亞子的牢騷與狂傲甚失分寸，再三賦詩自許：

> 除卻毛公便柳公，紛紛余子虎龍從。〈為韋江凡題《故都紀法》〉
> 留得故人遺句在，北毛南柳兩英雄。〈次韻和平江〉
> 名園真許長相借，金粉樓台勝渡江。〈偕毛主席游頤和園有作〉
> 倘遺名園長屬我，躬耕原不戀吳江。〈次韻奉和毛主席惠詩〉

柳亞子不斷向毛澤東遞函呈詩，要求任職，先要國史館長，次求掛職江蘇。毛澤東覆函：

> 國史館事尚未與諸友商量，惟在聯合政府成立以前恐難提前設立。弟個人亦不甚贊成先生從事此項工作，蓋恐費力不討好。江蘇虛銜，亦似以不掛為宜，掛了於己於人不見得有好處。此兩事我都在潑冷水。好在夏天，不覺得太冷否？[4]

1949年6月5日，柳亞子攜妻上東四二條教科書編纂委訪友，門衛要求登記，柳亞子斥為官僚作風，不顧逕入，門衛掏槍阻攔，柳大怒，擲以墨水瓶。

1949年6月27日，宋日記評柳——

> 常常接到亞老的抗議書或紹介信的領袖們，覺得亞老實在太難服侍了，或者竟覺得柳老先生太多事了，於是最初每函必覆，後來漸漸懶於作覆了。這樣，自然會引起亞老的不快，增多亞老的牢騷。一些

---

[4] 劉統：〈紅塵冷眼，有「統」有「戰」〉，載《同舟共進》（廣州）2014年第9期，頁9～14。

素來對亞老感情不很融洽的人，更加會拿「亞老神經有毛病」或「亞老又在發神經了」等等惡意中傷的話來作宣傳。（頁131、137）

降將陳銘樞（1889～1965）也嫌分羹稀薄，1950年9月派他中南局農林部副部長，深感失落，遲遲不赴任，寧願去華北革大學習。毛澤東親撫，要他瞭解一下地方情況後再回京，陳銘樞這才接下這份外差。

「七君子」王造時（1903～1971）為爭政協委員，失盡風度——

王造時……向衡老力爭，非請衡老提出他的名字不可。……（龐蓋青）此公好名不亞於余，然自知之明則不逮余遠甚矣。（1949-7-18）

王造時來信，哀懇提名新政協，言辭淒婉，謂我與衡老三十年交誼，且為「七君子之一」，若不代表救國會參加新政協，有何面目見人。（1949-7-25）

中共操縱

1949年9月21～30日中南海懷仁堂，中共上演「政協」。不過，實質性重頭戲均在此前近半年的「籌備」。中共新握國柄，一時還不好意思逕行一黨專政，還得掛幌「聯合政府」，邀來各路民主人士，香港就有三船北運。人多是非多，何況夾雜政治分肥、安排座席、你上我下、爾出他入……一些名士張狂自標，或阿諛新貴，好戲連連。但最好看的「政協戲」則是對民主人士的操控玩弄。王明以陳紹禹之名出席，身分竟是「社科工作者代表」，扔職政務院法制委員會主任，曾經「闊」過的王明，自然沒了在北京再混下去的心情，1956年1月30日攜妻兒赴俄「治病」，從此「明月不歸沉俄海」。

五四女傑劉清揚（1894～1977），1949年3月24日全國婦代會開幕，統戰部為劉清揚做了布置。劉清揚不知情，向代表拉票，政協委員初選，劉清揚得票一百數十張，名次頗前。統戰部發現劉清揚私下拉票——不能容忍的非組織活動，複選時撤去此前百張「安排票」，劉清揚僅得數十票，降為「候補」，十分尷尬。（頁142）

政治上的冷落，知識分子很快「收到信息」。浦熙修之女——

解放以後，母親非常高興，回想起來，那段時間她好像天天生活在燦爛的陽光下，真的是滿心歡喜地迎接這個新社會。但母親很快感覺就有一種政治上的失落感。原來和她無話不談的黨員朋友，慢慢疏遠了；工作上，以前她是以寫獨家新聞見長的，但因為後來規定重大新聞必須用新華社通稿，她也一下子不知道如何發揮作用。[5]

這批甘入赤彀的「一時俊傑」，被毛共玩於股掌。首屆紅朝政府，14位民主人士出任部委首長，但均配備掌握實權的中共副部長，鉗制其行。「反右」後，中共盡褪聯合政府外衣，裸呈一黨專政，虛銜也不給了，民主黨派真正淪成「民主櫥窗裡的木偶」。

這批紅朝開國配角，首屆「新政協」代表後淪右派者：

章伯鈞、羅隆基、章乃器、陳銘樞、黃琪翔、黃紹竑、龍雲、曾昭掄、宋雲彬、譚惕吾、章錫琛、徐鑄成、浦熙修、李健生、黃藥眠、沙文漢、馮雪峰、丁玲、艾青、柳湜。

首屆「新政協」代表文革被整死名單：

劉少奇、林彪、彭德懷、李立三、潘漢年、章錫琛、劉清揚、李達、黃琪翔、劉善本、范長江、張學思、吳晗、馮雪峰、趙樹理、田漢、鄧拓、翦伯贊、蔡楚生、江隆基、馬明方、徐冰、張琴秋、楊之華……

評點發言

1949年9月21日19時「新政協」開幕，262人出席，各路名流相繼發言，奔競獻媚，諛態百出——

宋慶齡、程潛、傅作義、陳明仁、吳奇偉、黃炎培、陳嘉庚、馬寅初、陳銘樞、蔡廷鍇、沈鈞儒、邵力子、沙千里、沈雁冰、章乃

器、陶孟和、錢昌照、鄧寶珊、蔣光鼐、馬敘倫、黃紹竑、吳耀宗、
梅蘭芳、周信芳、張難先、郭沫若、許德珩……

遭宋雲彬負面點評──

黃炎培的發言，既不莊嚴，又不鬆勁，令人生厭。程潛之講詞文
句不通，意思也平常，應考末一名矣。（頁164）

梅蘭芳善唱戲，但上台讀演講詞可不成。……許德珩之發言稿文
字不通，念出來當然也不通，儼然以學者身分登台發言，殊令人齒冷
也。……若馬敘倫之流，大抵八股一套而已。（頁166～167）

1949年7月15日，教科書編委會國文組會議，「孟超發言多，然
氾濫無歸宿。」

7月17日，社科代表會議，「發言者有陶孟和等，大抵皆空泛，
尤以樊弘為最冗長而最不得體。」

1950年1月22日《人民日報》，馮友蘭發表檢討，自批其煩，剖
析過去種種錯誤觀點。（頁175）

茅盾之〈托爾斯泰博物館〉疵謬百出。此種作文，若在□□教刑
時代，應責手心數十下矣。（1949-8-29）

近來茅盾寫作每況愈下，幾不堪入目。郭沫若一味浮滑，不成東
西。（1950-1-5）

吳組緗主張大學不讀文言文，謂文言文有如希臘文，不宜使現代
青年費時間心力學習云云。余謂白話與文言文不能以英文與希臘文相
比擬……如大學生看不懂文言文，如何能批判地接受文化遺產。吳君
語塞。（1950-1-22）

前日邵力子發言，認為用拖拉機耕地，將使大批農民無事可做；
工商業改造將導致大部分人失業。其言甚謬。（1954-9-8）

參加文教座談會，馬哲民發言，冗長而多荒謬，此公殆不可救藥
矣。（1954-10-4）

鄧初民發言甚長，此公滿腦子教條，殊為可厭。（1959-7-16）

赴政協參加文教組討論會，討論郭（按：郭沫若）編《蔡文

姬》，老舍發言，幾乎全部否定，余亦表示同意。（1959-6-20）

紅朝初真

中共自詡天兵天將，「共產黨來了苦變甜」、「哪裡有了共產黨，哪裡人民得解放」，紅旗飄到哪裡，哪裡河山盡綠。但稍稍觸及現實，處處露餡——

赴東安市場買茶食，五百元置櫃上，一轉身即失去，可見北平亦多所謂「扒手」之類也。（1949-6-18）

上午汪廷詠來，為言故鄉自解放後，一般商人均感到前途渺茫，儘量享樂，賭風為之大盛。（1949-7-31）

中南海附近甚至天津、唐山等處，連日發見反動標語甚多也。（1949-9-20）

平日侈言學習妄談改造而辦事不負責任如是，令人氣結。……大言炎炎，自命進步，同人皆起反感。共產黨整風已屬十年前事，似非再來一次新整風運動不可矣。（1950-1-9）

農田受今夏水災影響歉收，繳納農業稅後，明春鄉農頗有斷炊之虞。……今冬秋　數量較大，每畝104斤，由地主、農民負擔，大地主無力繳者多已逃亡。中小地主則以數較小，勉強湊繳。農民繳後多無餘糧，明春不免飢餓。（1950-1-20）

積極緊跟的宋雲彬，日記中仍不時蹦出「不健康音符」。1949年8月，上海開明書店創辦人章錫琛（1889～1969），被店務委員會聯名函勸退休：

章雪村（錫琛）率眷黯然北上。……雪村思想落後，不合時宜，然創辦開明之功亦不可沒；何所謂少壯派者竟冷酷無情，一至於此。此亦所謂「偏向」，余甚惡之。（頁149、156）

傅太太病，請一西醫來診，診費五百元，車費六千元，藥費二萬元。這種時代，人可以生病乎？（1950-2-4）

　　1951年4月19日，宋雲彬聞一六旬鄉戚投河自殺，此翁去年就來函述說生活困難，想一死了之。自殺前，此翁於滬覓得一職，欣然返硤石遷戶口，公安局告以「『管制人物』，不得隨便離開」，遂絕望。

　　雲裳買來油炒花生米一瓶，佐余下酒，盛意可感。現在無論杭州、上海、北京都買不到花生米，故可貴也。（1954-9-2）

　　原欲赴東來順吃涮羊肉，以東來順擁擠不堪，須坐待一小時半，遂顧而之他云。（1954-12-26）

　　在法院路（按：杭州西湖邊）遇一賣「蘭花豆腐乾」之女子，衣服楚楚，面目清秀，一知識分子也。余向之購豆腐乾五塊。行不百步，彼忽自後追上，問余姓名。自言名俞誦椒，住燈心巷八號，高中肄業，曾為小學教師，今失業家居，賣豆腐乾實不能度日，欲余為之介紹工作。言辭懇切，令人同情。（1954-1-15）

　　1950年代前期所謂「激情燃燒的歲月」：花生米已緊張起來；餐館候桌須一個半小時；小學教師失業賣豆腐乾……

　　北師大學生「肅反」感言——

　　肅反前我渾身是膽，肅反後卻渾身是病，為人處事明哲保身，再不敢與人聊天，怕將來算總帳。有人肅反前要求入團，運動後動搖了，認為共產黨太可怕了。[6]

歷史留痕

　　1949年9月30日，選舉中央政府成員，宋雲彬×去張治中、張東□（按：蓀）。（頁170）

　　1954年9月27日全國人大選舉常委，黃炎培得票最少。

　　1951～52年，中共掀起知識分子思想改造運動——「洗澡」，改造士林價值觀，以馬列主義統一思想。新版「五子登科」（扣帽子、

───────────
[6] 范亦豪：《命運變奏曲》，人民文學出版社（北京）2014年，頁40。

抓辮子、打棍子、洗腦子、撤位子）已然開幕——

《人民日報》在新僑飯店二樓禮堂召開座談會，出席者陳望道、向達、朱光潛、李達等約三十人，鄧拓主持，胡喬木也講了話。……向達說：過去大家不敢寫文章，就是怕小鳴則小扣，大鳴則大扣（扣謂扣帽子也），聞者為之哄堂。（1956-6-24）

上午看《人民日報》，見第八版登了費孝通寫的一篇文章，題目叫〈為西湖不平〉，他討厭西湖上的墳墓，說像個饅頭，非常討厭，又討厭岳飛的塑像，說是個泥菩薩。……周（恩來）說：「今天費孝通那篇文章還不錯，我也有同感。」（1956-7-26）

費孝通獻媚阿諛，呼應毛在杭州抱怨「與鬼為鄰」，浙省書記江華領旨掘墳，牛皋、馮小青等墓被平。[7]費孝通大大「緊跟派」，文革初期在「民盟」中央長篇發言狠批吳晗。（頁710）

1956年8月，復旦大學生物系教授張孟聞在上海市人大發了幾句牢騷，16日系總支奉命組織文章於《解放日報》反擊，一篇教授、一篇學生、一篇職員。宋雲彬愍噓噓不領會中共精神：

現在黨政方面正在鼓勵大家提意見，鼓勵大家大膽發言，但是張孟聞一發言，就給他一個打擊，這種作風實要不得。我看了報非常生氣，打電話給金仲華，請他向上海黨政當局提醒一下。（1956-8-16）

市統戰部長劉述周指此次市人民代表大會中有些代表批評黨和政府批評得不得當，而且劉述周說話的時候聲色俱厲。（1956-8-23）

宋雲彬的政治敏感實在太低，竟讀不出1957-6-8《人民日報》社論乃老毛御意——

出席省統戰部召開之座談會。余首先發言，謂對八日《人民日報》社論不甚贊同。（1957-6-10）

宋的不同意見，次日載《浙江日報》，標題〈宋雲彬不同意《人民日報》「這是為什麼」的社論〉。同日，宋受邀上電台廣播講話五

7　俞澤民：《西湖楹聯與景典》，杭州出版社2015年，頁17。

分鐘，重述昨日座談會發言。（頁447）親手為淪「右」加固棺材釘——坐實罪證。

驅遣牢愁酒一杯，名山事業敢心灰；十年悔作杭州住，贏得頭銜右派來。（1958-3-1）

電話局來拆去電話。前三日政協有電話來：謂余處之電話應拆去，否則以後每月費用當由余私人支出云云。（1958-4-1）

下午命羅媽赴政協取四月份薪，已降為十四級131元（原九級232.55元）；房租則已增為16.07元（原9.45元）。（1958-4-8）

反右乃毛共終撕偽衣，公然失信天下。司馬光（1019～1086）：

夫信者，人君之大寶也。國保於民，民保於信。非信無以使民，非民無以守國。[8]

反右後，宋雲彬按說應清醒一些，然其日記主旋律還是一以貫之的「想鑽而鑽不進去」的棄婦之怨。

其他方面

1965年9月2日，張閬聲女兒告知宋雲彬，其父「生前極不滿意吳山民，常對他的兒女們說，吳山民小人也。」吳山民（1902～1977），浙省法院院長、省參事室主任、省文管會副主任、省政協副主席、杭州市民革主委。

其他信息——

上午四時起床。全市動員捉麻雀，呼喊聲、敲銅盆聲、炮竹聲不絕，至中午始止。（1958-4-20，周日）

售與松泉閣之舊書必須開單由余所服務之機關蓋章證明，上午特赴政協看林元長，擬請政協蓋證明，林不見，且有人止余上樓，態度惡劣已極。（1958-3-25）

---

[8]　司馬光：《資治通鑑》卷二・周紀二・顯王。

從上海到重慶的飛機票價255元，加保險費1.28元，共256.28元。我們坐的是運輸機，只有六個座位，今天乘客只有我們兩個人。（按：另一位巴金）（1956-11-29）

在家休息。讀毛選第一卷〈中國社會各階級的分析〉。（1966-2-16）

這位副省級左士似非「毛選積極分子」，這麼晚才讀《毛選》首篇，日記中亦無一句學習心得。

宋實為赤腳緊跟毛時代而跟不上，為中共所棄。劃「右」後，省級高幹淪為中華書局小編輯。1960年10月摘去「右」帽，那個激動那個欣欣然，那個叩頭謝恩，只配後人擲嘲：打得還不夠疼嘛！──

此會專為摘去你的右派帽子開的……余心情激動，熱淚欲奪眶而出，哽咽幾不能成聲。……人逢喜氣精神爽。（1960-10-29）

文革初期，宋積極投入「偉大的無產階級文化大革命」──

想寫一篇揭露和批判吳晗的文章，一時寫不出，焦急之至。我過去跟吳晗沒有什麼往來，又不看他的所謂「著作」，實在沒有什麼可寫。（1966-5-12）

晚八時半聽廣播，得到改組北京市委及北大黨委的消息，大為興奮。（1966-6-3）

到今天為止，我已經寫了二十張大字報了（以前寫的小字報不算在內）。（1966-7-12）

他貼出大小字報，揭發周揚、金燦然，很想「混入」造反隊伍，但遭革命群眾喝斥：「宋雲彬滾出去！」[9] 日記截止1966-8-15，宋仍在努力投身文革。

9 宋雲彬：《紅塵冷眼》，山西人民出版社2002年，頁714～716、728。

結語

捧讀《紅塵冷眼》，恍若隔世：開不完的會、聽不完的報告、寫不完的檢討、講不完的政治、學不完的文件、寫大字報、香煙配給、一切憑票……不過半個世紀，社會差異巨大，意識形態大幅移換，價值觀念完全顛覆。雖然巨變說明時代前進的步幅，也拖帶著兩三代人所承受的時代落差。祖孫三代思想觀念無法對接、價值標準大幅斷裂，意味著社會資源巨大浪費——前輩經驗不僅無法滋養後人，還成為負面包袱；後人必須拆除前輩一大攤「違章建築」，必須改革伏屍千萬推立的紅色社會——公有制、計畫經濟、階級專政，才能砌築今天的市場經濟、尊重科技……從階級對抗的國共爭鋒到兩岸對話，歷史煙塵中掩蓋了多少國家血淚、百姓悲苦！

文革初期，紅衛兵抄家，宋氏夫婦遭受百般凌辱，這位紅朝擁立者終於對老妻說：「與其這樣活著，不如我們一起死了算了。」[10]

《紅塵冷眼》雖有曲筆隱語，宋雲彬最後才稍稍清醒，其觀察視角亦非真正「冷眼」，但整體上仍不失為一部難得的毛時代高知實錄，可近距離感受呼嘯北風、炙烤赤日。「激情燃燒」的1950～70年代實在沒幾人「宜居」，連高崗、饒漱石、彭德懷、黃克誠、張聞天、周小舟、劉少奇、鄧小平、陶鑄……直至林彪、周恩來都呆不住、居不穩哩！

從知識分子研究角度，《紅塵冷眼》提供了這位紅士「想擠未擠進去」的尷尬，記錄了一代左翼士林的真實軌跡。當然，也是一枚毛時代「千萬不要忘記」的棺材釘。

2014-10-9～10　上海

原載：《領導者》（香港）2015年2月號

---

[10] 宋劍行：〈深深的懷念〉，載宋雲彬：《紅塵冷眼》，山西人民出版社2002年，頁1。

自解佩劍

——反右前大陸士林整體赤陷

　　猶如平地驚雷暴雨驟瀉的反右，似緣毛澤東聖心瞬逆。其實，這場運動不僅源自紅色意識形態，也源自社會態勢。反右前大陸士林整體赤陷，乃是反右不可或缺的社會土壤。若無1957年以前種種意識形態鋪墊，反右便不可能從天而降，更不可能迅速推進。僅僅指責毛澤東「輕諾延安，寡信北京」，[1] 將這場赤難歸於一人心理，見木未見林，沒看到反右得以發動必須依托的社會態勢——大陸士林整體赤陷。

一面倒擁共

　　1946年重開內戰，中共舉著糾正國府弊政大旗，貌似順應民主自由潮流，甚得左翼士林支持。1947年5月大規模學運，哈佛文學碩士吳宓（1894～1978）與青年張紫葛（1919～2006），目睹南京大遊行，回寓後縱論國是——

　　（吳宓說）真乃禍國殃民之政府，腐敗如此，昏庸如此，還能不亡？必亡無疑，惟願它能早日終結！

　　中國何處去？吳宓認為：只能寄希望於中共。惟願中共儘快掌權，以結束此兵連禍接、百姓水深火熱之局面。

　　彼時國民黨右翼盛行一種說法：國共之爭乃中華文化存亡之爭。假使中共得勝，則五千年中華文化從此蕩然無存。吳宓和我一樣，堅決反對這種說法。他說：這種說法純屬無知臆斷，毛澤東飽讀中國古書，他的文章，無不從中華古籍中來。……故可斷言，中共主政，只

---

[1] 李銳：《李銳近作——世紀之交留言》，中華國際出版集團（香港）2003年，頁164。

會使中華文化更加昌明。

1949年9月，重慶大學七位學生即將隨家赴美入台，輪番勸說吳宓避走港台歐美。一女生父親致函吳宓，備述仰慕，誠邀赴美，承擔一切費用（包括在美生活），以供吳教授安心研究。吳宓很反感這種勸駕，當這些學生前來辭行，態度冷淡，甚至不與握手。「他們要出去作白華吶！這種不愛祖國的青年！我太失望了！」[2]

1949年1月31日，一批北大師生冒著刺骨寒風、舉著小旗到西直門欣喜若狂迎接共軍入城。[3] 81名中研院士，59人滯留大陸，14人飛美、8人赴台。[4]

1949年1月，馬寅初、黃炎培、王蕓生等一大批「民主人士」，由中共一一迎抵北平。

截止1950年8月，海外留學生5541人，1950～53年約兩千歸國。中研院士李四光、華羅庚、趙忠堯及錢學森、老舍等陸續回國。1948年，香港大學邀聘錢鍾書任文學院長，牛津大學也約聘Reader（高級講師），同鄉學長兩次催促錢鍾書成行，他都放棄了。[5] 1950年，清華大學約90%學生報名參加共軍。[6]

華羅庚（1910～1985）發出〈致中國全體留學生公開信〉——

為了抉擇真理，我們應當回去；為了國家民族，我們應當回去；為了為人民服務，我們也應當回去；就是為了個人出路，也應當早日

2　張紫葛：《心香淚酒祭吳宓》，廣州出版社1997年，頁30～32、65～66。

3　陳明遠：《知識分子與人民幣時代》，文匯出版社（上海）2006年，頁26～27。

4　赴美院士：胡適、趙元任、朱家驊、翁文灝、汪敬熙、蕭公權、李濟、吳大猷、薩本棟、陳克恢、吳覺、李書華、李方桂、林可勝。
　　赴台院士：王世傑、王寵惠、董作賓、吳稚暉、傅斯年、李發聞、凌鴻勳、袁貽瑾。

5　鄒文海：〈憶錢鍾書〉，載《錢鍾書研究》第二輯，文化藝術出版社（北京）1990年，頁293～294。

6　資中筠：〈我與宗璞，高山流水半世誼〉，載《各界》（西安）2016年第7期（上），頁38。

回去。[7]

共軍入滬次日，中研院士竺可楨（1890～1974）日記：

民國二十六年國民黨北伐，人民歡騰一如今日。但國民黨不自振作，包庇貪汙，賞罰不明，卒致今日之傾覆。解放軍之來，人民如大旱之望雲霓。希望能苦幹到底，不要如國民黨之腐敗！[8]

國民參政會副議長、考試院長張伯苓（1876～1951），兩拒蔣介石邀台。[9]陳寅恪、吳宓、朱光潛等頭面知識分子一再拒絕飛台。[10]留美生余上沅（1897～1970）退還教育局長送來的飛台機票。[11]冰心夫婦、蕭乾等海外投歸；眾多中間派知識分子擇居故土。[12]美學家呂熒從台灣抵京。[13]1919年留美女生俞慶棠（1897～1949），1947年聯合國教科文組織中國委員，1949年5月應邀回大陸，出席中共政協，參加「開國大典」，出任教育部社教司長。[14]相當一部分士林出於對國民黨的厭惡而寄望共產黨，強大的民族情結使他們亟願承認新政權的合法性。不少中小知識分子更是一直「吃國民黨的飯，唱共產黨的歌」。

1949年4月，國府談判團長張治中（1890～1969）向毛澤東讚揚中共的樸素誠懇、吃苦耐勞、自我批評、虛心學習等：

國民黨的失敗是應該的，共產黨的成功並非偶然。[15]

1949年3月25日，毛澤東進北平，一批民主人士機場迎接，柳亞子當晚賦詩：

民眾翻身從此始，工農出路更無疑；佇看荼火軍容盛，正是東征

7　于風政：《改造》，河南人民出版社2001年，頁7、10～11。

8　《竺可楨日記》，人民出版社（北京）1984年，卷二，頁1256。

9　尉天縱：《不同流集》，2013年5月自行本，頁159。

10　朱光潛：〈自傳〉，載《學術名人自述》，花城出版社（廣州）1998年，頁273。

11　吳中傑：《海上學人》，廣西師大出版社（桂林）2005年，頁91。

12　李明：〈鐵樹開花〉，載《無罪流放》，光明日報出版社1998年，頁410。

13　叢維熙：《走向混沌》，花城出版社（廣州）2007年版，頁215。

14　《吳宓日記》第二冊（1917～1924），三聯書店（北京）1998年，頁179。

15　李維漢：《回憶與研究》，中共黨史資料出版社1986年，下冊，頁667。

西怨時。

　　典出《孟子》引《商書》，商湯征桀，東西鄰國都希望早日獲救於水火，商湯東征，西鄰各國抱怨為何不先解救自己這一邊。南社詩翁還有政治詩：

　　太陽出來滿地紅，我們有個毛澤東；人民受苦三千年，今日翻身樂無窮。（1949-2-28）

　　聯盟領導屬工農，百戰完成解放功；此是人民新國慶，秧歌聲裡萬旗紅。（1950-10-1）[16]

　　9月26日，平生不寫民國國號的前清士子周致祥（1875～1958）在政協發言：

　　我反對用「中華民國」之類的簡稱，因為二十多年來，這一名稱已被蔣介石弄得不堪言狀了，成為一個禍國殃民、群眾對它毫無好感的名稱。

　　司徒美堂（1868～1955）附議：

　　「中華民國」與民無關，二十二年更給蔣介石及CC派弄得天怒人怨，真是令人痛心疾首。[17]

　　72歲的黃炎培（1878～1965），兩辭北洋教育總長，此時接受周恩來「不是做官是做事」，就職副總理兼輕工業部長。同樣拒絕國府高官的梁希（1883～1958），欣然出任林墾部長。[18]

　　師從馮・卡門的物理學博士郭永懷（1909～1968），1956年準備回國，國府教育部派員登門，勸其即使不赴台也不要去大陸。清華老校長梅貽琦聽說郭已買了回大陸的船票，半晌沒說話。胡適聽說郭要回大陸，感慨萬千：「像郭永懷這樣的人都要回國了，真是人心所向

[16]　《柳亞子詩詞選》，人民文學出版社（北京）1981年，頁169、152、187。

[17]　余廣人：〈1949：國號之爭〉，載《重大決策幕後》，南海出版公司（海口）1998年，頁10。

[18]　楊先材主編：《共和國重大事件紀實》，中共中央黨校出版社（北京）1998年，上卷，頁15。

啊！」[19]任教英國牛津、劍橋的吳世昌（1908～1986），1962年回國，他曾主張「第三條道路」，非常愛國，把汽車都帶回來送給國家。[20]

張奚若被費正清認為是昆明最堅定的無黨派自由人士，篤信個人主義，具有盎格魯撒克遜人氣質，反右前出任高教部長，也「充當集權主義的官僚」。[21]

1948年初，馮友蘭（1895～1990）回國，夏威夷過海關，美方驗關員見其簽證為「永久居留」：

> 你可以保存這個簽證，什麼時候再到美國來都可以用。

馮答：「不用了」，將簽證交還驗關員。[22]多少人求如天堂門票的美國簽證，馮友蘭就這樣放棄了。

留德哲學博士季羨林（1911～2009），晚年回憶：

> 我同當時留下沒有出國或到台灣去的中老年知識分子一樣，對共產黨並不瞭解；對共產主義也不見得那麼嚮往；但是對國民黨我們是瞭解的。因此，解放軍進城我們是歡迎的，我們內心是興奮的，希望而且也覺得從此換了人間……覺得從此河清有日，幸福來到了人間……覺得一切的一切都是美好的，都是善良的。我覺得天特別藍，草特別綠，花特別紅，山特別青。全中國彷彿開遍了美麗的玫瑰花，中華民族前途光芒萬丈……開會時，遊行時，喊口號，呼「萬歲」，我的聲音不低於任何人，我的激情不下於任何人。[23]

一些知識分子雖對中共治國能力尚存疑慮，但對國民黨卻詳熟之至。正是這份對國民黨的失望，轉化為對共產黨的期待；對國府的痛恨，轉為對中共的好感；不僅為中共的勝利歡呼，也全盤接受紅色圖

---

[19] 〈永遠的懷念——記「兩彈一星」功勳科學家郭永懷〉，載《百年潮》（北京）2006年第8期，頁6。

[20] 劉士傑：〈長夜孤零的日子〉，載《無罪流放》，光明日報出版社1998年，頁26。

[21] 《費正清對華回憶錄》，陸惠勤等譯，知識出版社1991年，頁506。

[22] 馮友蘭：《三松堂自序》，三聯書店（北京）1989年，頁127。

[23] 季羨林：《牛棚雜憶》，中央黨校出版社（北京）2005年，頁203。

紙，包括並不熟悉的馬列主義。《侍衛官日記》作者、《大公報》記者周榆瑞（1917～1980）：

　　像在抗戰期間與共黨得勢以前大多數中國知識分子一樣，我往常總差不多毫無保留地同情中共，相信他們是以全國統一為目標並努力為人民謀幸福的。

　　我在政治上的愚昧和對中共瞭解的不切實，使我幻想北平政權遲早會重新考慮新聞自由與獨立思想的可能性。[24]

　　張愛玲（1920～1995），一直很欣賞赤區的趙樹理小說。紅色影片《小二黑結婚》（1950）、《白毛女》（1950）、《新英雄兒女傳》（1951），她也很喜歡，鄭重推薦給胞弟。[25]

　　中共當然很享受左翼士林的擁戴，順勢渲染成士林的主導性政治傾向。事實上，國統區還有一大批知識分子對赤共並無好感。美聯社左翼記者傑克・貝爾登（1910～1989），1949年出版《中國震撼世界》，對國統區士林政治態度的記述相對客觀——

　　國民黨地區具有政治敏感的人大都對共產黨不懷好感。在戰爭初期，共產黨沒有找到幾個知識分子同盟軍。工程師、作家、醫生、教授和學生對農村運動漠不關心。在解放區的學校、農村和政治集會上都非常缺乏演說家、宣傳鼓動員和「領袖人物」。事實上，儘管絕大多數中國知識分子表示愛好「革命」，但是他們起先並不擁護共產黨，甚至還不屑理睬它。[26]

接受階級論

　　左翼士林竭誠擁護新政權，對紅色意識形態也就不可能設防。何

---

[24] 周榆瑞：《彷徨與抉擇》，開放出版社（香港）2015年，「前言」V、VII。
[25] 張子靜：《我的姊姊張愛玲》，時報文化出版公司（台北）1996年，頁232。
[26] （美）傑克・貝爾登：《中國震撼世界》，邱應覺等譯，北京出版社1980年，頁492～493。

況「大同」乃中國士子千年夢寐，「均貧富」一直閃爍著朦朧迷人的
光芒。那些不相信山溝溝「土八路」能成事的知識分子，眼看共產黨
成為國家主人，不免自慚形穢。

1950年6月全國政協會議，傅作義、程潛盛讚中共艱苦樸素、公
而忘私；「民革」主席李濟深、「民盟」主席張瀾、「起義」劉文
輝、盧漢等發言擁護「土改」。

國軍二級上將、川省主席鄧錫侯（1889～1964）：

　　我要堅決地放棄本階級的利益，來服從全國人民的利益，服從整
個革命的利益……我抱定決心，不僅做到軍事上的「起義」，而且更
要做到階級上的「起義」。[27]

1951年，中共動員數十萬知識分子參加土改工作隊，成為「舊知
識分子」思想改造的起點。在虔心接受階級論的基礎上，他們很快深
刻認識「原罪」——無論家庭出身還是所受教育，都充滿剝削階級汁
液。劍橋生蕭乾（1910～1999）發表〈在土地改革中學習〉（載《人
民日報》1951-3-2），留美博士吳景超（1901～1968）稍後於《光明
日報》發表〈參加土改工作的心得〉，毛澤東批示「寫得很好」，令
《人民日報》等轉載。[28]

美學家朱光潛（1897～1986）：

　　就像突然站在一面鏡子前，看見了自己的形象，吃了一驚說：
「我們就活像這批中農！」

史學家雷海宗（1902～1962）：

　　我們的全部所學，就是我們最大的包袱。……不只對我們無用，
連對資本主義國家的一個知識分子也無甚大用處，往往甚至發生迷惑
欺騙的反作用。[29]

辛亥後，寰內士林向以留學歐美為榮，此時則以參加土改為幸，

---

[27] 李維漢：《回憶與研究》，中共黨史資料出版社1986年，下冊，頁713。
[28] 《建國以來毛澤東文稿》第2冊，中央文獻出版社1988年，頁154、198。
[29] 雷海宗：〈社會科學工作者與新的社會科學〉，載《光明日報》1951-4-4。

時代風氣陡然一變。1949年9月，一些高知主動提出「洗澡」（思想
改造）。法學家張志讓（1893～1978）撰文：

我一向認為研究學習馬列主義和毛澤東思想是目前教育界第一重
要課題。而要實現這個要求，最好的方法是發動一個全國性的運動。
這一運動必須立刻發動，必須普遍推行。[30]

1949年10月，馮友蘭呈函毛澤東──

我過去講封建哲學，幫了國民黨的忙，現在我決心改造思想，學
習馬克思主義，準備於五年之內用馬克思主義的立場、觀點、方法，
重新寫一部中國哲學史。[31]

1951年暑期，北大校長馬寅初在職員中進行40多天政治學習，頗
見成效，遂推廣至教員。9月7日，馬寅初聘邀毛劉周朱等十位中共首
腦為政治教師。9月29日，周恩來向京津高校教師作大報告──〈關
於知識分子的改造問題〉。10月，毛將知識分子自發的政治學習轉為
政府行為，從理論學習轉為教育改造，改變了馬寅初設定的學習性
質。11月30日，中共中央發出〈在學校中進行思想改造和組織清理的
指示〉，在學校教職員和高中以上學生中普遍開展學習運動。教育部
聞風而動，「洗澡」運動由是而起。[32]

思想改造運動中，中研院士陶孟和（1887～1960）：

社會科學工作者是在舊社會裡長大的，他必然帶著舊社會裡所加
給他的包袱。……這次人民革命所打倒的、所推翻的正是傳統的社會
科學所研究的東西，正是過去的社會科學工作者所經常處理研究的對
象。……中國社會科學工作者所熟悉的東西，不能繼續存在而不得不
拋入廢紙簍了。這不能不說是今日大部分社會科學工作者所遇到的凄

---

[30] 張志讓：〈探求新知批判利用舊學與大學教育前途〉，載《新建設》（北
京）卷一，第1期（1949-9-8），頁3。

[31] 馮友蘭：《三松堂自序》，三聯書店（北京）1989年，頁157。

[32] 《建國以來毛澤東文稿》第2冊，中央文獻出版社1988年，頁482～483、
526。

慘的、可憐的處境。[33]

　　馬列主義幾無抵抗地為大陸士林接受，赤潮輕易漫溢理性堤壩。全國各校教師都得下水「洗澡」──檢討剝削出身、自批所受教育、交代個人歷史、清理思想塵垢、反省生活方式……金岳霖、潘光旦檢討12次才過關；馮友蘭數次檢討不被接受；張東蓀在師生大會檢討三次；陳序經在嶺南大學全校師生大會檢討四小時，動情處熱淚縱橫，竟仍未通過。[34]

　　雖然交代個人歷史猶自負芒刺，絕大多數知識分子仍真心實意接受批評，醜語自詆，自扣屎盆，強迫自己必須從理性上接受批判。重慶《新華日報》（1952-7-8），刊載吳宓萬言檢討書──〈改造思想，站穩立場，勉為人民教師〉。

　　接受階級論勢必承認無產階級先天優於其他階級，接受「階級鬥爭必要論」，認同只有在鬥爭中才能打造出「一個光燦燦的新世界」。而一旦接受馬列赤說，知識分子的判斷力隨之大降。1957年5月，費孝通二訪江村，發現該村畝產1936年350斤，1956年增至559斤，村民生活卻不如「解放前」。分析原因，費孝通即掉入意識形態陷阱，自設前提：「懷疑合作化的優越性是不對的。」[35] 邏輯起點使他一出門就走岔道，自然也就不可能對江村的悖反現象準確析因。江村的悖論，恰恰在於合作化導致副業萎靡，村民現金收入大減，從而增產不增收，村民生活反而不如「解放前」。

　　通過「洗澡」，紅色恐怖逐漸發酵，初露崢嶸。一部分知識分子開始清醒，最初的狂熱有所冷卻，歎息中夾起尾巴。懾於政治壓力，他們敢怒不敢言，只能明哲保身。此時，他們對共產黨還不可能有深刻認識，更無力從整體上否定赤潮，思想上亦無抗禦馬列主義的裝備。他們堅信中共道德高尚，中央「偉光正」，惟基層幹部水準太

---

[33] 陶孟和：〈中國社會科學工作者的任務〉，載《光明日報》1951-3-29。
[34] 于風政：《改造》，河南人民出版社2001年，頁210～211。
[35] 費孝通：《江村經濟──中國農民的生活》，商務印書館2001年，頁274。

低，才發生種種過火。

1956年，毛彥文（1898～1999）在美國讀到前男友吳宓教授檢討書——

十餘年前海倫（按：毛英文名）在西雅圖華盛頓大學從事中國大陸問題研究時，曾看到一本由香港美國領事館翻譯成英文的大陸雜誌，登載許多在大陸有名學者的坦白書。內有吳的一篇，大意說，他教莎士比亞戲劇，一向用純文學的觀點教，現在知道是錯了，應該用馬克思觀點教才正確。當時海倫氣得為之髮指！人間何世，文人竟被侮辱一至於此！吳君的痛苦，可想而知。[36]

形格勢禁，絕大多數「舊知識分子」在半推半就的矛盾心理下，半願半迫轉向馬克思主義，批判別人也批判自己，對學問喪失自信，產生負罪感；認為有必要「脫胎換骨」、「向工農大眾學習」、「跟上時代步伐」，將學術研究混同於政治立場轉變；似乎只要轉變階級立場，所有視角、觀察、結論便會「自行矯正」。

評家有曰：

在突擊式的政治學習中對馬克思主義的學習只能是生吞活剝、尋章摘句、囫圇吞棗，作簡單化的理解，不可能熟練運用，其結果便是：要麼索性不再進行理論創造和學術求索，如賀麟和湯用彤；要麼勉強去做，而做不出上乘的精神產品，如金岳麟和馮友蘭。[37]

思想改造乃反右「前哨戰」，通過思想改造，中共順利解除知識分子的佩劍——獨立之精神、自由之思想。「階級原罪」使知識分子集體匍匐紅色意識形態階下，自廢武功自解佩劍，承認中共的政治權威，加濃「政治第一」的社會氛圍，為反右自織左網自挖墓坑。這一深刻影響與深遠作用，當時並不可能為士林悟識。

1956年，馮友蘭撰文：

---

[36] 毛彥文：《往事》，秀威資訊公司（台北）2015年，頁260、168。
[37] 年鐘鑒：〈試論「馮友蘭現象」〉，載散木：《1949年後中國共產黨政治謎案19件》，秀威資訊公司（台北）2013年，頁294。

我敢說：絕大多數知識分子都以接受黨的領導為莫大的光榮。[38]

吳祖光：黨的威信太高了，咳嗽一下都會有影響。[39]

紅青白樺（1930～）對胡風案有疑：

但……即使在夢中我都會咬緊牙關，守口如瓶，沒向任何人透露過，所以懷疑得十分痛苦。因為，在五、六十年代的中國，誰懷疑毛澤東就等於懷疑自己和宇宙的存在。[40]

桀驁不馴的傅雷（1908～1966），致信海外兒子：

毛主席只有一個，別國沒有……他們的知識分子彷徨，你可不必彷徨。偉大的毛主席遠遠地發出萬丈光芒，照著你的前路，你得不辜負他老人家的領導才好。[41]

青年更是浸淫鬥爭思維。《人民日報》編輯袁鷹（1924～）：

常聽到周揚和別的文藝界領導人多次說過一句名言：「文藝是階級鬥爭的晴雨錶」，如雷貫耳，銘記在心，覺得說得深刻，很精闢，從此時時提醒自己「腦子裡要繃緊階級鬥爭這根弦」！[42]

「起義」的舒蕪（1922～2009），晚年認識到：自己將中共政策當真理，思想教條化，人格政治化，自覺不自覺地加入「以火與劍傳教的宗教家」行列，以理殺人，「大義滅親」，反戈一擊。[43]

當吳宓認識到中共「以天下書生為草芥，而使中華文化江河日下，愈益落後於西方列強」，為時已晚，只能鼓勵即將被捕的「右派」張紫葛不要自殺，熬過酷烈炎赤。[44]

耐受度較低者，早早倒下——「自絕於人民」。清華化工系主

[38] 馮友蘭：〈發揮知識分子的潛在力〉，載《人民日報》1956-1-15，版3。
[39] 吳祖光在全國文聯的發言（1957-5-13），載《荊棘路》，經濟日報出版社（北京）1998年，頁76。
[40] 白樺：〈暴風中的蘆葦〉，載金薔薇編《作家人生檔案》，中國工商聯合出版社（北京）2001年，上冊，頁142。
[41] 《傅雷家書》，三聯書店（北京）1981年，頁116～118。
[42] 袁鷹：《風雲側記》，中國檔案出版社（北京）2006年，頁92。
[43] 萬同林：《殉道者——胡風及其同仁們》，山東畫報出版社1998年，頁187。
[44] 張紫葛：《心香淚酒祭吳宓》，廣州出版社1997年，頁333。

任高崇熙（1901～1952），不理解自己不去海外不去台灣，留下來為「新中國」服務，為何還得接受改造，憤而自殺。[45]1934年主演《漁光曲》的王人美（1914～1987），1935年獲蘇聯首屆國際電影節獎，1950年從香港回滬；1952年5月上海文藝界整風，被誣與戴笠有來往，刺激太大，精神分裂，進了瘋人院。另一位上海作家也在這次整風中精神失常。[46]

對於天性左傾、大部赤陷的大陸士林，毛澤東卻判認最多只有10%的「左派」。「文革新星」戚本禹（1931～2016），曾認為毛的估測太悲觀，晚年則感嘆：「歷史證明，還是毛主席正確。」[47]這位文革紅士至死「光榮孤立」，未改變「堅定的無產階級立場」，仍力挺文革。

未被警惕的前兆

中共進城初期，剿匪土改、安排就業、禁毒禁娼、倡導女權、掃盲識字，似乎「與民更始」；加之懲殺貪汙高幹張子善、劉青山，罷免武漢市府祕書長易吉光（報復批評者），武漢市委書記張平化、市長吳德峰自我批評；邀請民主人士參加反革命案件卷宗審閱[48]……光環一時，士林充滿期待。徐悲鴻（1895～1953）：

一年之中，真所謂百廢俱興，一切應該做的工作，政府都在儘量去做，一切不合理的現象都在努力革除。……我們的人民政府是真正為人民服務，為人民謀福利的政府。[49]

1950年10月1日，梁漱溟（1893～1988）發表文章：

[45] 于風政：《改造》，河南人民出版社2001年，頁214。
[46] 陳堅、陳奇佳：《夏衍傳》，中國戲劇出版社（北京）2015年，頁492。
[47] 《戚本禹回憶錄》（下），中國文革歷史出版社（香港）2016年，頁646。
[48] 《建國以來毛澤東文稿》第2冊，中央文獻出版社1988年，頁633、277、315。
[49] 徐悲鴻：〈一年來的感想〉，載《光明日報》1950-10-1，國慶特刊，版9。

　　從四月初間到最近的九月半，我參觀訪問了山東、平原、河南各省和東北各省地方，親眼看見許多新氣象，使不由得暗自點頭承認：這確是一新中國的開始。……可喜的新氣象到處可見。……今天的國慶日，我的確心中感到起勁，因為我體認到中國民族一新生命確在開始了。[50]

　　事實上，1950年代前期的「風和日麗」只是1980年代的錯覺，紅色政權已漸露崢嶸：批《清宮祕史》、批《武訓傳》、批俞平伯、批蕭也牧、批黃碧野、思想改造、忠誠老實、鎮反、五反三反、批胡風、批丁陳、批胡適、批杜威、批梁漱溟、批「反動生物學家胡先驌」、批「梁思成復古主義」、肅反，運動迭至，霜寒日濃。

　　各場運動中，知識分子頻頻自殺。華東師大教授李平心（1907～1966），1952年遭批判，持斧自劈頭顱（搶救未死）。[51]上海新文藝出版社經理俞鴻模（1908～1968），胡風案牽連被捕，釋放後吞大頭針自殺（未遂）。[52]「胡風分子」侯唯勤1955年自殺、盧甸發瘋。胡風案至少牽連2000餘人。[53]譚平山夫人孫蓀荃（1903～1965），1930年代北京第一女校校長，1965年9月22日裸身上吊，留條「我這樣來，便這樣去。」[54]

　　「土改」100～200萬人被處死，「鎮反」至少鎮壓百萬「反革命」、五十餘萬人自殺。[55]「三反」、「五反」，工商業者心驚膽戰，中共統戰部口號──「火燒工商界，打劫民建會」。[56]1952年2月

---

[50] 梁漱溟：〈國慶日的一篇老實話〉，載《光明日報》1950-10-1，國慶特刊，版4。

[51] 王友琴：《文革受難者》，開放雜誌出版社（香港）2004年，頁216。

[52] 賈植芳：《獄裏獄外》，上海遠東出版社1995年，頁17。

[53] 柳振鐸：《毛澤東的社會主義理論與實踐》，上海人民出版社1993年，頁197。

[54]（美）舒衡哲：《張申府訪談錄》，李紹明譯，北京圖書館出版社2001年，頁98。

[55]（英）麥克法誇爾、（美）費正清主編：《劍橋中華人民共和國史（1949～1965）》，謝亮生等譯，中國社會科學出版社1990年，上卷，頁78～79。

[56] 章立凡：《君子之交》，明報出版社（香港）2005年，頁26。

8日，民生公司老闆盧作孚自殺。[57]

　　周恩來在重慶讀到張愛玲的《傳奇》，指示夏衍設法留住張愛玲，夏衍撮合她與桑弧的姻緣。1952年7月，敏感智慧的張愛玲脫身離去，一到香港就反共。夏衍也未能留住著名影星李麗華。[58]

　　肅反運動，全國公務員670萬，1/5成為肅反對象。[59]全國肅反專職幹部75萬，外調328萬人次。[60]公安部長羅瑞卿向「八大」彙報，130多萬人立案，確定的8.1萬餘「反革命分子」仍有相當冤屈者。[61]

　　季羨林憶及「肅反」：

　　自殺的人時有所聞。北大一位汽車司機告訴我，到了這樣的時候，晚上開車要十分警惕，怕冷不防有人從黑暗中一下子跳出來，甘願作輪下之鬼。[62]

　　土共入城，自律銳減。戰爭環境尚可號召奉獻，勝利了，普天之下莫非「共」土，一切都是「自己的」，不可能再長期抑欲，加之缺乏對權力的監督，人性貪欲不可阻遏地四處綻裂，三反五反查出貪汙分子120多萬，開除兩萬黨員黨籍。[63]特權迅猛抬頭，幹部用小車接送子女上學，[64]一位嫁給將軍的富家小姐，強迫警衛員洗她的月經帶。[65]鄉村幹部風紀敗壞，河北運河邊出現大姑娘溺嬰。[66]

　　社會生活中，一面控訴封建婚姻，熱演《小二黑結婚》、《劉

---

[57] 李銳：《李銳近作》，中華國際出版公司（香港）2003年，頁146。

[58] 陳堅、陳奇佳：《夏衍傳》，中國戲劇出版社（北京）2015年，頁493。

[59] 朱正：《1957年的夏季：從百家爭鳴到兩家爭鳴》，河南人民出版社1998年，頁256～261。

[60] 《中國昨天與今天，1840～1987國情手冊》，解放軍出版社1998年，頁740。

[61] 杜高：《又見昨天》，北京十月文藝出版社2004年，頁86。

[62] 季羨林：《牛棚雜憶》，中央黨校出版社（北京）2005年，頁205。

[63] 馬畏安：《高崗、饒漱石事件始末》，當代中國出版社2006年，頁55。

[64] 《建國以來毛澤東文稿》第2冊，中央文獻出版社1988年，頁600。

[65] 李南央：《我有這樣一個母親》，開放雜誌出版社（香港）2003年，頁109。

[66] 叢維熙：《走向混沌》，花城出版社（廣州）2007年，頁23。

巧兒》，一面強令女青年嫁老土共，要她們「無私」、「忘我」、「聽黨的話」……女青年哭訴、反抗，躲在樓上死也不肯下來參加婚禮……

高校取消政治學、社會學、法學、新聞學，社會頓失平衡，國家失去預警神經。1950年代，流傳一副意味深長的嵌名聯：「民族團結──李維漢（統戰部長），百花齊放──陸定一（中宣部長）。」[67]

大到意識形態，小到穿衣戴帽，越來越強烈的同一性。風起萍末，預示大規模風暴已在醞釀。1954年起，「那時從中央到地方的報紙上，早已很少出現雜文了。」[68]

一批高知之所以未對嚴重左偏的中共產生警覺，還有一項必須強調的原因：中共對「民主人士」、國軍將領的戚友用心險惡的專項保護。1951年6月3日，毛澤東批示公安部長羅瑞卿：

凡關涉重要民主人士及其戚友的案件，只收集材料，不忙處理。[69]

封閉資訊，只讓聽到一種聲音，中共悄悄解除士林「佩劍」的另一隻暗手。寰內士林被集體忽悠「洗腦」，即便受辱被貶亦高尚自嘲「必要代價」，目睹血腥暴力輒歸「局部問題」。在中共鋪天蓋地的宣傳浪潮下，還真以為身臨盛世，即將趕英超美。

撤守理性

至於中共高層，早就撤守理性防線。中共「七大」，張聞天當眾頌毛：

他（指毛）與人民的結合是如此的密切，因而分不出究竟他是人民，還是人民是他！他的腦筋中找不出個人的私心私利。他把一切奉獻給了人民！……他是我們的領袖！而同時我們又感覺到我們自己是

---

67 章立凡：《君子之交》，明報出版社（香港）2005年，頁33。
68 袁鷹：《風雲側記》，中國檔案出版社（北京）2006年，頁17。
69 《建國以來毛澤東文稿》第2冊，中央文獻出版社1988年，頁362。

如何的渺小呀！

張聞天並稱「馬恩列斯毛」，毛自己都不好意思。[70]

劉少奇「七大」報告中：

我們的毛澤東同志，不只是中國有史以來最偉大的革命家和政治家，而且是中國有史以來最偉大的理論家和科學家。[71]

1952年1月17日，前北洋大學校長、水利專家張含英（1900～2002），撰文《人民日報》，檢討二十餘年致力水利與教育——

在這一事業心裡還夾雜著個人興趣和個人榮譽……我雖然是善意地辦學校，我雖然主觀上一切為了學校，但是我所代表的是反動統治階級，和群眾利益是對立的。既然對立，雖然學校上了軌道，對同學們有益處，但也有助於反動政府的統治。……由此可見我過去沒有敵我觀念，更分不清敵我。這種落後的、糊塗的思想就使我很有條件做反動統治階級的花瓶和幫兇。

北方交大校長茅以升（1896～1989），承認過去三十年為反動統治階級服務，有小資產階級知識分子兩大特性：自高自大、自私自利；自扣十三頂大帽子——英雄主義、技術主義、自由主義、個人主義、保守主義、妥協主義、適應主義、宗派主義、官僚主義、本位主義、改良主義、溫情主義、雇傭觀點。[72]

1951年批判影片《武訓傳》，教育部黨組書記、副部長錢俊瑞（1908～1985），苛責已故著名教育家陶行知（1891～1946）：

人們有權利發問道：為什麼陶先生不放眼看看在當時的抗日民主根據地裡面，因為人民已經取得了政權，人民教育事業就那樣蓬蓬勃勃地開展呢？為什麼陶先生不集中力量搞革命，而偏偏要花這樣多的精力在國民黨地區辦些顯然無法開展的「育才學校」之類的教育事業，甚至最後，日暮途窮，會找到武訓這樣一塊朽木來作自己的招牌

---

[70]　《張聞天文集》，中共黨史出版社（北京）2012年，卷三，頁176～179。

[71]　《劉少奇選集》上卷，人民出版社（北京）1981年，頁336。

[72]　茅以升：〈我的檢討〉，載《光明日報》（北京）1952-2-21，版3。

呢？[73]

就是這位錢俊瑞，陶行知去世時曾撰〈一代巨人陶行知〉，激賞陶行知已從民主主義者轉為共產主義者。[74]

生活上，知識分子待遇大跌。1955年中共統戰部調查：絕大多數高知生活艱苦，比抗戰前收入大幅降低。大學教授1955年最高工資252.6元人民幣，抗戰前600元法幣，至少折合人民幣1500元，高知收入僅抗戰前1/6。[75]

1956年1月，中共感覺搞建設離不開知識分子，希望改善與知識分子的關係，召開知識分子會議，千餘官員出席，周恩來做〈關於知識分子問題的報告〉。不久，高知在政協會議上一片感恩戴德，叩謝中共的寬大關心，狠批自己「妄自尊大」。李四光發言：「從舊社會帶來的『自我』……就是社會主義道德的最大敵人之一」。[76]偏腔歪調以不容置疑的姿態堂皇出現，意識形態嚴重出偏，全社會竟毫無警覺。

上層高知因中共「統戰」，無論理性還是感情，都主動繳械。1957年7月全國人大會議，梁思成發言〈我為什麼這樣愛我們的黨〉：

八年來，我差不多每天都在興奮激動的心情中度過高興愉快的一天。一天一天地過去，我就一天比一天地更加愛我們的黨，愛我們的毛主席。……不知從什麼時候起，我已經養成了對黨的百分之百的信心了。[77]

下層知青更是「丹心一片永向黨」。一位北師大「極右」學生：

[73] 錢俊瑞：〈從討論武訓問題我們學到些什麼？〉，載《人民教育》（北京）卷三，第5期（1951-9），頁12。

[74] 于風政：《改造》，河南人民出版社2001年，頁161。

[75] 中共中央辦公廳〈關於全國高級知識分子人數的調查報告〉（1956）。參見陸鍵東：《陳寅恪的最後20年》，三聯書店（北京）1995年，頁160。

[76] 〈李四光的發言〉，載《光明日報》（北京）1956-2-5，版5。

[77] 梁思成：〈我為什麼這樣愛我們的黨〉，原載《人民日報》1957-7-14，收入《新華半月刊》（北京）1957年第18期（1957-9-25），頁56。

　　那個年月普遍的習慣是相信黨的話，而任何領導都是代表黨的，出於對黨的無條件信任，誰如果被上邊定為敵人，很少有人不信。所以，那時的右派真是「全黨共誅之、全國共討之」。[78]

「擠」不進新社會

　　當年紅青，後淪「右派」的白樺（1930～　），認為「1950年代前期的春天」乃文革後中宣部的營建：

　　知識分子——即使是所謂黨的知識分子，主觀臆造出來的春天也是極為短暫的。……1953年全年只攝製了七部影片。一部電影劇本的投拍要經過層層審查才能通過，最後一個審稿人就是周揚，周揚不點頭就不能投拍。[79]

　　最需要自由的文藝成為統一規格的「齒輪與螺絲釘」，形成又一個蘇式全能政治社會。

　　「反右」前，許多真話只能轉入地下。羅隆基私下說：

　　社會主義的最大缺點就是沒有競爭。

　　黨員水準低，是造成經濟建設上特別是基本建設上的損失的主要原因。[80]

　　1950年，吳宓已生抱怨：

　　批評、自詈方興未艾，設若現在就百詞自詈，將來日復一日，由漸而入，復何更醜更穢之詞以進一步自詈，以示長進？[81]

　　知識分子一方面「新社會固然美好，只是我擠不進去」，另一方面還是想「擠」進去。就是打成「右派」，章伯鈞、羅隆基、黃琪翔

---

[78] 范亦豪：《命運變奏曲》，人民文學出版社2014年，頁59。

[79] 白樺：〈暴風中的蘆葦〉，載金薔薇編：《作家人生檔案》，中國工商聯合出版社（北京）2001年，上冊，頁118。

[80] 章詒和：《最後的貴族》，牛津大學出版社（香港）2004年，頁315。

[81] 張紫葛：《心香淚酒祭吳宓》，廣州出版社1997年，頁110。

一個勁掙扎「爬起來」，爭取再擠進去。[82]胡適幼子胡思杜（1921～1957），先批判其父，後決裂關係，仍劃「右」，擠不進去，上吊走人。

從延安開始，中共知識分子政策就陷於兩難——既需要大量知識分子加盟才能發展組織，又須防範這些有獨立意識者離心出軌。奪取全國政權後，這一矛盾更為突出。1950年代初，中共只有72萬幹部充任各級職崗，國府時期需200萬，缺口2/3。[83]中共必須對知識分子有所讓步，以調動他們「咸與革命」，但骨子裡的不信任又使中共不時敲打知識分子，要他們全面接受赤左理念、遵循紅色邏輯。

歷經數年「現實教育」，寰內士林漸感難以承受政治負擔，「政治改變一切」的狂熱漸漸淡退。1957年春的「鳴放」，實為長期積壓後的大噴發，才有如此抱怨：

希望生活在新中國的知識分子也摸一下自己的脊梁，挺起來，不再學易安居士或林妹妹那樣嬌滴滴地扭扭捏捏。[84]

北師大副校長傅種孫（1898～1962），鳴放出知識分子真正心聲：

中共所標榜的知識分子政策與知識分子所感受的幾乎完全相反……每一運動起來，知識分子就心驚膽跳。對於統治者衷心奉承而一再受白眼、挨白眼，這是史無前例的。我想不起來有哪一個興朝盛世是這糟蹋知識分子的。我也不曉得這些知識分子究竟造了什麼孽而遭致這麼大的禍殃……能夠說一個知識分子必然有罪嗎？……這幾年來四海之內有哪一個地方的知識分子不寒心？……打著用、罵著用，叫知識分子成天用眼淚洗臉，這是何苦來？……我對黨的政策都擁護，唯獨對黨的知識分子政策感到惋惜，我看不怎麼高明……在知識

---

[82] 章詒和：《往事並不如煙》，人民文學出版社2004年，頁113。

[83] （英）麥克法誇爾、（美）費正清主編：《劍橋中華人民共和國史（1949～1965）》，謝亮生等譯，中國社會科學出版社1990年，上卷，頁65。

[84] 黃裳：〈嗲〉（1957-5-26），載黃裳《負暄錄》，湖南人民出版社1986年，頁1～3。

分子上面必須要加上「舊」字或者是「資產階級」……工人何嘗不是
從舊社會來的，農民何嘗不是從舊社會來的？為什麼偏偏給知識分子
加上個「舊」？這又何苦？你把人家當雇傭看，當奴隸看，甚至當敵
人看，這怎能使人家有主人翁的態度。[85]

　　1973年10月成立「梁效」（北大、清華兩校諧音）寫作組，北大
歷史系教師范達人（1935～　）任寫作組長，心情八個字──「受寵
若驚，感恩戴德」。[86]

士林分化

　　馬列主義高歌猛進，中華傳統轟然崩坍，一切以新為貴，知識分
子形成截然代溝，失去價值承傳，一切都預示社會即將發生斷裂式動
蕩。階級論也使知識分子迅速分化，烘焙出互鬥互捐的社會土壤。陳
寅恪高足金應熙由中轉左，公開亮旗叛背師門，寫出很有分量的批陳
文章；燕京校長陸志韋愛女陸瑤華撰文〈譴責我的父親陸志韋〉，全
校批判大會作「大義滅親」的發言，得銜北京市政協委員。[87] 這些突
破人倫底線的行為，則被標榜為「新社會新風尚」。

　　丁玲原本對胡風一直心存感激。1930～40年代，丁玲在延安凡有
作品寄胡風，胡風總是想方設法將稿費寄給湖南丁母。但批判胡風
時，丁玲公而忘私，違心狠批「反革命分子」胡風。[88]郭沫若對胡風
的批判火力更猛：

　　好些朋友都提到，我們的警惕性太低了，的確是。以我個人來

---

[85] 傅種孫：〈中共失策之一〉，原載《師大教學》第151期（1957-7-6）。載
　　《六月雪》，經濟日報出版社（北京）1998年，頁443～445。

[86] 散木：《1949年後中國共產黨政治謎案19件》，秀威資訊公司2013年，頁
　　284。

[87] 巫寧坤：《一滴淚》，遠景出版公司（香港）2002年，頁19。

[88] 張鳳珠：〈我看丁玲與舒群〉，載金薔薇編：《作家人生檔案》，中國
　　工商聯合出版社（北京）2001年，上冊，頁176～177。

講，認識胡風二十多年了，一直沒有感覺到他是這樣一種反革命的破壞分子。我們可以說，二十多年是和豺狼一道睡覺。

郭沫若甚至主張對胡風及「胡風分子」處以極刑。[89]1955年全國發表批胡文章2131篇，其中作協會員544篇，各路名人多在其中。[90]

許多「右派」如果不是被打倒，也很想打倒別人。筆者熟識的一位杭州「右派」（中共黨員），忘我投入反右，積極打倒別人，送「右派」上車下放農村改造。突然，上級宣布他也是「右派」，立即上車，與幾秒鐘前的「敵人」同赴改造地！

1957年10月11日，團中央批鬥劉紹棠大會，台上坐著文壇泰斗級人物。青年作家鄧友梅（1931～　）音調鏗鏘、批判有力，紅頭脹臉結束發言，贏得熱烈鼓掌，鄧友梅認為總算立功贖罪，可脫「右」列。突然，北京市文聯祕書長田稼站起來，高聲宣布：

同志們！不要為他鼓掌，不要被他的假相欺騙，他──他也已被劃為右派分子！[91]

出於自保本能，知識分子拋棄聖訓「士當以器識為先」，紛紛不負責地相互攻訐，社會盡失和諧，各個擊破成為歷史必然。唇亡齒寒，古今同理。從相當意義上，胡風、章伯鈞、羅隆基是被民主黨派與士林「批臭」的。「章羅聯盟」一詞可能最早出自胡愈之[92]。舒蕪、[93]浦熙修、[94]史良、[95]吳晗[96]等，如不提供重磅炮彈，如沒有樂

[89] 郭沫若：〈嚴厲鎮壓胡風反革命集團〉，載《文藝報》1955年第11號。

[90] 于風政：《改造》，河南人民出版社2001年，頁398。

[91] 叢維熙：《走向混沌》，花城出版社（廣州）2007年，頁30。

[92] 朱正：《反右派鬥爭始末》，明報出版社（香港）2004年，上冊，頁276。

[93] 舒蕪：〈關於胡風反革命集團的一些材料〉，載《人民日報》1955-5-13。

[94] 浦熙修於民盟中央批判會發言（1957-8-10）：〈羅隆基是隻披著羊皮的狼〉。載章詒和：《往事並不如煙》，人民文學出版社2004年，頁281～284。

[95] 史良在民盟中央的發言（1957-6-13），載《人民日報》1957-6-14，版2。

[96] 吳晗主持《光明日報》民盟支部批判儲安平（1957-6-11），參見章詒和：《往事並不如煙》，人民文學出版社2004年，頁59。吳晗人大發言，載《人民日報》1957-7-7；吳晗揭發羅隆基發言，載《人民日報》1957-8-11。

松生、[97]梁思成、薩空了、千家駒等反右積極分子，沒有趙文璧揭發羅隆基52條罪狀[98]……知識分子如不一擁而上落井下石，至少還不至於如此快就羅織起罪名，鬥爭尚不至於如此迅速升級。

社會整體赤化，包括「右派」在內的絕大多數知識分子對馬列赤說的接受，乃是反右急速升溫不可或缺的社會土壤。知識分子不往前湊，「陽謀」就不可能迅速得手。揭發者斷不至於出手如此果決。說來不信，連章伯鈞都認為：「無產階級專政是官僚主義、主觀主義和宗派主義的根源」這一論點犯了理論上原則上的錯誤。[99]

社會生活明顯錯位偏歧，居然還有那麼多知識分子認為形勢一片大好，認定「右派」乃毒蛇出洞，非打不可。九三學社中常委茅以升、嚴濟慈、許德珩、裴文中等籲請堅決擊退右派猖狂進攻。1957年7月5日，趙超構、張友鸞、陳銘德、鄧季惺、張恨水向浦熙修發布〈聯合宣言〉，敦促浦進一步揭發羅隆基。《文匯報》欽本立、柯靈也檢舉「徐鑄成一貫是個右派，是老右派」。[100]老舍撰文：「叢維熙的『並不愉快的故事』（小說）意在煽動農民造反。」[101]晚年矛盾不經意吐露：「想不到黨中央會對『右派』平反！」[102]

反右固決於毛共高層，但達到的深廣度則須倚賴基層。沒有知識分子的「自覺革命」，反右便不可能短期內迅速燎原，沒有呼應的邪惡不可能形成偌大氣候。

[97] 全國工商聯常委會（1957-6-12），樂松生第一個發言批判章乃器。載朱正：《反右派鬥爭始末》，明報出版社（香港）2004年，上冊，頁355～356。
[98] 章詒和：《往事並不如煙》，人民文學出版社2004年，頁277～278、149、280～281。
[99] 朱正：《反右派鬥爭始末》，明報出版社（香港）2004年，上冊，頁297。
[100] 姚杉爾：《在歷史的漩渦中——中國百名大右派》，朝華出版社（北京）1993年，頁159。
[101] 叢維熙：《走向混沌》，花城出版社（廣州）2007年，頁24。
[102] 沈楚：〈待人寬厚的劉紹棠〉，載《世紀》（上海）2004年第1期，頁56。

分析與思考

理想既是一切赤色偏激依托的起點，也是士林集體失警一大致因。大陸知識分子認為中共「新政」百廢俱興，一切都可萬無一失交給黨，自覺交出獨立思考，交出絕不應交出的質疑權、評議權，居然認為對中共的一切批評已無必要。1950年代前期知識分子這一幸福依偎感，正是其後痛苦不堪的起點；也正因為被真心擁護的黨拋棄，痛苦才錐心刺骨。同時，一片壓倒性讚頌，社會糾錯力量消散，也反過來助長中共的「偉光正」自信。

紅色教授馮至（1905～1993），有一代表性口頭禪——「偉大的時代，渺小的我。」[103]1957年6月初，雷海宗（後劃右派）在南開大會發言，指著主席台側標語牌：「我相信這兩句話，那就是——領導我們事業的核心力量是中國共產黨，指導我們思想的理論基礎是馬克思列寧主義。」滿堂掌聲。[104]

最最不應該的是：大陸士林澈底放棄個體價值，轉身崇尚所謂的集體主義。但失去個人價值，還需要個性解放嗎？還需要自由嗎？還需要保護個人權益的政治民主嗎？集體價值還有什麼實質性內涵？現代理念最基礎的根基被抽走了。《大學》云：「其本亂，而末治者否矣；其所厚者薄，而其所薄者厚，未之有也。」碼錯價值序列、顛倒本末厚薄，欲達治平，其可得乎？既然認同「奉獻一切」，失去保護個人權益的理論依據。「反右」一起，知識分子既無質疑的理論武器，亦無自辯的邏輯根據，更無自衛的政治力量，除了低頭認罪、磕頭如搗蒜，至多腹誹竊罵，豈能它乎？此時，才可能意識到缺乏制度保證的賜予式自由不堪一擊！失去理論屏障的後果多麼嚴重！

---

[103] 馬嘶：《負笈燕園》，群言出版社（北京）1999年，頁229。
[104] 王敦書：〈雷海宗的最後十年〉，載《南開大學報》（天津）2012-6-22。參見陳生璽、張鎮強主編：《抹不去的歷史記憶——南開大學「五七」回憶》，中國國際文化藝術出版社（香港）2015年，頁349。

　　赫魯雪夫發表〈祕密報告〉後，1956年春毛共推出「雙百方針」，最理性的學者也一度頭腦發熱：

　　共產黨要實現自建黨以來孜孜以求的使中國現代化的目標，離不開知識分子。面對由於政治運動的頻繁衝擊而導致的知識分子的集體性消極反抗，除了調整政策以外，執政黨別無選擇。[105]

　　章伯鈞甚至鳴放：民主黨派要發展二三百萬，農工民主黨今年就可發展到二三萬，將來不僅發展到縣，還要發展到農村。[106]

　　絕大多數知識分子並不懂政治，尤其缺乏對中共的認識。浦熙修女兒直至1980年代才知道那篇著名社論（〈《文匯報》的資產階級方向應當批判〉）出自老毛御筆——

　　我現在也沒搞清楚究竟為什麼點母親的名？1949年開國大典那天，毛澤東接見過母親，讚揚她「你是坐過監獄的記者」；1957年3月，毛澤東剛剛接見徐鑄成等人，當面表揚《文匯報》；周恩來在重慶時就稱母親「我們的親戚」，怎麼一夜之間就成了「章羅聯盟」的「能幹的女將」？……6月3日，羅隆基飛往科倫坡開會。隨後形勢大變，民盟開始批羅隆基。21日他回國後在昆明給母親打電話問形勢如何，母親告訴他只要檢討一下就可以，沒意識到問題的嚴重性。政治上，她太幼稚了。[107]

　　章伯鈞淪「右」後，女兒問他此前為何緊跟中共，章伯鈞答曰：「誰也沒想到中共會變成這樣子。」那麼多人迭經1950年代前期政治運動仍敢鳴放，除了「匹夫之責」的士林傳統，更重要的還是判斷失誤，沒想到痛斥蔣介石獨裁的中共也會沒收言論自由，而且做得比國民黨絕得多。

　　李澤厚認為章伯鈞的上述心態甚具代表性：

---

[105] 于風政：《改造》，河南人民出版社2001年，頁432。
[106] 李伯球在「人大」的檢討，載《人民日報》（北京）1957-7-17。
[107] 袁冬林：〈我的母親浦熙修〉，載《往事不寂寞》，三聯書店2009年，頁436。

　　包括沒想到毛竟會完全變成了不折不扣的傳統專制皇帝。它是建國後一步一步走到了這個局面的。這才是這場悲劇的真正根源：沒有足夠的經濟基礎和思想基礎，在中國，任何革命導致的都是獨裁專制。1911、1927、1949，無不如此。[108]

　　赤潮始於共產學說——終極解決一切社會問題、澈底剷除一切社會不公。中共居然相信列寧的「共產主義勝利後將用黃金建廁」[109]，相信即將建成「物滿為患」的君子國。左翼士林也以為進入「盛代無隱者」。只要讀一下1950年代詩歌，可感受什麼叫「時代豪情」，觸摸到知識分子的「不設防心態」。蕭乾後來反省：

　　我當時思想上對那種反常的搞法甚至也並不怎麼牴觸。[110]

　　趙紫陽晚年談及「反右」：

　　一讓提意見，各種意見鋪天蓋地，有的很尖銳，這大大出乎他（指毛）的意料。我當時在廣東管農業，座談會上一些人指著鼻子罵，真受不了呀！後來接到中央電報，說要「硬著頭皮頂住」，鄧小平也到廣東來做報告，說放長線釣大魚，那就是打招呼準備反右派了。對當時的大鳴大放，各級幹部有意見……共產黨各級幹部都沒學會聽取不同意見。[111]

　　1956年毛澤東提倡鳴放，亦屬誤判形勢。1949年後，一片頌揚，估計力邀「鳴放」亦不會有激烈批評。「雙百方針」既可得開明雅聲，又可戴民主光環，還可向蘇聯顯示中國的社會主義走得比你們好，我老毛的領導能力就是比「老大哥」強，身後不會有人作「祕密報告」，一箭數鵰。然稍開言路，發現知識分子竟存在「根本不滿」，這才認識到赫魯雪夫勸阻「雙百方針」的政治預見，領悟到

[108] 李澤厚：〈集帝王、叛逆於一身的毛澤東〉，載《明報月刊》（香港）2006年9月號，頁27。
[109] 列寧：〈論黃金在目前和在社會主義完全勝利後的作用〉，原載《真理報》1921-11-6～7。參見《列寧選集》第4卷，人民出版社1972年，頁578。
[110] 《蕭乾回憶錄》，中國工人出版社（北京）2005年，頁219。
[111] 王揚生：〈叩訪富強胡同六號〉，載《明報》（香港）2005-1-30，版A4。

「專政」的必要性，不得不以「陽謀」為公開失信強遮硬辯。

　　左翼士林對新政權的寄望，營造出「1950年代新氣象」，形成似乎「人定勝天」的社會氛圍，歷史確實給了中共建功立業的機會。奈何中共捏錯圖紙，毛澤東的政治品質又極其卑劣，不僅未能把握機遇改天換地，反而將國家一步步領入「反右」，打開通往大饑荒、文革的地獄之門。

　　左翼士林對「反右」也出了一份力，三例可證——

　　一、1957年7月15日，羅隆基在全國人大全會上檢討〈我的初步交代〉[112]，一份甚富代表性的證明——這位留學生相當熟練地使用赤色邏輯「準確」自誣。龍雲襲用階級論，將二戰後蘇軍拆運東北機器回國的損華盜行，說成「蘇聯搬走機器，真是幫了人民的大忙，不留給蔣介石利用它來打我們，這種對中國革命勝利具有無窮潛在的作用，我竟不能鑒別。」[113]

　　二、1958年3月15日，萬餘知識分子集會天安門廣場，舉行「社會主義自我改造促進大會」，高呼：「把心交給黨，堅決當左派！」[114]未劃右的著名知識分子悉數出席。就是絕大多數「右派」，也認為「反右」十分必要，僅僅自己劃錯了，只有極少數知識分子意識到其間的荒謬。[115]

　　三、1957年7月「舊士子舊官吏」人代會發言標題——

　　邵力子：談同右派分子劃清界限

---

[112] 羅隆基：〈我的初步交代〉，載《新華半月刊》（北京）1957年第18期，頁96～100。

[113] 龍雲：〈思想檢討〉（1957-7-13），載《新華半月刊》1957年第18期，頁64。

[114] 新華社訊：〈把心交給共產黨和人民〉，載《人民日報》1958-3-17。〈把心交給黨，效忠社會主義；知識分子在天安門宣誓〉，載《文匯報》（上海）1958-3-17。

[115] 中國新聞出版局審讀處首任處長朱希（13級），首批清醒者之一，入獄後不斷上書中央，文革差點被斃。叢維熙：《走向混沌》，花城出版社（廣州）2007年，頁355。

陶峙岳：沒有任何力量可以阻擋社會主義事業勝利前進

李濟深：思想改造的必要性和艱鉅性

茅以升：清除知識分子前進中的絆腳石——自高自大的個人主義
　　　　和資本主義的民主傾向

謝冰心：一面堅決地鬥爭，一面澈底地改造

史　良：全體司法幹部團結在黨的周圍澈底打垮右派分子的猖
　　　　狂進攻

藍公武：澈底打垮右派野心家

王光英：畢鳴岐同章乃器臭味相投[116]

盧　漢：要以六項標準檢查自己改造自己

梁思成：我為什麼這樣愛我們的黨？

張奚若：右派野心分子的病根

吳貽芳：對右派分子的寬容就是對人民的不仁

陳嘉庚：華僑小組一致痛斥右派罪惡活動

章伯鈞：向人民低頭認罪

羅隆基：我的初步交代

儲安平：向人民投降

章乃器：我的檢討

龍　雲：思想檢討

黃紹竑：我的錯誤和罪行的檢討

陳銘樞：自我檢討

費孝通：向人民伏罪

黃琪翔：請求人民的寬恕

馬哲民：我要重新做人

宋雲彬：我辜負了人民給我的信任和榮譽

潘大逵：我承認錯誤

---

[116] 《新華半月刊》1957年第17期（1957-9-10），目錄，頁1～4。

譚愓吾：我為什麼犯了嚴重的錯誤

張雲川：我恨自己是一個右派分子

錢孫卿：我做了人民的罪人

黃藥眠：我的檢討

樂松生、浦潔修：一切右派分子都是害人的狐狸精[117]

　　什麼都有了，都用上了，都達到「極致」。當年一份份或被迫或主動的檢討、發言，成為大陸士林集體赤陷的最力史證。這段赤史的最沉重處：受虐者竟「積極配合」，幾乎人人都有份呵！

　　反右、文革，二十世紀國史重大「人文遺產」，後人會再三回顧檢視，刨挖何以如此的種種原因。筆者總結：馬列主義違反現代文明基石、蔑視民主自由、否棄個人權利；中共暴力強銷主義、拒不承認「主義」錯誤。簡言之，「領錯圖紙、暴力獨裁」，兩大根本致因。

2007-2　上海（後增補）

原載：《二十一世紀》（香港）2007年8月號

---

[117] 《新華半月刊》1957年第18期（1957-9-25），目錄，頁1～4。

知識分子何以成為嘲笑對象？

知識分子的兩個層次

西語「知識分子」一詞源於「上帝寵兒」。因掌握人類經驗凝成的文化知識，知識分子握有通往社會上層的入門券。那麼，到達哪一文化層次才算知識分子？如何界定知識分子？中外學界一直爭議紛紛。筆者認為須分兩個層次：一、外在通俗的下限層次，指擁占一定知識量；二、內在價值的上限層次，捍衛社會價值標準。

1989年版大陸《百科知識辭典》「知識分子」詞條：

文化程度比同時代社會勞動者一般水準超出許多的，主要以創造、傳播、應用、管理科學文化知識為謀生手段的腦力勞動者。

1962年，周恩來將知識分子表述為「腦力勞動者構成的社會階層」。上述界定均屬下限層次的身分區別，以知識量（學歷為標誌）與職業為判別標準，外在直觀。我國大學資源至今緊缺。五四前後，中師畢業生升入大學希望渺茫，1920年南京高師考錄率30:1。從1898年成立京師大學堂至1949年，全國大學生總共僅20餘萬。[1] 1940年代初，全國中學生116.3116萬，僅為美國紐約、伊利諾斯兩州的中學生，兩州人口2300萬。[2] 根據1950年代國情，以高中學歷劃定知識分子，相對合理，不僅數量少，且大多處於社會中上層。1956年，周恩來說全國384萬知識分子（占當時全國人口0.7%），其中高知（講師以上）30餘萬。[3]

---

[1]　《周恩來選集》，人民出版社（北京）1984年，下卷，頁354、414。

[2]　（美）費正清：《美國與中國》，張理京譯，世界知識出版社（北京）2003年，頁230。

[3]　《周恩來選集》，人民出版社（北京）1984年，下卷，頁164。

　　1972年，全國高校招收13.35萬工農兵學員。文革後七七屆錄取27.8萬，七八屆40.2萬（包括大專）。[4]1990年代後期，高校迅猛擴招，立傳京諺：「碩士生滿街走，本科生一條狗」。2005年全國本專科招生475萬，研究生37萬（其中博士生5.4萬）[5]，博士產量躍居世界首位。[6]再據2000年第五次全國人口普查，大專以上4570萬。截止2003年，全國高校教師61.8419萬，其中教授6.021萬，副教授18.6293萬，京滬在職教授逾九千。[7]隨著文化普及，客觀上需要提高知識分子標準，增加內涵縮小外延，挺進第二層次。

　　春秋時期，孔孟諸賢就提出「士志於道」，要求「士」成為社會價值維護者。《白虎通義·爵》：「通古今，辨然否，謂之士。」[8]要求有能力辨別正誤。清人顧炎武提出除「博學於文」、「行己有恥」，士子還須澤被俗眾，將知識學問落實於經世致用。[9]西方知識界也很早提出知識分子乃是社會價值（理性、自由、公平）自覺維護者，除了擁有知識，還須超越個人利益，關懷公共事務，「有勇氣在一切公共事務上運用理性。」（康德對啟蒙運動精神的界定）

　　1960年代，美國《時代》雜誌載文：博士僅為文化知識的繼承者、應用者與傳播者，並不理所當然等於知識分子，必須能夠創造文化，使既有知識增值，才真正進入知識分子行列。這樣的要求當然很高，屬於第二層次。

　　1949年後，中國知識分子的社會地位急遽跌落，文革後漸漸回升，1980年代後形成以教育界、科技界為主軸的戰略性階層，推動社

---

[4]　〈改革招生制度的決策是完全正確的〉，載《人民日報》1978-5-12。
[5]　〈明年普通高校招生計畫〉，載《文匯報》（上海）2004-12-20。
[6]　《中國改革報》（北京）2003-8-28，《報刊文摘》（上海）2003-9-5摘轉。
[7]　國家統計局編：《中國統計年鑒》，中國統計出版社（北京）2003年，頁99、654。
[8]　（清）陳立：《白虎通疏證》，中華書局（北京）1994年版，上冊，頁18。
[9]　顧炎武：〈與友人論學書〉，載《顧炎武詩文選譯》，巴蜀書社（成都）1991年，頁227。

會前進的主導力量。隨著社會發展，人文精神已成為社會前進的核心內驅，要求知識分子朝著上限價值標準攀援。

文學中的知識分子形象

中外文學有一道奇特風景線：知識分子一直是受嘲笑的角兒，很少被讚美。這裡，除了文學本身的批判特質，是否還有其他因素？尤其美學方面的因素？如果沒有，何以工農很少成為嘲笑對象？有趣的是，筆者近年的文學創作也不知不覺滑入民粹之軌，從山區農村的淳樸原始尋找所謂傳統源泉，在古老凝固的封閉鄉村得到精神偎依。

季羨林（1911～2009）指出：婆羅門在古印度乃知識掌握者，得到社會普遍尊敬，可在印度古典戲劇中，婆羅門卻成為丑角，受到極端嘲弄汙蔑。印度古典劇中，語言具有階級性，國王、帝師（當然都是婆羅門）和高級男士才能使用梵文，婦女等低級人物只能說俗語，但每齣劇中不可或缺的丑角竟是婆羅門，插科打諢出盡洋相，只准說俗語，不許說梵文。其他印度古代文藝作品也多嘲笑婆羅門。

元代停廢科舉，讀書人備遭輕視，竟低於娼妓：一官二吏三僧四道五醫六工七獵八娼九儒十丐。[10]元雜劇、明傳奇中的知識分子亦多為嘲角，「以儒為戲」。《西廂記》中的張生，戲份多在挨嘲。《儒林外史》、《聊齋志異》，專門嘲笑「腐儒」——落魄讀書人。

五四新文學運動以來，魯迅的〈孔乙己〉、〈在酒樓上〉、〈孤獨者〉，葉聖陶專門描繪灰色知識分子的〈潘先生在難中〉、〈校長〉、〈飯〉，沈從文的〈八駿圖〉、丁玲的〈莎菲女士日記〉、巴金的《寒夜》、錢鍾書的《圍城》等名篇名著，嘲笑對象盡是知識分子。懷舊傷感、臨窗悲秋、自艾自憐，同時自剖弱點，成為1920～40年代文學基本傾向。朱自清〈槳聲燈影裡的秦淮河〉，剖露想召歌

---

[10] （南宋）謝枋得：《疊山集》卷六，〈送方伯載歸三山序〉。

妓又受道德束縛的灰色矛盾；魯迅〈一件小事〉「壓出袍子下的那個小」；林徽因〈窗子以外〉想要理解勞動者而不能；巴金則承認：成為文學家乃人生一大失敗⋯⋯

1950年代以後，知識分子整體挨批，全得低頭認罪自覺改造，文學中的知識分子自然高大不起來。從1950年代初曹禺話劇《明朗的天》，到文革影片《決裂》，知識分子被模式化小丑化──不辨稻菽、無知虛驕、猶豫動搖、一身毛病。只有一條出路──接受工農再教育，先當農民才能後成「人民」，獲得社會認可。

經濟待遇上，知識分子也盡失優勢。南開生物系右派學生張兆太（1937～2007），文革前的苦難就不說了，1980年初的講師，月薪不足70元；其妻主治醫生，工資更低。1986年，張兆太回南開進修，因窮買不起《韋氏大詞典》、《牛津高級詞典》，只得值夜商店，每晚可掙一塊錢。[11]

1985年初設教師節，各地推出優惠教師的舉措。復旦分校中年教師鄧牛頓（1940～　）：

頭幾個教師節，上頭挺重視，可一到底下就變了味，好些商店到學校來擺地攤，他們曉得教師窮，紛紛趕來學校推銷滯銷商品⋯⋯這味道好苦澀！[12]

1990年代，知識分子仍是弱者，誰都可以扯上罵一通。王朔之所以將突破口選中「不罵白不罵」的知識分子，不僅僅是美學投機，實代表全社會的審美趨向。當時很時髦的順口溜──「防火防盜防作家」，作家居然與「火」「盜」為伍。

筆者孤陋，不太知道新興作家的好人好事，只知老輩作家一些好人好事。1985年，《沈從文文集》九千餘元稿費，身居「窄而黴齋」

[11] 張兆太：〈1957，我的厄運人生〉，載陳生璽、張鎮強主編：《抹不去的歷史記憶──南開大學「五七」回憶》，中國國際文化藝術出版社（香港）2015年，頁339～340。
[12] 鄧牛頓：《我從瀏陽河邊走來》，香港世紀風出版社2007年，頁114。

的沈從文（1902～1988），1949年後首筆大額稿費，他補齊萬元，捐學家鄉湘西山區。二十一世紀初，研究市場經濟的經濟學家吳敬璉（1930～　），薪金微薄，卻為別人提供成為百萬富翁的價值依據與具體計畫。

走向知識經濟的今天，知識分子的社會地位節節走高，文學何以還盯住知識分子的小毛小病，故意忽略大處大節、好人好事？為什麼文學的興奮點仍停留在知識分子身上？

知識分子一直成為文藝嘲笑對象，不少還是知識分子自嘲，這一審美現象極富意蘊。季羨林認為中外文學盡拿知識分子「尋開心」，乃是一處有趣的研究課題。筆者近年專注知識分子研究，這方面稍積心得，試析一二：

◎一、知識分子微妙的社會身分

知識分子居四民之首，有能力參與各項社會事務，有可能躋身上層，社會身分微妙。同時，因掌握知識，知識分子懷有一定理想，不太安分，不滿現狀，行高於眾，品異於俗，不時懷揣「白日夢」，富含「可嘲笑因素」。這些將出未出的「冒尖者」，正好挨槍子兒。那些已據高位者，公眾輿論已有定評，很難形成「可討論」的賣點。不上不下的奮鬥者，一則尚無定評，二則難免失敗，「可討論」處甚多，笑點多多，容易引嘲。蘇秦敗歸故里，「妻不下紝，嫂不為炊」，很有戲份的藝術細節。所謂社會審美焦點，如此這般形成。此乃知識分子成為「嘲笑主角」的最重要因素。

兒童團長出身的浩然（1932～2008），正規學歷小學三年半（半年私塾，三年小學），20歲時薊縣團委幹部，熱衷寫稿投稿，得號「作家精神病」，全縣上下嘲笑對象。[13]

◎二、同情弱者的社會心理

無論中外，相對識文斷字的知識分子，工農的社會地位更低，

---

[13] 浩然：《我的人生》，華藝出版社（北京）2000年，頁167。

掙扎於溫飽線的最底層。同情弱者乃人性之常，嘲笑弱者便顯得有點「那個」──道德品味欠高。1942年延安文藝工農化──放大工農優點、放大士林缺點，除現實政治因素，從審美角度也倚於這一社會心理。否則，工農化何以迅得文藝界廣泛認同？不少延安紅士可是啃過洋麵包喝過洋墨水的。

民粹派文學起於俄國文學。十九世紀前期，普希金的《別爾金小說集》還僅僅表現對底層民眾的同情；十九世紀後期，這種同情衍化為對工農的全面謳歌與知識分子的無盡懺悔。屠格涅夫的《父與子》（1862），強調知識分子與民眾的疏離，認定巴扎羅夫的內在矛盾無法解決，只能走向死亡。陀思妥也夫斯基的《被侮辱與被損害的》（1861）、托爾斯泰的《復活》（1899），都著重表現知識分子對工農的懺悔。契訶夫的《套中人》（1898），中學教員別里柯夫不僅是專制維護者、告密小人，還害怕一切新鮮事物。十九世紀中葉，俄國貴族青年打出「到民間去」的旗幟，民粹派不僅僅掀起一場青年運動，還開闢出工農化美學方向。

「到民間去」，不僅取材勢必走向民間，價值取向亦勢必仰抬工農貶抑士子。否則，何以體現「到民間去」的必要？高爾基的《母親》（1906），「無產階級文學」開山經典，以階級論為價值靈魂。英國作家高爾斯華綏的〈品質〉（1911），細膩動情地刻劃一位忠於技藝的製鞋匠──

肯用最好的皮革，而且還要親自做，不讓任何人碰他的靴子，所有的錢都用在房租和皮革上了。經常斷炊……慢性飢餓……

中國本有「矯枉過正」的傳統。在赤左軌道下，魯迅的「阿Q」，明明農村無業遊民一個，偏偏那麼多人那麼起勁論證其階級成分並非農民階級，而是……

作家取材向度

　　人人當然最熟悉自己，藝術創作的關鍵又在於細節與深度。作家最容易「深入」的首先是自身，當然明白知識分子何處何地「有貨」，不會捨近求遠捨熟就生。同時，作家也知曉民眾的癢癢肉，舉刨扛鎬，第一感都往那兒去。如此這般，從創作源頭上決定了作家的取材向度。此外，嘲笑知識分子的社會效應也甚好，上不怪罪，下不得罪，官不厭民不嫌，就像相聲演員最好的開涮對象是自己。

　　至於嘲笑尊者，在中國可是大忌，環境氛圍不允許出現這種越格嘲弄。東方社會注重禮制，等級分明，調侃目光向上瞟，總有那麼一點不自在。因此，中國古代文藝嘲笑之矛從不對準尊者。唐宋傳奇、元明雜劇、四大名著，除了已有歷史定評的權奸壞閣，嘲弄對象很難找出紫衣尊者，更無皇上，被嘲人物均在中下層。印度古代文藝何以越格嘲笑婆羅門，確是十分有趣的美學現象。

　　對各種藝術來說，過於嚴肅總是一大忌諱。相聲界流諺：理不歪、笑不來，來自實踐的搞笑總結。作家也需要搞笑佐料，囿於種種形格勢禁，他們只能上最熟悉的「礦脈」處下鎬，知識分子成了作家十分自然的「取材向度」。既然將鏡頭對準知識分子，還能不整出幾下笑聲？誰身上還能沒一點可資嘲笑的弱點？

審美背景

　　孔孟以降，中國形成強大的厚古薄今，以往昔否現今。「三代文武」，標榜至今，只是誰也沒見過「三代文武」，不知具體優越。厚古薄今，養成中國士子拒絕接受新事物的審美習慣——「以新為不可知，以舊為不可易」。

　　1910年，17歲的顧頡剛報考江蘇存古學校，試題出《堯典》，顧頡剛答卷中痛駁鄭玄之注，不久放榜，領回卷子，上批四字「斥鄭

說，謬」。僅此一例，便可看出中國社會習慣向後看。尤其社會發生轉型劇變，這種審美傾向便表現得特別明顯。1980年代中期呼嘯中國文壇的「尋根派」，企圖從傳統精神中找尋「自我」，期望從歷史中找到「根」，從寧靜鄉村尋找文化根源。李杭育的〈最後一個漁佬兒〉（1983），緬懷1950～60年代農業文明，追慕原始生態。這一「向後看」——否定現代城市文明，似乎只能從遙遠的原始文明處，才能找到現代價值的「根」。而知識分子又總是城市文明代表者，與「向後看」的審美趨勢落差巨大，嘲笑知識分子便成了那塊滋味多多的「癢癢肉」。

二十世紀的中國，現代精神與審美價值均處於欲建未建的叉路口，新舊交匯，以「舊」笑「今」也是一種必然。恰好多讀了幾年書的知識分子又是公認的新派人物，多有與眾不同之處，被俚俗們拎出來當當笑角似也正常。

不過，這裡還有一個十分隱蔽的美學叢結：只有舊式人物嘲笑新派人物，而無新派人物嘲笑舊式人物。社會急遽轉型，新派人物嘲笑舊派人物總是夏瑜式孤掌難鳴，缺乏呼應不成氣候，而舊派人物嘲笑新派人物則一呼百諾，激掌一片。等到新思想最終戰勝舊思想，新派人物失去「新」意，再回頭嘲笑舊式人物，好像也沒多大意思。因此，審美上從來就是偏舊不偏新，天生只有「九斤老太」嘲笑「七斤」的社會土壤，沒有「七斤」勝利後鄙夷「九斤老太」的氛圍。魯迅短篇小說《藥》，最好笑的人物當然是「瘋子」夏瑜。

習慣成自然，既然知識分子這一頭自我嘲笑，並不斷提供這一方向的嘲笑範本，那麼另一頭也就養成俗眾對知識分子的觀嘲期待，形成市場「賣點」。再加上知識分子的嚴格自檢具有一定道德高度，帶有「浩然之氣」，如此這般，數力糾合，擰成所謂「美學叢結」。

只要知識分子還作為一種社會集團有別工農，只要知識分子還只能由自己寫自己，且因掌握知識而成為社會關注點，文學中這一「知識分子待遇」怕是還得享受下去，一直要到全社會知識化，知識分子

達到相當比例，才可能豁免這一特殊「待遇」。

當然，嘲笑知識分子，也是中國實質性的人文落後。余英時先生：

政客對知識不尊重，把學者不當一回事，這在近現代中國也是有傳統，但願對知識分子輕視這種思想不要「薪火相傳」。政客和政黨都以為思想上是他們最高了，別人怎樣說都不會比他們高明，這是一個很大的問題。美國社會裡，即便是總統，如甘迺迪（肯尼迪）、歐巴馬，也是充分尊重專家的。他自己不會也不敢亂做主的。1949年前，大學校長是極受尊敬的，如蔡元培、胡適等人任北大校長，地位和聲望甚至在國家元首之上。[14]

2006-3上旬・上海（後增補）

原載：《讀書》（北京）2011年第12期

---

[14] 余英時：《我走過的路》，聯經出版公司（台北）2012年，頁177。

風雨馮雪峰

馮雪峰（1903～1976），名號眾多——湖畔詩人、中共早期黨員、「左聯」書記、魯迅密友、中央蘇區政府候委（中央黨校副校長）、長征幹部、黨內頭號大右派。不過，這位二十世紀紅色文化名人，也有幾段隱祕花絮與人生褶皺裡的軼事：少年當過替考「槍手」；青年與丁玲的戀情；中年脫黨兩年餘；縲絏上饒集中營；與毛澤東的關係；與周揚、夏衍的「豆腐賬」、晚年悲境；難產的追悼會。「脫黨」乃馮雪峰人生跌宕重大致因。長征高幹劃「右」，僅馮雪峰一人。

少年「槍手」

馮雪峰，原名馮福春，浙江義烏南鄉神壇村人，抗倭名將戚繼光招募「義烏兵」的山鄉。這位馮家長孫光著屁股上山放牛，1912年（九歲）才放下牛鞭進鄰村私塾，祖父決定應該出一位能寫會算的後代。很快，馮福春展露靈秀，學習刻苦，成績優異，1913年轉入義烏縣立小學。祖父喜形於色，將孫子寫過的每一頁紙片都精心收藏：「弄髒字紙要遭雷劈的！」為防青年學生很普遍的「離心力」，早早為他領來一位13歲童養媳，想將孫子牢牢拴在發家致富的輪子上。不料，此媳品行不端，不久遣返娘家。

1918年高小畢業，家裡不同意升學，已能識字計算，再讀上去有啥意思？少年馮福春不幹，1919年以替富家同學當「槍手」的代價，換取前往金華縣城的食宿路費。果然，他以頭名成績為同學考入金華中學，再以次名成績為自己考入省立七師。師範一切免費，還發零用津貼。見長孫成績如此上佳，祖父寬恕了他的這一「自考」。

湖畔詩人

　　五四風潮刮至小城金華，「七師」也鬧起罷課學潮，馮福春乃領頭人，1921年開除學籍。隨即，他改名馮雪峰（時無出生登記，改名如換衣），瞞著家裡，帶著同學湊給他的17元錢，赴省城杭州，考入浙江一師。祖父沒料到孫子「飛」了，父親氣得折斷牛鞭。

　　浙江一師有陳望道、葉聖陶、朱自清等名士。在朱自清指導下，馮雪峰與同學柔石、潘謨華、魏金枝成立晨光文學社。1922年春，與潘謨華、汪靜之及應修人成立湖畔詩社。1980～90年代，湖畔四詩人成為杭州大學中文系現當代文學碩考保留題（2分）。

　　1925年初，馮雪峰赴京，拿著潘謨華的聽課證，成為北大「旁聽生」（學日語）。這一時期，他在故宮博物院打工、當校對當家教，不時斷炊，常常餓肚，不得不經常向未名社借錢充飢，但必歸還。1927年6月，馮雪峰加入中共，在滬從事地下工作。1928年12月9日，經柔石介紹結識魯迅，並搬至景雲里11號（甲），與魯迅為鄰。[1]1930年初，與魯迅、柔石籌備「左聯」（中國左翼作家聯盟）。1933年深秋，馮雪峰時任中共江蘇省委宣傳部長，剛出門就被特務盯上，他快步走向熱鬧的北四川路，接近海寧路時，回頭一把扭住特務毆打，大呼：「綁票！綁票！」特務猝不及防，驚愕未定，雪峰乘路人圍觀、巡捕未到，擠入人群溜走。不久，他又差點闖進一位被捕者家中，幸虧那家房東娘姨（保姆）在後門暗示，再次脫險。[2]

　　1934年初，馮雪峰在上海無法立足，奉命經福建進入江西蘇區，任中央黨校教務主任、副校長、蘇區政府中候委。[3]

---

[1]　馮雪峰：《回憶魯迅》，河北教育出版社2001年，頁1～2。

[2]　鄭育之：〈無私無畏的馮雪峰同志〉，載包子衍、袁紹發編：《回憶雪峰》，中國文史出版社（北京）1986年，頁82。

[3]　余伯流、凌步機：《中央蘇區史》，江西人民出版社2001年，頁1089。

與丁玲

　　1927年冬，經友人王三辛介紹，尚在北京的馮雪峰來教丁玲日文。當時北京「左青」紛紛南下，都去了火熱的大革命中心——廣州。馮雪峰、丁玲十分嚮往，囿於種種原因，滯留北京，十分寂寞。日語只教了一天就停止了，兩人開始談起國事、聊起文學。不久，1928年春雪峰南下，丁玲（1904～1986）也與男友胡也頻（1903～1931）去了南方。1931年2月7日胡也頻被斃上海龍華（「左聯」五烈士）。丁玲接編「左聯」刊物《北斗》，成為「左聯」書記馮雪峰的下屬。

　　1957年，馮雪峰劃「右」，亦與丁玲有關。延安時期，有人問丁玲「你最懷念什麼人？」她回答：「我最紀念的是也頻，而最懷念的是雪峰。」1931年8月11日，丁玲寫下〈不是情書〉——

　　我真真地只追過一個男人，只有這個男人燃燒過我的心，使我起過一些狂熾的欲念。……在和也頻的許多接吻中，我常常想著要有一個是你的就好了。我常常想能再睡在你懷裡一次，你的手放在我心上……我要見他，只要一分鐘就夠了……你是愛我的，你不必賴……[4]

　　這篇公開發表的文字，難以抹拭。1955年「丁陳集團」案興，馮丁情史便成了很忌諱的「曖昧」。當毛澤東決定打倒馮雪峰，這段情史便成為利箭。一次批鬥會，馮雪峰、丁玲被喝令起立。耿介拔俗的馮雪峰低頭站立，泣而無淚；「莎菲女士」則哽咽淚湧。雙雙淪「右」後，為避嫌，相互回避，再未見面。

中年脫黨

　　1937年7月上旬，在滬祕密從事上層統戰的馮雪峰奉命赴南京，參與第二次國共合作談判。博古向他出示〈中國工農紅軍將士為盧

---

[4]　《丁玲佳作選》，新象書店（上海）1947年2月再版，頁127、130。

溝橋事變告全國民眾書〉，內有「服從蔣委員長」、「信奉三民主義」、馮雪峰勃然大怒，拍了桌子，指著博古的鼻子大罵「新官僚」，認為這樣的談判是投降。馮雪峰絕不同意取消蘇維埃政權、改編紅軍、服從國府，歷史彎折處，未能及時轉彎子。[5]

1937年8月下旬中共洛川會議，決定調馮雪峰回陝，張聞天專電請他回延安討論上海文化運動，並有「如果兄對於現任工作不滿意，亦可由中央重新分配適當工作」。馮拒絕了，9月中旬致函潘漢年，示意代向中央請假──

一、身體不好，回鄉下休息兩三個月；

二、將來患難來時仍挺身而出；

三、請黨對他這類分子不當作幹部看，所以自己離開工作沒關係；

四、對組織有意見，不願再說，以保全自身清白和整個大局。[6]

馮雪峰發作了魯迅所說的「浙東人的老脾氣。」[7]馮妻評夫：「性子急，又容易興奮。」[8]他人也評：「脾氣躁，愛罵人。」1936年，馮甩過樓適夷的稿子：「這樣的文章，一條條理也沒有，論據不結實，怎麼能拿去發表呢？」「你去日本學習了三年，簡直什麼也沒有學到嘛！」[9]詩人氣質＋藝術家作派，馮雪峰得罪不少人，嗆水政海，似亦「必然」。

1937年12月20日，一直住在魯迅家的馮雪峰離滬回鄉，行前對胡愈之說：「他們要投降，我不投降。我再也不幹了，我要回家鄉

5　胡愈之：〈我所知道的馮雪峰〉（1985-6），載胡愈之：《我的回憶》，江蘇人民出版社1990年，頁309。

6　〈張聞天致馮雪電〉（1937-10-23）、〈潘漢年、劉曉致毛澤東、張聞天電〉（1937-10-25），載《新文學史料》（北京）1992年第4期，頁7。

7　許廣平：〈魯迅和青年們〉，摘自《文藝陣地》（廣州）第2卷第1期（1938-10）；收入《回憶雪峰》，頁341。

8　杜鵬程：〈雪峰同志和《保衛延安》〉，原載《延河》（西安）1979年第11期；收入《回憶雪峰》，頁266。

9　王培元：《在朝內166號與前輩魂靈相遇》，人民文學出版社2007年，頁221～222。

去。」又對樓適夷說：「他們有些人一心想當國民黨的新官，我可不幹。」「黨錯了，魯迅是對的。」胡愈之找潘漢年探問馮雪峰為什麼撂挑子，潘答：

> 雪峰這樣子不對，談判還未成功，怎麼就說是投降呢？這是中央的事情，他是共產黨員，怎能自己說跑就跑掉？組織紀律呢？他說再也不幹了，他不幹什麼？不幹共產黨嗎?![10]

馮雪峰回鄉隱居，專心寫長篇小說《盧代之死》（長征題材），三年後成稿，50餘萬字。1938年初，黃源通過李一氓向東南局書記項英進言：不應讓馮雪峰這樣重要的人物留在家鄉義烏。於是，項英致電金華邵荃麟，請雪峰來新四軍部。雪峰拒絕了。多年後，黃源問他何以不接受電邀，馮笑笑：「我在中央蘇區早認識項英同志的。」黃源意會，未再問下去。

馮雪峰失去組織聯繫近兩年，如此無組織無紀律，中共領導層對其印象自然不佳。1957年被打倒，也是一大罪狀，他檢討：「得意時在黨之上，不得意時在黨之外。」

上饒集中營

1941年初皖南事變，國共關係再度緊張。2月26日，國民黨憲兵根據馮雪峰與金華左翼雜誌通信，循跡入義烏神壇村逮捕馮雪峰。馮事前有所準備，轉移了文件刊物，未暴露身分。審訊中，他用本名馮福春，自稱商務印書館研究歷史的「先生」，但拒絕登報聲明與中共無干係。他進了上饒集中營茅家嶺禁閉所，《盧代之死》手稿失落，再未找回。

獄中，他染上回歸熱（急性傳染病，週期性高熱伴全身疼痛），若非難友出錢買來十幾盒606針劑，必死無疑，四五十位難友染此病

---

[10] 胡愈之：〈我所知道的馮雪峰〉（1985-6），載胡愈之：《我的回憶》，江蘇人民出版社1990年，頁309。

歸西。剛從「回歸熱」恢復，再得肋膜炎，幸賴難友外科醫生毛鵬仙放膿，一把刻章小刀，一碗清水，沒有藥物，更無麻醉，因無條件消毒，久不封口，感染上肋骨結核。消息傳至上海再傳至延安，毛澤東、陳雲致電重慶周恩來、董必武布置營救。幾經曲折，1942年底由宦鄉出面保外就病，限期三月回獄。國府張超批示：「三月後病癒不回，惟保人是問。」馮未再回去，將這段經歷寫成電影劇本《上饒集中營》，1951年上海電影製片廠攝製。

1943年，馮雪峰赴渝，周恩來找他談話，說他與博古的爭論，觀點正確，符合中央白區工作政策，但鬧意見脫黨回老家寫小說，不應該。[11]

與毛澤東

馮與毛的關係，遠溯「湖畔」。1925年，國民黨中宣部代部長毛澤東在廣州讀到《湖畔》詩集，打聽馮雪峰下落，托人捎話，說他很喜歡《湖畔》與馮詩，希望馮上南方，與他一起工作，以詩會友。[12]

馮雪峰進入江西蘇區（1934年初），正值毛澤東賦閒不得志，與馮過從甚密，經常下館子吃飯聊天，通宵長談，常常談到魯迅。其時，有人提議請魯迅來蘇區當教育委員，毛說：「這些人，真是一點不瞭解魯迅！」[13]馮雪峰告訴毛，魯迅讀過毛詞〈西江月·井岡山〉，感覺有「山大王」氣概，毛哈哈大笑。1934年10月紅一方面軍西撤，十分混亂，中央並未通知毛澤東，還是馮雪峰經過毛處，催促毛隨軍轉移。[14]長征途中，毛澤東多次派人將搞到的紙煙送馮。馮煙

---

11 湯遜安：〈他首先是共產黨人〉，載《回憶雪峰》，頁193。

12 陳早春：〈夕陽，仍在放光發熱〉，載《回憶雪峰》，頁299。

13 唐弢：〈追懷雪峰〉，原載《文匯增刊》（上海）1980年第1期；收入《回憶雪峰》，頁104。

14 鄭育之：〈無私無畏的馮雪峰同志〉，原載《雪峰研究通訊》（北京）第4集；收入《回憶雪峰》，頁81。

癮很大，在上饒集中營每天一二包。[15]

　　1936年4月下旬，受張聞天、毛澤東、周恩來等密令，馮以中央特派員身分攜款回滬，建立電台，聯絡「失聯」多年的上海地下黨，開展上層統戰與左翼文化運動。抵滬不久，他找到毛澤東兩個失散之子（岸英、岸青），經巴黎轉送莫斯科。他受魯迅委託，將其所編瞿秋白的《海上述林》送給毛周，並先斬後奏用魯迅稿費買火腿、香煙及十幾條圍巾送給中共首長。火腿、香煙一到西安就被「共產」，只有圍巾最後送到。[16]

　　因馮雪峰先找魯迅、胡風、胡愈之，甚至都見了章乃器，隔了兩個多月才見「失群孤雁」周揚、夏衍，不久又捲入「兩個口號」論爭，與周揚、夏衍結下梁子，成為馮後來摔大跟斗的又一歷史原因——「埋下定時炸彈」。1941年，周揚在延安就說馮雪峰是「假黨員」，毛澤東及延安文藝圈咸知。[17]1932年，周揚與黨「失聯」，1936年才由馮雪峰恢復「組織關係」。[18]

　　不過，胡愈之提供的材料則說：

　　……談到上海地下黨的情況，我第一個告訴他，夏衍是可靠的。雪峰第二天就找了夏衍，但後來夏衍很有意見，說雪峰「先找黨外，後找黨內」，這是夏衍的誤會。（按：夏不知胡乃1933年祕密入黨的特別黨員）……馮雪峰當時是作為黨中央特派員到上海來尋覓、恢復、聯繫地下黨組織的，而上海那幾個黨員卻不接受他的領導，不聽從他的勸告，甚至連面也不肯見。[19]

　　1936年10月19日，魯迅去世，馮雪峰幕後主持喪儀。他與魯迅的

[15] 葉苓：〈馮雪峰在上饒集中〉，原載《新文學史料》（北京）1983年第4期；收入《回憶雪峰》，頁140。

[16] 陳早春：〈夕陽，仍在放光發熱〉，載《回憶雪峰》，頁300。

[17] 蕭軍：《延安日記》，牛津出版社（香港）2013年，上卷，頁261。

[18] 徐慶全：《周揚與馮雪峰》，湖北人民出版社2005年，頁11。

[19] 胡愈之：〈我所知道的馮雪峰〉（1985-6），載胡愈之：《我的回憶》，江蘇人民出版社1990年，頁307～308。

關係，陳望道評曰：「弟子而以某種思想學說影響他的老師的，古今中外，頗不乏人。雪峰對於魯迅，便是一個現成的例子。」[20]馮雪峰確實代表中共要魯迅這樣或那樣，並給魯迅「出題目」。但1954年批馮，一位文藝界領導（按：估計周揚）：

> 他說黨給魯迅以力量，實際上是標榜他自己給魯迅以力量。[21]

1945年秋，毛澤東赴重慶談判，會見馮雪峰，誇讚他的雜文集《鄉風與市風》與詩集《真實之歌》，說是好幾年沒讀到這樣的好作品。這一時期，馮雪峰在重慶發表長文〈論民主革命的文藝運動〉，與毛澤東〈延安文藝座談會上的講話〉有明顯分歧，當時就被認為「反對毛主席的」。1946年4月23日《新華日報》副刊，馮以筆名「畫室」發表雜文《題外的話》，內有——

> 研究或評價具體作品，用什麼抽象的「政治性」和「藝術性」的代數式的說法，可說是什麼都弄糟了。如果這樣地去指導創作，則更壞。

> 對於作品不僅不要將藝術的價值和它的社會的政治的意義分開，並且更不能從藝術的體現之外去求社會的政治的價值。

這些觀點被認為是對毛〈講話〉的蔑視與挑戰。周恩來找他談話，馮雖然不再讚賞胡風的「主觀戰鬥精神」，但思想上並未認錯服輸。1950年代初，他多次指出「建國後」的文藝創作太落後，現實主義特別薄弱，作品真實性非常低，公式化概念化十分嚴重。1953年6月17日全國文協座談會，他發言——

> 舉得出來的好作品很少……今天刊物上發表的作品，與高中、初中的作文差不了好多。[22]

---

[20] 唐弢：〈追懷雪峰〉，原載《文匯增刊》（上海）1980年第1期。收入《回憶雪峰》，頁102。

[21] 〈訪李希凡〉，載《話說毛澤東——知情者訪談錄》，中央文獻出版社（北京）2000年，頁275。

[22] 《雪峰文集》，人民文學出版社（北京）1983年，卷二，頁495。

　　1954年，毛澤東發動「《紅樓夢》研究」批判，《文藝報》主編馮雪峰遭批判「壓制新生力量」——用貴族老爺式態度對付文藝青年。事實卻是馮非常熱情接待李希凡、藍翎。李希凡後憶曰：「他接待我們時非常平易近人。」[23]辭別時送至大門外，替他們叫了三輪車，付了車錢。

　　但因毛澤東的高壓，馮雪峰不得不公開認錯，在《人民日報》《文藝報》發表檢討，內有「反馬克思列寧主義」，毛澤東批示：「應以此句為主去批判馮雪峰」。1954年12月31日，毛澤東批示高層傳閱馮詩及寓言，對胡喬木說：「馮雪峰的『湖畔』詩寫得很好，怎麼文章寫得這麼壞？」從此，毛對馮澈底厭惡。1955年1月，周揚與陸定一、林默涵在中南海向毛澤東彙報擬組織批判胡風，臨別時周揚對毛澤東說：「雪峰同志因《文藝報》的錯誤受了批評，心裡很痛苦。」毛答：「我就是要他痛苦！」毛這一表態，「使周揚等人可以放開手腳地來打擊他們的怨敵了。馮雪峰跌入深淵的第一道閘門，就這樣打開了。」

　　還有一則花絮很能說明馮雪峰與毛澤東與周揚與胡風的關係。抗戰後期，聶紺弩去看馮雪峰，胡風正與馮議論周揚。聶紺弩插了一句：「無論你們怎樣看不起周揚，周揚的理論總是和毛主席一致的。」胡風問：「你怎麼知道？」聶答：「這很簡單，如果不一致，周揚就不會在延安搞得這麼好。雪峰為什麼搞不好呢？」馮跳起來，將一本書砸到桌上，大聲說：「周揚有什麼理論！」何其芳、劉白羽上重慶宣講毛〈講話〉，大談知識分子如何改造思想，似乎自己已脫胎換骨轉成無產階級。有人譏曰：「好快，他已經改造好了，就跑來改造我們。」馮雪峰忿忿不平：「他媽的，我們革命的時候他在哪裡？」（一說「他還在唱小夜曲」）馮雪峰脾性較急，一言不合，輒

23　〈訪李希凡〉，載《話說毛澤東——知情者訪談錄》，中央文獻出版社2000年，頁273。

會爭吵。[24]

皖南事變後，周恩來動員有名望的重慶左士赴延，準備去延安的艾青問胡風是否一起去？胡沉吟片刻：「他（指周揚）在那兒，我去幹什麼？」艾青臨行前，再問胡風去不去延安，胡風態度堅決：「不去。」胡妻梅志主張赴延，理由兩個孩子可進托兒所，她可參加工作，胡風也不必爲柴米油鹽發愁，但胡風還是去了香港。[25]

1955年批胡風，馮雪峰未緊跟，認爲胡風不可能是「反革命」，只是文藝思想有不同看法。1997年，黃秋耘評析：

> 爲什麼後來把馮雪峰搞得那麼厲害呢？一個原因就是他認爲胡風有錯誤，但不是他什麼都是錯誤。[26]

1957年8月17日，王府井中國文聯小禮堂，中國作協黨組擴大會議批鬥馮雪峰，文化部副部長夏衍拋出「爆炸性發言」，指責馮挾魯迅對他們「政治陷害」，並揭發馮於陝北赴滬途中，兼負尋找一支失聯游擊隊的責任，馮未執行這一任務，致使這支游擊隊被全殲；抵滬後，馮又企圖將他夏衍扭送巡捕房。二十餘年的老部下樓適夷信以爲眞，高聲指責馮欺騙自己，一把鼻涕一把淚，號啕大哭起來，許廣平也發言怒斥馮。[27]

1957年1月省市第一書記會議，毛澤東有一段插話：

> 對蕭軍、丁（玲）、雪（峰），殺、關、管都不好，要抓他許多小辮子，在社會上把他搞臭。

毛多次點名批判馮雪峰、丁玲。1958年3月22日成都會議，毛澤東說：「壞人如丁玲、馮雪峰。」[28]

但終馮一生，始終崇毛。1974年4月5日，他對一位後輩悄曰：毛

[24] 王培元：《在朝內166號與前輩魂靈相遇》，人民文學出版社2007年，頁22。
[25] 程光煒：《艾青傳》，北京十月文藝出版社1999年，頁320～321。
[26] 黃秋耘：《風雨年華》，花城出版社（廣州）1999年，頁365。
[27] 樓適夷：〈爲了回憶，爲了團結〉，載《魯迅研究動態》（北京）1980年第2期，頁4。
[28] 徐慶全：《周揚與馮雪峰》，湖北人民出版社2005年，頁180。

澤東所犯錯誤，個人固應負責，但這是舊中國社會的痕跡；不要把對「三點水」（按：江青）和「海派」（按：上海幫）的不滿，轉嫁到毛主席身上；被包圍者與包圍者有區別。[29]1963年，馮雪峰預言林彪將篡權；1973年，預言毛澤東百年後，「海派」會很快被收拾。[30]

黨內頭號大右派

1957年，馮雪峰以「長征幹部」成為全黨第一大右派。批馮主戰場在中國作協，馮任社長的人民文學出版社「配合作戰」。8月12日，文化部一副部長親臨動員，號召全社對馮雪峰開展鬥爭。8月13日～9月5日，人民文學社七次全社批鬥大會，馮出席第一次與最後一次。

8月16日，中國作協黨組擴大會議，黨內資格很嫩的何其芳發言，標題〈馮雪峰的反黨反馬克思主義的文藝思想和社會思想〉──

……特別是夏衍同志的揭發，我和會上的很多同志一樣，是很激動很憤慨的。原來三十年來混在黨內的馮雪峰是這樣一個反黨分子，這樣一個個人野心家！為了達到他個人目的，他不惜完全破壞黨的組織原則。他可以拋開上海的黨組織，依靠胡風那樣一些人去進行分裂當時上海左翼文藝界的活動。他可以因為黨的負責同志批評了他幾句，就擅自脫離黨，一個人跑回家鄉去。在這次整風運動開始後，他更在自己領導的出版社內點火，號召右派分子和對黨不滿分子「有冤報冤，有仇報仇」，鼓動他們向黨進攻。他宣稱「洪水已經沖到大門了！」這是他對右派分子的進攻的歡呼！[31]

[29] 陳早春：〈夕陽，仍在放光發熱〉，載《回憶雪峰》，頁301。
[30] 裴沙：〈教益銘心憶馮老〉，原載《魯迅研究資料》第五輯；收入《回憶雪峰》，頁312。
[31] 何其芳：〈馮雪峰的反黨反馬克思主義的文藝思想和社會思想〉，原載《人民日報》1957-8-28。收入《新華半月刊》1957年第18期，頁168。

8月27日，《人民日報》頭版通欄宣布馮雪峰：「三十年來一貫的反黨分子」。當他被釘上恥辱柱上時，人文社有人痛哭。

為了保住黨籍，馮雪峰聽從作協黨組書記邵荃麟的「指引」（受周揚指令），在1950年代版《魯迅全集》〈答徐懋庸並關於抗日統一戰線問題〉的注釋留下恥辱一筆：

魯迅當時在病中，他的答覆是馮雪峰執筆擬稿的，他在這篇文章中對於當時領導「左聯」工作的一些黨員作家採取了宗派主義的態度，做了一些不符合事實的指責。

這一妥協使馮雪峰悔恨終生，因為不是事實。這封影響甚大的魯迅〈答徐懋庸信〉雖為馮雪峰起草（因魯迅重病），但經魯迅修改審定。1957年8月21～23日，周揚從魯迅博物館借來〈答徐懋庸信〉原件，其中1700多字魯迅親筆，包括夏衍指責馮雪峰「不真實」的「四條漢子」，證實該信雖是馮擬稿，但經魯迅修改增補，確為魯迅文章。[32]

巴金敘述：

（我）趕到科學印刷所去，讀了正在排版中的文章，是許廣平同志的手抄稿，上面還有魯迅先生親筆修改的手跡。是他自動地起草，為了照顧先生的身體，可是先生改得不少。[33]

馮違心改注，極度痛苦，整夜失眠，胃疼得厲害。他以為如此這般按周揚口徑做了一切，當可保住黨籍，然而組織未兌現承諾，他被無情欺騙，也損害了魯迅。[34]1958年4月開除黨籍，撤銷本兼各職：人文社長兼總編、中國作協黨組書記兼副主席、全國文聯常委、全國

---

[32] 王培元：《在朝內166號與前輩魂靈相遇》，人民文學出版社2007年，頁26～27。

史索、萬家冀：〈在政治大批判漩渦中的馮雪峰〉，載徐慶全：《周揚與馮雪峰》，湖北人民出版社2005年，頁163。

[33] 巴金：〈我的紀念〉，原載巴金《隨想錄》第一集，人民文學出版社1980年。收入《回憶雪峰》，頁91。

[34] 陳早春、萬家驥：《馮雪峰評傳》，重慶出版社1993年，頁528。

人大代表、政協委員，從副部級連降三級，淪為人文社一般編輯。[35]
支部大會上，馮也舉手同意「開除自己」。會後卻追著支部書記說：

決議上說的不符合事實，我從來不反黨反社會主義。但我服從決
議。我希望今後有一天事實證明是這樣，我再回到黨內來。[36]

不久，他主動讓出崇文門內蘇州胡同21號獨院（按規定仍可住那
兒，不過五間小屋），搬進東單北新橋草場胡同27號大雜院（集體宿
舍），祖孫三代蟄居20平米小屋，直至去世。[37]

牛漢多次去看他，馮枯坐辦公室，泣訴「被說服」過程。[38]為證
清白，他多次想投昆明湖，慮及孩子尚小，妻子無謀生條件，只得撐
著活下去。同時，他也想活到洗淨汙漬的那一天。

他將自己長篇小說《盧代之死》手稿（憑記憶恢復）鎖入箱子。
1961年11月《人民日報》摘其「右帽」，他立即要求「重新入黨」，
將這部小說端放案頭。不久，他被告知：可以寫作，但長征這樣偉大
的革命題材，他不適宜。

這一次，馮雪峰沒有把稿子鎖回箱子裡去，而是將它投入爐火之
中，付之一炬。在這些日子裡，他的頭髮從兩鬢花白到滿頭皆白，彷
彿在頃刻之間。[39]

雖然准許他寫太平天國題材的小說，他的《小天堂》還是胎死腹
中。至於其他寫作路子，亦被一一堵塞，寫評論不可能，寫寓言更易
遭曲解。

[35] 王士菁：〈一個無私的忘我的人〉，原載《新文學史料》1981年第2期；收入《回憶雪峰》，頁252。
[36] 韋君宜：〈紀念雪峰同志〉，載《回憶雪峰》，頁278。
[37] 蔣路：〈只留清氣滿乾坤〉，載《回憶雪峰》，頁179。
[38] 陳早春、萬家驥：《馮雪峰評傳》，重慶出版社1993年，頁528。
[39] 馮夏熊：〈馮雪峰——一位堅忍不拔的作家〉，原載《北疆》1983年第1期。收入《回憶雪峰》，頁11。

淒慘晚年

1964年，馮上河南林縣參加四清，只能使用化名「馮誠之」。文革時期，他頭上一直有三頂帽子：摘帽右派、叛徒、修正主義分子。先入牛棚，後發配文化部湖北咸寧向陽湖幹校，種過菜、挖過渠、鋤過草、插過秧、放過鴨、掃過廁。

霜重色愈濃，時窮節乃現。文革伊始，「對立面」周揚就進了秦城，馮雪峰有許多機會在各種外調中「合理報復」。為對付各路外調，馮總共寫了超過百萬字的材料。怕記憶出錯或每次寫的有出入，他專門搞了一份「交代底稿」（後載《新文學史料》1979年第2期），感動了無數人。他沒有趁機翻案，未對整過自己的周揚、夏衍落井下石，而是實事求是且自攬部分責任。周揚在獄中看到馮的這份材料，1975年7月14日出獄後，第一個去看的就是「老對頭」馮雪峰，周揚激動得抱住馮痛哭。[40]

馮雪峰生命的最後二十年，沒發表任何作品（發表不了），臨終最大的遺憾是未能恢復黨籍，「希望有重新回到黨內的一天」。1958年4月開除黨籍後，馮就一直謀求回到黨內。1960年他甚至去找對他作了「爆炸性發言」的夏衍，承認過去「有錯誤」，要求回到黨的懷抱，夏衍很感動。[41]

1976年1月31日，馮雪峰死於肺癌，倒在黎明前。2月7日下午，親屬及不足十人生前好友，向遺體告別。反右時向馮投過石頭的樓適夷，偷偷在他遺體前放了一束鮮花。上面規定，遺體不准進八寶山，只能上北京東郊火葬場。2月16日，姚文元下令「不見報，不致悼詞，一百至二百人規模」，於八寶山草草舉行沒有聲音的追悼會。

---

[40] 敏澤：〈帶著歉疚的回憶〉，原載《北京文藝》1980第4期；收入《回憶雪峰》，頁261。

[41] 夏衍：〈一些早該忘卻而未能忘卻的往事〉，載《文學評論》（北京）1980年第1期，頁101。

沒有悼詞，沒有一句大聲說的話，甚至差點不准稱「同志」，經胡愈之奔走爭取，告別儀式才准用「馮雪峰同志」的名義。[42]三項程序：哀樂、默哀、結束──繞骨灰盒一周。出席者：茅盾、胡愈之、楚圖南、李一氓、宦鄉、周海嬰，以及上饒集中營難友吳大琨、陳子谷、邵宇等。

補開追悼會

三年後，冤案得雪。1979年春，人民文學出版社黨委討論平反，眾口一詞：「早就該改正了，這還有什麼可討論的！」黨委會很快開成頌馮會。[43]較之當年的七次批鬥，數次研討，平反程序快得多。指導思想一改變，對待同事同人，前後差別隔如天壤。4月4日中組部批准〈關於馮雪峰同志右派問題的改正決定〉，恢復黨籍。

但補開的追悼會遭遇「難產」，竟籌備半年餘，乃夏衍不同意人民文學社與國家出版局擬定的悼詞──

說他「溝通了魯迅同黨的關係」，恰恰是他破壞了黨同魯迅的關係。說他「在總理的領導下工作」，我也不能同意。[44]

夏衍揚言如宣讀這樣的悼詞，他要發表文章駁斥。1979年5月，夏衍撰文〈一些早該忘卻而未能忘卻的事〉，提及悼詞中那段麻煩的「馮雪峰1936年回滬」：

馮雪峰同志接受黨中央的委派，從陝北回到上海，溝通了黨和魯迅的關係，捍衛了作為文化鬥爭主將魯迅的光輝旗幟。[45]

---

[42] 楚圖南：〈與人照肝膽，見義輕風浪〉。載胡愈之：《我的回憶》，江蘇人民出版社1990年，頁4（序）。

[43] 韋君宜：〈紀念馮雪峰同志〉，原載《光明日報》（北京）1979-11-21；收入《回憶雪峰》，頁283。

[44] 樓適夷：〈為了忘卻、為了團結──讀夏衍同志「一些早該忘卻而未能忘卻的往事」〉，載《魯迅研究動態》（北京）1980年第2期。

[45] 李士俊：〈三次追悼〉，原載《江南》（杭州）1981年第2期；收入《回

　　為照顧兩位文藝界領導人（另一位周揚）臉面，中央負責人（按：應為胡耀邦）修改為：

　　馮雪峰同志接受黨中央的委派，從陝北回到上海，傳達了黨中央的各項方針政策以後，使魯迅加深了對黨中央、對毛澤東同志的敬仰和依賴。[46]

　　顯然，夏衍還在糾纏「兩個口號」與「答徐懋庸信」那筆老豆腐賬，舊日嫌隙仍在發酸，非要將馮雪峰與魯迅分開，不能讓馮雪峰沾了魯迅的光。今人看來，兩段文字並無實質差別，何至於需要「修改」大半年？偏偏那一代紅士就那麼較真，就那麼在乎。走筆至此，不禁喟嘆：「時間精力投這上，尤其馮雪峰已遭大冤大屈，值麼？當否？都說明些什麼喲?!」

　　事實上，馮雪峰這段在滬活動：一、協助李立三、陳賡去見魯迅；二、轉交方志敏遺信遺稿；三、丁玲赴陝聯繫；四、斯諾訪陝的聯絡安排。何以就不能給一句「捍衛了文化主將魯迅的光輝旗幟」？

　　胡愈之評價：

　　馮雪峰負責聯繫魯迅先生以後，魯迅和黨的關係才越來越好，融洽一致的。[47]

　　為什麼只能說「傳達中央方針政策，使魯迅加深對中央的敬仰」？後人一定看不懂此處的彎彎繞，不明白「梁子怎麼結得那麼深」?!

　　1979年11月17日，適逢全國文代會，千餘人出席補開的馮雪峰追悼會。文化部長朱穆之致悼詞。詩人蕭三輓聯：

　　尊崇一個忠誠正直的人，鄙視所有陰險毒辣的鬼。

　　憶雪峰》，頁171。

[46] 朱穆之：〈在馮雪峰同志追悼會上的悼詞〉（1979-11-17），收入《回憶雪峰》，頁346。

[47] 胡愈之：〈我所知道的馮雪峰〉（1985-6），載胡愈之：《我的回憶》，江蘇人民出版社1990年，頁312。

此時，人們回憶起馮身上許多「老一代無產階級革命家」本色，如異常儉樸，傲上謙下。堂堂人文社長，周恩來指定給馮雪峰配備一輛轎車（人民、美術、教育等社長都沒有）[48]，他很少坐（除上中南海開會等重要活動），上下班就一頂大草帽，雇一輛三輪。雨天乘小汽車回家，胡同口就下車，擔心路窄，輪泥濺人。行政部門買一台電扇送到他家，立即退回。為公家辦事請客吃飯，如個人出面，一定自掏腰包。1957年，反右剛起，巴金去看馮雪峰，馮拉他去附近大同酒家，「雪峰雖然作主人，卻拿著菜單毫無辦法，這說明他平日很少進館子。他那艱苦樸素的生活作風在重慶時就傳開了。」[49]只是，這些「追認」，馮雪峰聽不到了。

　　　　　　　　　　2010年8月中旬・上海
　　　　　原載：《同舟共進》（廣州）2017年第2期
　　　　　轉載：《讀書文摘》（武漢）2017年第5期

[48] 胡愈之：〈我所知道的馮雪峰〉（1985-6），載胡愈之：《我的回憶》，江蘇人民出版社1990年，頁310。

[49] 巴金：〈我的紀念〉，原載《隨想錄》第1集，人民文學出版社1980年；收入《回憶雪峰》，頁92。

周揚愛開會

　　1961年春，周揚（1908～1989）、以群（1911～1966），一起到杭州討論電影劇本《魯迅傳》與大學教材《文學原理》（以群主編）。夏衍祕書、滬籍女作家李子雲（1930～2009），正在杭州屏風山工人療養院休養，上岳墳杭州飯店看望兩位領導。不知誰提議上虎跑喝茶，十餘人乘一輛中巴繞湖而去。到了虎跑寺茶室，坐成一個以周揚為中心的橢圓形。當時「氣候」很重要，大家都想利用難得機會向周揚討教，瞭解北京風向。一開始語聲嘈雜，逐漸四座安靜，周揚開講。周揚夫人蘇靈揚（1914～1989），十分氣惱：

　　這個人就知道開會，離了開會就過不了日子，難得出來走走，坐下來又開上會了，真沒辦法。

　　時年31歲的李子雲很感慨——

　　我突然感到一種對周揚同志的同情。一天到晚不知疲倦地開會，這種生活該有多單調。許多領導同志公餘都有一些愛好，周總理愛跳舞、看越劇，陳老總愛下圍棋（路過上海機場停留幾小時都叫棋友去下棋），潘漢年愛打百分，夏公愛集郵，周揚同志業餘喜歡什麼呢？我沒發現。似乎除了開會就是變相開會的談話。

　　……周揚同志似乎更習慣開會，似乎從開會中能夠得到一很大的樂趣。[1]

　　1959年，周揚夫婦、祕書露菲、張光年、侯金鏡、袁水拍一起去海南三亞，大家十分高興，正準備第二天好好遊覽，周揚突然說要回廣州。大家很奇怪，周揚解答：「我們不是來過了嗎？」

　　老下級張光年（1913～2002）抱怨——

---

[1] 李子雲：《我經歷的那些人和事》，文匯出版社（上海）2005年，頁122～123。

　　（周揚）每天就知道談工作，熱心工作，要麼就是批評人。他用人，但不知道關心人，不理解別人的心理。他自己生活上也不講究。那時他愛吃的是煎雞蛋、炒豬肝，從文化部食堂打回家裡吃。生活要求低，要求自己嚴格。開會、講話、讀書、看作品、看演出而外，別的沒有什麼生活樂趣。……他沒什麼業餘愛好，他全心全意地為黨的事業獻身，生活儉樸。他工作很勤奮，他愛讀書。[2]

　　1954～1964年任周揚祕書的露菲（1931～ ）：

　　他從不抽煙喝酒，只吃飯。平時不帶錢不帶糧票。他什麼文化娛樂也沒有，生活枯燥，沒有個人樂趣。一到晚上不出門，就看馬列的書。可以說，除了開會就是開會，除了工作就是工作。我給他當祕書時，從來沒有時間和愛人散步。[3]

　　文革後，九年秦城獄囚的周揚「重出江湖」，許多單位請他演講做報告，周揚有求必應有講必去，摯愛親朋再三攔阻都無效。[4]文藝界的會議，更是每會必到，每到必講。1984年秋，周揚病勢漸沉，躺在醫院起不來，腦血管障礙使他前言不搭後語，盡說錯話。王蒙等人去看他，臨別時，有人問王蒙即將在京召開的文藝座談會，周揚眼睛一亮：「什麼會？」口齒不再含糊，語言再無障礙，笑容不再平和，目光如電，「他恢復了嚴肅精明乃至是有點嚴厲的審視與警惕的表情。」王蒙等探客哈哈大笑，勸他老人家養病要緊，不必再操心這些事，讓年輕同志去處理。王蒙說：這是我最後一次在他清醒時與他見的一面，那道突然一亮的目光令我終身難忘。

　　這道因開會亮起的目光，數年後成為王蒙悼文標題〈周揚的目光〉——

2　張光年：〈回憶周揚〉，載王蒙、袁鷹主編：《憶周揚》，內蒙古人民出版社1998年，頁6。

3　〈露菲談周揚〉，載李輝編著：《搖盪的秋千》，海天出版社（深圳）1998年，頁202。

4　周密：〈懷念爸爸〉，載《憶周揚》，頁585。

　　周揚抓政治抓文藝領導層的種種麻煩、抓文壇各種鬥爭長達半個世紀，他是一聽到這方面的話題就聞風抖擻起舞，甚至可以暫時超越疾病，煥發出常人在他那個情況下沒有的精神來。這給我的印象太深了。同時，沒有「出息」的我那時甚至微覺恐懼，如果當文藝界的「領導」當到這一步，太可怕了。[5]

　　當今後生不免疑惑：最最令人頭疼的開會何以成為樂趣？生命漸熄之時何以激起迴光返照？他們有所不知：1949年後，開會成為大陸「新生活」，不讓參加會議說明已被新社會out。依靠文藝革命起家的左翼士林，十分看重思想革命，認定思想萬能，只要解決思想問題，其他社會問題都將迎刃而解。

　　從源頭上，革命必須開會，或曰革命就是開會，乃是來自蘇聯的「光榮傳統」。1922年，初次訪俄的張國燾（1897～1979）：

　　在莫斯科，各種各樣的會議是永遠開不完的。這些會議所花的時間也冗長得可怕。[6]

　　鄭超麟（1901～1998）記述莫斯科東方大學的「組織生活」——

　　每次開會常常兩個、三個、四個鐘頭，緊張、興奮、熱烈。有甚麼工作做呢？沒有工作做。有甚麼學問研究呢？沒有研究理論問題。開會時間大多數消磨在「個人批評」上面，所批評的並非具體的事實，而是一些抽象心理形態，例如：你個性強，你驕傲，你有小資產階級習氣，你有無政府主義傾向，等等。被批評者也想出類似的批評還擊對方。結果大家面紅耳赤，心裡種下仇恨的種子。總之，大家學會了孔夫子寫《春秋》的筆法：誅心；又學會了宋儒的正心手段，不過不是用來責己，而是用來責人。[7]

　　你一拳我一腳，無聊的人際扯皮，白白耗時。不過，會不會講話，會不會做報告，可是中共一直很看重的才能。口不能言，木訥拙

5　王蒙：〈周揚的目光〉，載《憶周揚》，頁407～408。
6　張國燾：《我的回憶》，東方出版社（北京）1998年，冊一，頁203。
7　《鄭超麟回憶錄》，東方出版社（北京）1996年，頁66～67。

舌者很難得重用，早期赤幹都是演說行家。游擊專家譚余保（1899～1980）對陳毅說：

你在井岡山那個時候，集合隊伍講話，我拖個梭標來聽你講，從猴子講到人，從天上講到地下，從井岡山講到全世界，一講幾個鐘頭，講得頭頭是道。[8]

1931年底，周恩來從上海進入江西蘇區，幹部大會上不用提綱，一講半天，滔滔不絕，紅軍幹部都對這位黃埔軍校政治部主任肅然起敬。[9]開長會、做大報告，從蘇聯那兒移植過來的「革命傳統」。1935年1月遵義會議，毛澤東的發言也有一個多小時。[10]

1942年，共產國際聯絡員兼塔斯社駐延安記者，很快發現——

在軍隊裡也像在特區（即陝甘寧邊區）各地一樣，惟一的工作就是開會。[11]

1942年10月19日～1943年1月14日西北局高幹會議（88天），邊區縣團級以上黨員幹部300多人、中央黨校學習組及一二部學員全體旁聽。[12]1944年5月21日～1945年4月20日六屆七中全會，29位高幹開了11個月。

1950年代大陸名諺「國民黨稅多，共產黨會多」，出處竟是周揚本人。[13]

1960年春，中宣部統一部署，上海作協召開聲勢浩大的批判修正主義文藝思想大會，重新評估近代西方文學，「破除對資產階級文藝的迷信，攀登無產階級文藝高峰」。復旦大學、華東師大、上

---

[8] 陳丕顯：〈贛南三年游擊戰爭〉，載《中共黨史資料》，中央黨校出版社（北京）1982年，輯二，頁152。

[9] 〈伍修權同志回憶錄〉（之一），載《中共黨史資料》，中共黨史資料出版社1982年，輯一，頁151。

[10] 〈伍修權同志回憶錄〉（之二），載《中共黨史資料》第2輯，頁162。

[11] （蘇）彼得·弗拉基米洛夫：《延安日記》，東方出版社2004年，頁42。

[12] 張秀山：《我的八十五年》，中共黨史出版社2007年，頁135。

[13] 季羨林：《懷舊集》，北京大學出版社1996年，頁125。

海師院的中文系學生奉命出席。華東師大中文系女生戴厚英（1938～1996），即成名於這次會議——獲稱「小鋼炮」。此會長達49天，會議「成果」——

在這次會議中，除去領導這場批判的三五成員之外，當時上海知名的美學家、文學理論家幾乎無不受到了傷害。

錢谷融、蔣孔陽、羅稷南等滬上名士均被「觸動」。此會對西方名著提出著名觀點：「越是『精華』越反動，毒害越大。」

上海作協「49天會議」本要推廣全國，因慮及以大批判方式橫掃西方文學（包括蘇俄文學），涉及人家「國寶」，影響國際關係，這才作罷。[14]

文革時，哈爾濱某姑娘嫁給聾啞人，問她正常人何以嫁給殘疾人，回答：「他不用開會！」聾啞人享有「會議豁免權」，能有時間多料理家務。[15]

1950～80年代，會議之多之長乃大陸一景。從上到下，動輒幾十天的會。1959年3月1日，毛澤東建議各省召開六級幹部會議（省、地、縣、公社、大隊、小隊），大省3000～4000人，中省2000～3000人，小省1000人，會期十天，專題討論人民公社，解決思想認識問題。各縣召開五級幹部會議（縣、社、大隊、小隊、小組）。3月9～18日安徽六級幹部會議，萬餘人出席。江蘇江陰縣、河南兩縣也是萬人大會，多數縣至少四五千人的大會。[16]

1959年7月2日～8月16日，驚天動地的廬山會議，46天。1962年1月11日～2月7日初，空前絕後的「七千人大會」，28天。1960年12月26日～1961年1月6日，海南文昌縣四級幹部大會，2718人出席。[17]

---

[14] 李子雲：《我經歷的那些人和事》，文匯出版社2005年，頁125、217。

[15] 朱曉軍：《大荒羈旅》，百花文藝出版社（天津）2001年，頁15。

[16] 《建國以來毛澤東文稿》第8冊，中央文獻出版社1993年，頁84、102、122。

[17] 中共文昌縣委：〈關於四級幹部擴大會議的總結報告〉（1961-1-11）。載楊繼繩：《墓碑》，天地圖書公司（香港）2010年，上冊，頁420。

1962年9月24～27日八屆十中全會，毛澤東再倡「階級鬥爭為綱」。此前的準備會議開了兩個月：7月25日～8月24日北戴河會議、8月26日～9月23日預備會議。

1964年12月15日～1965年1月14日中央工作會議，討論「社教」（即「四清」）文件，毛劉分歧嚴重。[18]

1970年12月22日～1971年1月24日「華北會議」，32天。

各縣年年必開的冬初「三級幹部會議」，一開十天半月，甚至二十多天。1961年1月13～29日，山東惠民縣區社隊四級幹部大會，4000人出席。[19]

廠礦學校商店也是大會小會不斷，一開至少半天。杭州西湖滿覺隴大隊，茶農幾乎每晚有會：貧下中農會、婦女會、黨團員擴大會……蹲點的陳學昭記述──

每次開會，屋子裡都是坐得滿滿的。有時開貧下中農會，稍遲一點到的人，屋子裡已沒有坐的地方了，只好站在教室外的走廊上。[20]

1960年1～3月，福建省級機關召集會議266次，累計1519天、28359人；現場會議145次，累計819天、16015人；電話會議107次、廣播大會25次。南靖縣統計，1960年第一季度收到省級文件2492件、地級3134件、省地電報847件、縣裡發出文件784件。[21]

如今大陸官員還是「文山會海」，主業仍是開會。「講的累，陪的累，聽的更累」，但還得開會回來，轉身召集下屬開會，「以會議落實會議」。

後人會問：有那麼多要說的事兒麼？為什麼不印發文字？非得坐在一起聽？多少時間呵！但那時是不敢這麼問的，每會必到，認真

---

[18] 《毛澤東年譜》（1949～1976），中央文獻出版社2013年，卷五，頁448。

[19] 張廣友：《抹不掉的記憶──共和國重大事件紀實》，新華出版社（北京）2008年，頁31～32。

[20] 陳學昭：《浮沉雜憶》，花城出版社（廣州）1981年，頁91～92。

[21] 林強：〈天災乎？人禍乎？──福建「大躍進」運動再認識〉，載《福建黨史月刊》2001年第1期，頁25～28。

恭聽，像煞有介事——好像不開就會天塌似的，全勤出席，政治待遇呵！五類分子、有問題者，不能去開會！文革中，延安紅星于藍（1921～　）一度不能過組織生活——

　　當我看到某些得到信任的人去過組織生活，我心中感到極大的失落。我覺得自己無所事事，是在浪費人民的糧食。[22]

　　共產黨會多，除折射效率低下，還說明政策多變，缺乏起碼的穩定性，只能依靠開會不斷「統一思想」。至於會議的實際作用，等而次之，政治思想第一呵！大家爭相出席會議，坐得端正聽得認真，這才有喜歡開會的周揚。聽眾若無精打采，起呵欠打瞌睡，周揚「對牛彈琴」，還會有保持長年的精神頭麼？

　　延安時期，周揚的報告就很有市場了。「魯藝」女生林野憶曰：

　　同學們最愛聽周揚同志做的大報告。他講話總是理論結合實際，又有生動的事例，又懂得知識分子的心理。他很能講，一講就是四、五個鐘頭。但講得十分詼諧有趣，內容又充實，誰都聽得津津有味，既不感到疲勞也忘了飢餓，反而覺得時間過得太快。散會的時候還都有點戀戀不捨，都覺得聽他的講話是一種精神享受。[23]

　　《人民日報》編輯袁鷹（1924～　），憶述周揚1950年代的大報告：

　　在文藝界的一些大會上，他經常不拿講稿，只拿一張小紙條，上面寫幾個字，就可以滔滔不絕，一氣講三四個小時，越講越精彩。一般是前幾個方面講理論問題，常有精彩的闡述和新的觀點。……在我的印象中，他的形象是高大的，作為一個人的人品，他很有吸引力有魅力。聽他的報告，人們作為一種樂趣一種享受。[24]

　　1950年代《文藝報》青年編輯唐達成（1928～1999）：

---

[22] 于藍：《苦樂無邊讀人生》，中央文獻出版社2001年，頁298～299。
[23] 林野：〈我在延安魯藝的時候〉，載《延安歲月》，陝西人民美術出版社1985年，頁372。
[24] 〈袁鷹談周揚〉，載《搖盪的秋千》，頁144～145。

聽了他的報告，的確很佩服他。自覺自己思想覺悟低、理論水準差。心想，還是周揚看得高。這並不只是我個人的感覺，當時在文藝界大家都這麼看。那時一聽說周揚要做報告，大家都很重視，當成一件大事，包括一些老作家也這麼認為。[25]

既會講，還「通天」——毛澤東，聽眾感覺「高屋建瓴、勢如破竹」[26]，聽得特別認真。

不過，愛開會的周揚沒什麼朋友，「表面談笑風生，內心孤獨鬱悶」，無法與人談心。1983年「胡周學案」（周揚遭胡喬木批判），周揚氣鬱結胸，枯坐終日，老友張光年：「他的鬱悶致病致死，跟他這個致命弱點有關。」[27]

文革後，思想革命的重要度跌價，會議銳減。轉型市場經濟，必須講究一點實績，務虛長會，泯然而隱。再想召集萬人大會（更不用說十萬、百萬），想想都頭皮發麻。總算饒了億萬「陸民」，開會不再必修。

回眸「愛開會的周揚」，一聲長歎送赤歲，裹著多少苦澀汁液。

再捅一點小祕密——毛時代長會不少取決一把手意願。1959年廬山會議，因毛澤東批彭德懷而押長，帶出後面的八屆八中全會（8-2～16）。1960年8月初～10月的山東青島會議（40天），因山東省委第一書記舒同與女護士有私——

省委祕書長吳建揭發，原來舒同與一個女護士有非同一般的關係，到了青島以後，舒同根本不和其他書記往來，除了參加他非參加不可的會議以外，不是和護士在房間裡打撲克，就是帶著護士遊山玩水、跳舞。要給女護士打胎，打完胎又要休養恢復健康。這樣，就有意將會議時間拖延。

---

[25] 〈唐達成談周揚〉，載《搖盪的秋千》，頁167。

[26] 〈龔育之談周揚〉，載《搖盪的秋千》，頁184。

[27] 張光年：〈回憶周揚〉，載《憶周揚》，頁15～16。

　　有人竊議：中國不是議會政治，而是會議政治。會議怎麼開、開多長時間，全由第一把手的意志決定。中央如此，各省也如此。[28]

2007-9-19　上海（後增補）

原載：《書屋》（長沙）2009年第6期（初稿）

轉載：《報刊文摘》（上海）2009-6-24

《學習博覽》（北京）2009年第10期

《燕趙都市報》（石家莊）2009-7-5

《各界》（西安）2010年第3期

《新閱讀》（北京）2011年第10期

---

[28] 楊繼繩;《墓碑》，天地圖書公司（香港）2010年，上冊，頁457。

紅塵散盡讀夏衍

　　筆者碩士座師、浙大中文系陳堅教授長年研究夏衍（1900～1995），與弟子陳奇佳教授合著的《夏衍傳》，1998年初版，2015年6月再出補訂版，刪去十萬餘字，補增30萬餘字，70萬字厚厚一磚。考信史實、訂正訛誤、增添新識、糾正偏見，大幅增加1949年後敏感內容，兼具紅色文學史、革命思想史、中共黨史等多維度價值。筆者近年專治現代士林，得陳師賜閱，撮精簡介，擇要簡評。

袁殊事件

　　新版《夏衍傳》鉤沉史海，釐清複雜的袁殊事件。留日生袁殊（1911～1987），抗戰前後活躍滬上，被指「五重間諜」（國、共、日、偽、青紅幫）。新版確認：袁殊為中共特工。1935年5月，袁殊供出「外圍」的夏衍、王瑩，乃無奈的「丟卒保帥」，以保中共情報網核心人員蔡叔厚。初版指袁殊變節，新版「糾偏」。（頁197～201）

　　1945年10月，袁殊進入蘇北赤區；1949年李克農調他回情報系統（如有懷疑不可能調用）。1955年受潘漢年案牽連，袁殊判刑12年，關押至1975年，1982年平反。

與馮雪峰

　　周揚、夏衍與馮雪峰結下很深的梁子，國人一般難知頭尾，該傳交代甚詳。1936年4月底，馮雪峰以延安中央特派員抵滬，7月中旬才見對中央仰如天露的周揚、夏衍。馮雪峰何以不找地下黨而先找魯

迅、胡風、章乃器，筆者一直存惑，不知why。原來，上海地下黨與「中央」長期失聯，須先甄別。同時，馮雪峰受魯迅、胡風影響，對周揚、夏衍印象不佳，因此晾了他們很長時間。（頁229～233）

「兩個口號」論爭深深刺傷周揚、夏衍。1957年夏衍「爆炸性發言」忿然揭發馮雪峰，可謂「歷史的回聲」。馮的「失寵」，也有本人原因──不同意第二次國共合作，撂挑子脫黨兩年餘，回鄉去寫長征小說。中共甚講組織紀律性，甩手脫黨，很犯忌的。（頁253）

至於「左聯」解散且未發表宣言，《夏衍傳》提供第一手資料──蕭三來信，共產國際的「指導性意見」。（頁205）

最得罪人的一件事

1949年後，夏衍行跡有嚼頭，很能說明「激情燃燒歲月」的內質。1952年，上海市委宣傳部長夏衍幹了「最得罪人的一件事」──組織常識測驗。試題僅初中程度的時政與文藝常識（50題，每題2分），市委宣傳部、文化局處科一級679名幹部無記名參試。80分以上僅兩人，70%不及格，絕大多數三四十分，連五四運動哪一年，答對者都寥寥無幾。四大古典名著作者、二十四節氣、市場菜價等常識題，笑話百出。一人賭氣交了白卷。因重視文化，夏衍被判「偏右」，不止一次挨批評──「吹捧知識分子，看不起工農幹部。」（頁472）

但這次常識測驗留下重要史證──佔領上海「文化陣地」的赤幹僅略識之無，絕大多數連小知都夠不上，當然只願搞政治不願搞業務，文革不可或缺的社會基礎──因不懂文化而贊成文化大革命。也正因為夏衍重視文化，晚年才會感覺紅色邏輯不太對勁──既鼓勵自學成才又反對個人奮鬥，「這自學成才不是個人奮鬥嗎？」（頁688）

解讀文革

文革一起，打倒大批老赤幹，夏衍也吃足苦頭，但這一代赤士對文革的解讀極具時代性。1967年初春，夏衍的思考——

一個省一個市的第一把手、第一書記或者省長，誰監察他？誰監督他？誰罷免他？……事情由他來領導，他能否真正的引火焚身？前幾年，幹部在下面說怪話：「這運動那運動，運動後期整群眾！」人們憑經驗知道：整領導是走過場，整群眾則似乎是必不可少。實際的例子，假如沒有這次文化大革命，沒有大鳴大放、大字報、大辯論、大串連、大民主……

後人難以想像：夏衍竟認為「被打倒」很有必要，含有「歷史必然」的合理性。對領導這場「打倒」的毛澤東不是怨恨而是增添崇拜——

充分體會到毛主席的最堅定的群眾路線，和超凡人的領導藝術。（頁624～625）

新版引用夏衍「四清」日記，深度解讀夏衍思想的第一手資料，解剖這一代赤士價值觀念的具體構成。

其他資訊

《夏衍傳》還有不少筆者感興趣的資訊：「左聯」乃周恩來授意籌建；夏衍乃周恩來發現的「條件較好的文藝骨幹」；1960年代前期周揚被迫「一條漢子整三條漢子」；夏衍與李何林、樓適夷的是是非非；1980年代夏衍人生軌跡——反自由化、胡周學案、反精神汙染……夏衍晚年思想達到「大革命一代」赤士所能達到的最高點。

隱匿情戀乃大多數紅角傳記通弊（如金沖及主編的《劉少奇傳》），而情戀卻是人生主要節目，此翼缺失乃傳記大忌。新版補上這一節——青年夏衍求愛符竹英而失戀。符乃杭州省立女師「第二

美女」，嫁詩人汪靜之。1925年夏衍日記，詳述失戀後最初的報復衝動，及稍後車爾尼雪夫斯基式的高尚「利他」——

當時免不了因為有先天的報復天性……例如我一定努力做一個有名的人物，遠勝於靜之的人物；或者我一定要求得到一個勝於竹英的愛人，使她發生較量上的羨慕而微微的生悔意！……但是這種多不過是一時孩子氣而已。……我現在對於她和靜之，我表示相當的敬意，因為他們確是在惡社會上奮鬥，為戀愛而奮鬥成功的勇士……（頁61～62）

此時，情敵汪靜之已成名，符竹英選擇詩人，未能識英雄於未顯。汪符夫婦相約：終身為夏衍堅守祕密。

結語

較之自傳，學人立傳拾遺補缺、答疑解惑，顧忌相對較少，持論相對公允，敢發傳主之不敢發不願發。

「激情燃燒的歲月」漸行漸遙，紅塵散盡讀夏衍。新版《夏衍傳》彌補舊版局限，認識更精確，評述更到位，裁剪更精細，重點更凸顯，關鍵細節不吝筆墨，解讀夏衍第一讀本。而解讀夏衍，既瞭解那一代赤士曲折經歷，亦解讀種種「之所以然」，收入自然是多方面的。

二陳師生合力捧出新版《夏衍傳》，尤其陳師積一生之力關注夏衍，這份堅持執著，委實不易，後學之則。

2015-8-26～28　上海

原載：《大公報》（香港）2015-9-4

終於認識趙樹理

　　2006年是趙樹理百年誕辰，有一些紀念活動與紀念文章。筆者無意湊熱鬧，之所以撰寫此文，乃湊巧讀到一篇有關趙樹理的資料，解開長年之惑，引發長慨，覺得應該為趙樹理寫點什麼。他是少數值得我立正敬禮的紅色作家。

　　趙樹理（1906～1970），山西沁水農家之子。筆者1954年出生杭州，時距半個世紀，空間遠隔南北兼城鄉差別。對我來說，走近趙樹理並不容易。文革前，本人尚幼，只看到《小二黑結婚》影片招貼畫，隱約聞知趙樹理之名。文革後，進了大學中文系，讀了他一些小說。那會兒，我們喜歡外國小說高貴典雅的香水味，甚嫌趙樹理小說的山藥蛋氣。大學畢業後，長年教授中國現當代文學，一年兩次「遭遇」趙樹理，漸成「老朋友」。由於將他歸為赤區作家，泛泛介紹一下，絕不像講沈從文、張愛玲、曹禺那樣來勁。我多次對學生說：

　　魯郭茅、巴老曹趙，乃1950年代對當代一流作家的排序，趙樹理根本不夠一流資格，二流都夠嗆！

　　看到他剃著楞頭青、穿著黑制服的照片，只有一個字——土！得承認，真正認識一個人十分不易，天天膩在一起的夫妻都有認識盲區，何況一位只能從作品中認識的作家？

　　大學期間就存惑：不是解放區工農兵文藝的旗幟麼？不是毛澤東〈講話〉方向的旗手麼？怎麼文革前就倒了？黨怎麼會不要「旗手」與「方向」？當年人口不足500萬的太行區，《小二黑結婚》熱銷四五萬冊；1946年1月，《李家莊的變遷》又引轟動。美國記者傑克·貝爾登（1910～1989）在《中國震撼世界》（1949）一書中稱趙樹理：

可能是共產黨地區除了毛澤東、朱德之外最出名的人了。[1]

1991年，筆者入杭州大學攻碩（中國現當代文學），得知1960年代初趙樹理就犯「右傾錯誤」，但對他的瞭解也就到此為止。近年，專力研究二十世紀中國士林，讀了一些趙樹理相關資料，仍十分粗略。日前，為核對一段趙樹理言論，讀到〈記趙樹理的最後五年〉，這才似乎真正「認識」趙樹理。

1956年8月23日，兼職陽城縣委書記處書記的趙樹理，就車輪滾滾的農村合作化運動，致信長治地委負責人，撮要引述——

試想高級化了，進入社會主義社會了，反而使多數人缺糧、缺草、缺錢、缺煤、爛了糧、荒了地，如何能使群眾熱愛社會主義呢？勞動比起前幾年來緊張得多，生活比前幾年困難得多，如何能使群眾感到生產的興趣呢？……我相信我們縣級幹部都是勤奮勤勤懇懇作工作的，但勤勤懇懇的結果，做得使群眾吃苦，使群眾和我們離心，是太不上算的事。大家都是給群眾辦好事的，可惜不能使群眾享受到好事之福，反而受到好事之累。……我覺得有些幹部的群眾觀念不實在——對上級要求的任務認為是非完成不可的，而對群眾提出的正當問題則不認為是非解決不可的。又要靠群眾完成任務，又不給群眾解決必須解決的問題，是沒有把群眾當成「人」來看待的。……「任務」是完成了，「問題」一個也沒有解決，而且反比以前增加了許多，嚴重了許多，都是事實。我希望迅速改變這種事實。

1959年8月，他致函中央某負責人（可能陳伯達）：

領導農業上好多好像根本性質的問題。……問題雖然千頭萬緒，總不外「個體與集體」、「集體與國家」兩類矛盾。……集體所有制仍是他們集體內部生產、生活的最後負責者。在這時候，國家只要掌握國家市場所需要的產品，而不必也不能連集體內部自給的部分及其生產、生活的全面安排完全掌握起來。農業合作化以來……管得過多

---

[1] （美）傑克・貝爾登：《中國震撼世界》，邱應覺等譯，北京出版社1980年，頁109。

過死也是工作中的毛病──會使直接生產者感到處處有人掣肘，無法充分發揮其集體生產力。[2]

讀到這些信函，立即理解「紙背之後」──終於認識趙樹理！終於明白何以「光榮倒下」！

作家趙樹理到底感覺靈敏，為什麼「高級化了，進入社會主義社會了，反而使多數人缺糧、缺草……」？為什麼農民對生產不感興趣？為什麼縣裡幹部勤勤懇懇，結果卻使群眾吃苦？農民為什麼和「我們」離心離德？幹部為群眾辦好事，為什麼群眾反而深受其累？任務完成了，問題卻比以前更多更嚴重？尤其「沒有把群眾當成『人』來看待」，這樣的真話重話，不僅需要勇氣，更需要認識。孫中山說「知難行易」，1956年趙樹理就有「人」的概念，就有朦朧人權意識，相當不易。發出這一系列「為什麼」、發出這一長串質疑，對趙樹理來說，尤為艱難。合作化乃是他與他的黨千呼萬喚始出來的「社會主義」，維護這一「新生事物」尚不及哩！當時，一聲「社會主義」便使所有人匍匐跪拜。發出上述疑問，需要諸多素質，尤其「人」的素質。趙樹理乃黨內第一批「合作化質疑者」。

趙樹理可貴的清醒，關鍵在於可貴的立場，得真正站到群眾利益一邊，而絕大多數赤幹則站在黨的立場。「任務」與「問題」衝突，上下滿擰──上面要求的「主義」，與下面的農民利益無法對接。廣大幹部只重視「任務」無視「問題」，一味譴責農民落後，不理解「任務」的意義。那個年代，也只有握有一定政治資本的趙樹理，才有不怕被指「階級敵人」的自信，才敢公開這份疑惑。

趙樹理的真誠在於：他確實認為社會主義能帶來普惠式幸福，大大好事，這才於「好事」初行之時，積極宣倡推行。若無真誠信念，僅僅視「好事」為差事，便不可能有這份「歎息腸內熱」，更不會知難而上，明知有麻煩而上折諫諍。

---

[2]　王中青、李文儒：〈記趙樹理的最後五年〉，載《新文學史料》（北京）1983年第3期，頁159～160。

趙樹理能夠漸漸清醒是有基礎的。1957年家鄉修水庫，他寄贈千元，幫社裡買水泵與鍋駝機，為老家尉遲村買了蘋果樹苗、細毛種羊。他說只要能使畝產多打30斤糧食，他寧願領導種地而不當作家。生活上，他簡樸本色，開會住賓館，睡不慣沙發床，索性睡地上。一位熟知趙樹理的領導說：初級社時老趙積極熱情，甚至有點賣命，到高級社就好提意見；進入人民公社後，沉默寡言了，向中央寫了「萬言書」，作品也寫得少了。趙樹理說：

公社化前後，我的思想和農村工作的步調不相適應正產生於此時，而且一直延續下來。

面對大躍進「五風」——共產風、浮誇風、強迫風、瞎指揮、特權風，他心急如焚，既說服不了同事，又無力解決，只能不斷上書言事、提建議，有時還動肝火。一些官員討厭他，得罪不少人，各級官員都視他「右傾」。

1959年，陳伯達將趙樹理給中央的「萬言書」發給中國作協，指令批判。趙不服，認為批判者根本不瞭解農村情況，無權批評。一年後的大饑荒，使大家認識趙是對的。1962年8月大連「農村題材短篇小說創作座談會」，趙樹理的發言被指「反黨、反社會主義、反毛澤東思想的狼子野心總爆發」。1964年作協整風又批他，趙硬頂著不檢討，就是寫檢討也有「內容」——

我以為這過程可能與打撲克有點相像：在起牌時候，搭子上插錯了牌也是常有的事，但是打過幾圈來就都倒正了。我願意等到最後洗牌時候再被檢點。

1966年，趙樹理掛職晉城縣委副書記，上河南蘭考搜集素材，正在寫劇本《焦裕祿》。6月，晉城首先貼他的大字報，因他一直與當地官員發生衝突。7月，趙樹理在地委受批判；7月20～21日，晉東南地委書記等貼出兩張很長的署名大字報，全面揭發趙樹理——披著「人民作家」外衣、「幹著反黨反社會主義勾當的資產階級藝術家」。

運動一開始並不只是把他作為一個「黑」作家來批判的，主要是把他作為「走資派」來批判；也涉及到他的作品與文藝觀點，但作為首要的要害問題被批判的，是他的政治觀點，是他在領導農業工作中的一系列言論。

文革之初，趙樹理言論：

背語錄是形式主義；

（貼標語、刷紅牆）瞎誤工，不如在地裡多幹點兒活。[3]

他虔誠投入運動，認真拜讀批判自己的大字報，還在上面恭恭敬敬題詩：

塵埃沾身久，未能及時除；歡迎諸同志，策我去陳汗。[4]

7月下旬，他被接連揪鬥，指為「黑幫」周揚樹立的標兵。8月揪到長治，頂著烈日批鬥。11月揪回晉城，冒著大風在廣場挨鬥。全省大張旗鼓批判揪鬥趙樹理，批鬥會上一拳打倒，一腳踏斷三根肋骨，又被「革命群眾」騙去手錶衣被。最可惡的是不讓檢查治療，三根斷肋刺入肺部發炎。1968年，再扣「大叛徒」。1969年揪回晉城，逼他站上三張摞起的方桌，故意將下層桌子推倒，摔下來跌斷髖骨。從此，趙樹理再也直不起身，無法躺也無法坐，只能雙肘撐桌、胸部頂住桌沿、頭埋兩臂之間。單獨關押後，大小便無法自理，這才允許小兒子每日送飯護理。

1970年6月，成立「趙樹理專案組」，趙押入省高級法院。7月，晉革【1970】第185號文件〈批判反動作家趙樹理的通知〉。至1970年底，《山西日報》批趙文章70篇。1970年9月18日，趙樹理被架到山西最大的太原湖濱會堂，由兒子攙著一步步艱難登台，接受規模最大的批鬥，只半小時，一片討伐聲中，趙樹理從椅上無力滑落。回獄後，軍代表逼他繼續寫交代。20日，趙樹理絕食，任何人勸說，都搖

---

[3] 王中青、李文儒：〈記趙樹理的最後五年〉，載《新文學史料》1983年第3期，頁153～157。

[4] 《趙樹理文集》第3卷，工人出版社（北京）1980年，頁1354。

頭閉目。22日，趙一臉蒼白，渾身顫抖，口吐白沫，說不出話，家屬兩次要求治療，軍管組不准。23日，趙樹理離世。

1949年後，趙樹理一路緊跟赤潮，1951年6月在主編的《說說唱唱》發表〈武訓問題介紹〉，7月影片《武訓傳》挨批，趙樹理跟著檢討。1952年1月，《說說唱唱》介紹種棉花發家致富，接到讀者批評信，趙再檢討：「用單純經濟觀點宣傳種棉」，沒有「給農民以更高的政治教育」，沒有「宣傳無產階級在國家中的領導作用」。

進城不久，胡喬木就批評趙樹理：

入京以後，事也沒有做好，把體驗生活也誤了，如不下去體會群眾新的生活脈搏，憑以前對農民的老印象，是仍不能寫出好東西來的。

趙樹理回到太行山區，繼續寫農村，1955年出版《三里灣》，發行近百萬冊。公社化前後，趙檢討：「我的最大錯誤是思想跟不上政治的主流。」反右至文革前，他寫得最好的還是「中間人物」。1962年文藝界大批「中間人物論」，矛頭便是對準他的。

1962年8月大連「農村題材短篇小說創作座談會」，趙樹理講了一段只有他敢說的真話：

《小二黑結婚》沒有提到一個黨員，蘇聯寫作品總是外面來一個人，然後有共產主義思想，好像是外面灌輸的。我是不想套的。農村自己不產生共產主義思想，這是肯定的。農村的人物如果落實點，給他加上共產主義思想，總覺得不合適。什麼「光榮是黨給我的」這種話，我是不寫的。這明明是假話。

如此堅持真實感受，不願虛與委蛇緊跟形勢，趙樹理將主要精力投入戲曲研究。去世前，不勝感歎：

這些年來，我幾乎沒有寫什麼，因為真話不能說，假話我不說，只好不寫。[5]

---

5 趙德新：〈趙樹理怎麼成了「貧下中農的死敵」〉，載《炎黃春秋》2007年第1期，頁25。

難熬至極的批鬥中，「革命群眾」要他低頭認罪，他答：「我沒罪。」又問：「你是什麼人？」答：「是有益於人民的人。」

一次批鬥會，指趙是敵人，他說：「你們把我當敵人，我可得把你們當同志。不然我不真成了敵人了？」

趙樹理死前除夕夜，對女兒說：

現在最紅的是江青、林彪，一女一男，一文一武，毛主席相信的就是一文一武。毛主席將來可能文的靠江青，部隊靠林彪，其他都不相信了，就相信這一文一武。唉，朝裡出了奸臣，就要謀害忠良，真是出了奸臣了。[6]

他留給妻兒的遺言：回鄉當個好老百姓，自食其力為人吧。

趙樹理未能認識到赤禍總根子，他那一代赤士的普遍局限性。1978年10月17日北京八寶山，趙樹理骨灰安放儀式，周揚主持，澈底平反昭雪。生前好友在沁水尉遲村為他修墓立碑。

終於「認識」趙樹理：他真誠信仰馬列，半道發現不對勁，真實說出認識。時代的不幸使趙樹理充滿疑惑，不可能從根子上認識赤潮的整體錯位，走不出「雖然……但是……」的邏輯怪圈，但他對理想的持守是真誠的，探索是努力的，價值前後一致，無偏無私，人格情操高尚可敬。他的悲劇清晰留下延安一代代紅色士林的求索腳印。我們不應也不能用今天的認識去苛求他，何況中國能走出極左陰霾，墊襯著他的一份貢獻。

一個真誠的人生活在歪斜年代，認謬為正，與端著刺刀的荒謬較真講理，如此這般，只能成為不幸「學費」。

2006-5-24　上海

原載：《文匯報》（上海）2006-7-26（刪削稿）

---

[6]　王中青、李文儒：〈記趙樹理的最後五年〉，載《新文學史料》1983年第3期，頁163。

百歲馬識途

　　川人馬識途（1915～　），1936年考入南京中央大學工學院化學系，1938年春在武漢加入中共，1941年奉命入學西南聯大中文系（從事學運），1945年畢業。1949年前歷任鄂西特委書記、川康特委（省級）副書記；1949年後四川建設廳長、省建委主任，中科院西南分院黨委書記，四川省委宣傳部副部長，西南局宣傳部副部長、省人大副主任、省文聯主席、省作協主席。1935年開始發表作品，著有長篇小說《清江壯歌》、《夜譚十記》、《滄桑十年》，紀實文學《在地下》，短篇小說集《找紅軍》、《馬識途諷刺小說集》。

出身書香

　　馬識途出生川東忠縣石寶寨書香門第，地處僻壤，但「我家閣樓上被塵封的帶著狗尾巴的官帽和『肅靜』『回避』的牌子」，父親當過縣長，開著酒坊，「算是官僚工商業者」，發蒙課本當然是孔孟之書。1920年代，川中鄉紳希望聘請的先生還是留辮的夫子，盼望有朝一日遜帝復辟，弟子們可上京趕考，報效皇帝、光宗耀祖。奈何北京那邊一直沒動靜，老夫子一個個抱恨終世，只能請來一位不新不舊的「半夫子」，讀得還是「子曰」「詩云」，照例只管督促學生背書，從不講解。哪次被抽到背不出，加上「半夫子」心情不好，就要「吃竹筍」（打手板）、「吃板栗」（敲腦殼）。

　　「半夫子」也講古聖先賢、節夫烈婦，即為什麼要愛我中華以及治國平天下的道理。此外，得演習禮節，逢年過節如何向長輩行禮，如何向祠堂裡的祖先、八月二十七孔夫子聖誕行三跪九叩大禮……不好好學禮，那就是「野人」了。

私塾教育，讀了古書，知道祖國乃文化古國，愛國之心從此沉澱。古聖先賢的事蹟文章，除了使孩子產生民族自豪感，還使他產生發憤讀書、追隨先哲、報效國家的志向。

1931年夏，少年馬識途乘船至萬縣參加中學會考。下川東十四縣七八百中學畢業生，川東最高長官王陵基主考，儀式一如前清鄉試：訓話、點名⋯⋯紅布香案鋪到石梯下，兩排衛兵組成「吼班」，王陵基點到誰，大聲傳下來，考生上前行禮，驗明正身，發准考證，尋號入座，端坐候考。一小時都沒點完名。

會考完畢，馬識途逛馬路，商店琳琅滿目、美不勝收。一問價格，噤若寒蟬，趕快退出商店，僅買一隻手電筒，備用夜行。但他失算了，城裡有路燈，不需要電筒。「那個電筒也就一直放著沒用，白費了錢，讓我深為失悔。」

接著，從萬縣赴京趕考，在武漢入住四塊錢一天的高級旅館。人生地不熟，也不知哪兒有便宜的。大概太貴了，記憶深刻。

聞蔣立正

1930年代，為樹立蔣委員長權威，國民黨開始搞「蔣崇拜」。學校集會，凡講到「蔣委員長」，主講人及聽眾必須起身立正，謔稱「聞蔣立正」。南京中央大學的軍訓營地緊挨中央軍校，常有大人物來做報告。上午出操，要人報告只能放在下午，因內容多抄於《中央日報》，台上一開講，下面東倒西歪嗑睡一片。要人也習慣了，照常念經，值日教官在台上看不下去，便發令「起立！原地踏步！」以驅瞌睡。有的大員見學生打瞌睡，便提一下「蔣委員長」，自己先起身立正，值日教官大聲「起立」！瞌睡學生被嚇醒，跟著起立。

於是，學生便以其人之道還治其人之身，各種集會、演講比賽頻繁提及「蔣委員長」，全場馬刺鏗鏘撞擊聲一片。一些大腹便便的要員，不斷起立、立正、坐下、起立、立正、坐下，會場紛亂，難以安

靜。如此這般，集訓營頭頭只好從實際出發，規定第一次「聞蔣」起立，再次提及不用起立，學生們「獲脫」不少。

1936年9月1日馬識途入中大。1937年5月，初進軍事集訓營，見軍官皮靴後跟裝有亮晶晶的馬刺，明明不是騎兵，為什麼要裝馬刺？後來才明白用於「聞蔣立正」，鏗然作聲，效果硬是不一樣呢！

「拉仗」撞車

1938年春，馬識途在武漢祕密加入中共，領命發展黨員。一位中央大學呂同學，也剛入黨，兩人不知對方已入黨，竟撞了車——互拉對方的「仗」。這位呂同學後在鄂東南與十幾人一起被活埋。這一時期，馬識途介紹幾位朋友去延安，後全部失聯，連姓名都忘了。[1]

同學中「擴紅」——發展黨團員，乃學生黨團員重要工作。岳陽貞信女中闞小姐李芳蘭（1917～2007），不滿副校長欺負貧困生，被一位團員暗暗觀察八個月，從悄悄塞遞赤刊到邀請入團，但因「不許告訴父母」，終遭芳蘭小姐拒絕。凡是同情窮人、敢於抱不平者，就會受到「組織」關注。[2]

1940年，四川黔江縣與湖北咸豐交界的朝陽湖心小島古廟，奔波革命的馬識途路過此地，題詞廟壁，很體現一代紅青心跡：

　　我來自海之角兮天之涯，浪跡江湖兮四海為家
　　韜光養晦兮人莫我識，風雲際會兮待時而發。[3]

湘鄂川交界的八面山脈，老黨員老田在山上搭了幾間草屋，躲隱亂世。山下雞飛狗跳抓壯丁，幾個小伙子在村裡呆不住，往外跑更

[1] 馬識途：《風雨人生》，載《馬識途文集》第9集（上），四川文藝出版社2005年，頁238、5～6、19～21、104～105、169～170。
[2] 李芳蘭：〈我接觸C‧P與C‧Y的經過〉，原載《傳記文學》（台北）第47卷第6期。參見《中共地下黨現形記》，傳記文學出版社（台北）1991年，輯一，頁106～109。
[3] 馬識途：《風雨人生》，載《馬識途文集》第9集（上），頁275～276。

容易被「抓壯丁」，於是上山「躲壯丁」。大家一起開荒種地，玉米
蔬菜，養些雞鴨，一起吃大鍋飯，紅苕洋芋管飽，難兄難弟，十分親
熱，日子過得很舒心。施（恩施）巴（巴東）特委書記馬識途上山找
到他們，覺得有點像桃花源：「你們這裡簡直是過起共產主義的生活
了。」老田不以為然：

　　天天吃洋芋紅苕的共產主義生活，我並不想過，大家也不想過這
樣的日子，誰不想下山回家和老婆娃娃過熱乎日子？就是吃糠咽菜也
比這裡好。

　　晚年馬識途就這段往事寫下一段有相當深度的評議：

　　我只是從書本上看到，共產主義社會沒有剝削壓迫，過集體生
活，共同勞動，合理分配，以為他們現在正是這樣，卻沒有意識到如
果沒有生產高度發展，生活非常富裕，個人完全自由，就是沒有剝削
親如兄弟的集體勞動生活，也不能帶來幸福，那只是桃花源式的烏托
邦幻想。老田卻是從他們的現實痛苦生活中體驗到，沒有衣食豐盛的
家庭生活，沒有個人的幸福自由，什麼「主義」的社會，對他們都是
沒有吸引力的。這一點是他們教訓了我，使我震撼。[4]

　　看來，晚年馬識途對「共產主義」多少有點新認識。

車伕事件

　　1949年底，共軍初入成都，一位軍管會赤幹見矮瘦黃包車伕拉著
一肥漢飛跑，很不爽，喝令坐車胖子下來，訓斥這種「不人道行為」
乃是壓迫剝削的「人騎人」，新社會了，要顛倒過來，肥漢拉車，矮
瘦車伕坐上去。事情傳開，全城沒人敢坐黃包車，也沒人敢雇挑夫。
成千黃包車伕聚集軍管會，要求「拿飯來吃」。經勸解，車伕們散
去，但還是沒人敢坐黃包車。賀龍聞知：「亂彈琴，不准人坐黃包

---

[4]　馬識途：《風雨人生》，載《馬識途文集》第9集（下），頁263～264。

車，他這個人道主義倒好，叫工人餓肚子。」軍管會再三向社會解釋准許坐黃包車，還是沒人敢坐。賀龍出主意：「你們找人穿上解放軍的衣服，坐黃包車在城裡繞一圈，不就行了嘛。」果然，黃包車漸有生意，一場風波平息。

軍管會成員的馬識途產生心得：

像澡堂搓背的、修腳的、飯館遞茶倒水的，還有一些其他服務性的差事，都允許存在。我們不能希望一早晨把對群眾有利的事情都辦完，這一條算是明白了。[5]

這則事件很能說明大陸赤難「災源」。居然要乘客倒過來拉車伕，顛倒上下，大亂甲乙，「改天換地」只能是製造人禍，金光閃閃的馬列主義，赤災源頭呵！

文革爆發，川省宣傳部長馬識途被李井泉祭刀──四川第一個被揪出的「走資派」，吃盡苦頭。好在壽長，2010年小說《夜譚十記》中的《盜官記》被改編影片《讓子彈飛》。2014年1月，馬識途「百歲書法展」，200餘幅書法作品賣出230餘萬元，全部捐贈給川大文學與新聞學院，設立「馬識途文學獎」。

馬識途一生，中共延安一代標本──「先傷害別人，再自己受傷」。馬識途的幸運不僅僅在於壽長，還在於晚年對馬列主義有所反思，至少「堅定信仰」動搖了，多少掙回一點人生「價值」。

2014-10-11　上海

原載：《傳記文學》（台北）2016年8月號

《同舟共進》（廣州）2017年第4期

5　馬識途：《風雨人生》，載《馬識途文集》第9集（下），頁678。

大陸知識界及各階層思想動態

時間：2013-6-11
地點：香港中文大學・中國研究服務中心

鳴謝

香港中文大學中國研究服務中心長年資助內地學人赴港訪學，矯正大陸歪斜意識形態，春風秋雨，滴浸滲透，得譽「文化黃埔」。筆者躋身「黃埔學員」，深為榮幸。

胡規習隨

中共「穩定壓倒一切」，穩定壓倒政改，嚴控電視報紙，次控期刊，再控書籍。筆者一冊《中國當代文學經濟生態》，無涉任何政治，所有材料來自大陸，只因時段「1949年以後」，河南人民出版社送審新聞出版總署，一年半還沒審下來。

中共政治似乎高深莫測，只能意會不可言傳，實則一望可知。習近平南巡講話為「新政」定調：不走「僵化封閉的老路」指堅持經濟改革，不走「換旗易幟的邪路」指不準備政治改革，繼續「打左燈向右行」，準備再滑行十年。大陸知識分子當然都「你懂得」。

知識界仍處半封閉

據筆者粗粗估算：大陸士林約50%不知海外動態，中共政工人員不少甚至不知香港「六四」維園燭光年會；85%大陸網民不知或不會

「翻牆」，國人大多仍停留於「淺思維」，被媒體牽著走，即西方新聞學界所稱的「魔彈時期」。[1]

中共長期高壓之下，大陸知識界只能習慣「繞著說」、「隔著說」。不少知識分子避談民主自由，自以為聰明、識時務。有的學者（尤其馬列專業）認為「三權分立鬧哄哄，有什麼好！」甚至認為當今政治很好了，毋需任何改革，就這樣萬萬歲！似乎老百姓吃飽穿暖就行了，已經「黨的光輝照你身」，不要民主自由了。其實，吃飽穿暖，有了「經濟基礎」，民主自由的需求更強烈，對上層建築的「配套」更感緊迫。

1980年余英時先生回訪大陸，描述大陸士林：

老一代的中國知識分子大都是以平靜的心情等待生命的終結；中年一代有的彷徨苦悶，有的隨世浮沉；年輕一代則或者腐化頹廢，或者憤世嫉俗，或者各謀一己的前程。……今天的桎梏力量主要出於五十年代從蘇聯搬過來的新傳統。青年知識分子因為不敢公開地反現實而拉出中國文化和儒家傳統來作替死鬼。[2]

二十一世紀初，四川文藝界一位八旬右派，判過刑、陪過綁（公審大會），私下對老「右」張先癡（1934～　）說：「如果你要寫關於傅汝舟的稿件，千萬不要用我真名實姓，我還有兒女。」高齡老「右派」圍坐擺龍門陣，有人怒斥高官，會有一二老「右」膽怯四顧，擔心「便衣」——

他們的內心世界裡，暗藏著一句用他們的遍體鱗傷換來的格言警句：「世上沒有共產黨幹不出來的壞事」。[3]

---

[1]　二戰前，西方社會輿論完全被媒體主導。媒體提供任何導向性資訊，輿論跟著一邊倒，媒體對公眾有「魔彈」之效。

[2]　余英時：《文史傳統與文化重建》，三聯書店2004年，頁506～507。

[3]　張先癡：《格拉古實錄》，秀威資訊公司（台北）2014年，頁98、326。

高知幕僚

2010年8月8日，筆者與江澤民幕僚劉吉（1935～ ）餐聚，此翁曾任上海市委宣傳部副部長、中國社科院副院長、全國政協委員，席間透露江總書記曾囑其研究歐美如何搞民主。他遍閱資料，五年後回復總書記：

現階段在中國搞民主，尚屬「半夜雞叫」，中國還不到搞民主的時候，應該先讓農民進城，等到農民提高素質，然後⋯⋯全國現有62%農民，他們懂什麼政治與國家大事？都票選起來，教授與農民權力相等，怎麼行？

劉吉還告知：「中國許多事可做不可說。」看來，中南海已不理直氣壯，敢做不敢說了，意識到必須出點格才能辦點事。僅此一語，便抖露出何以需要「打左燈向右行」。畢竟，「向右行」乃標標準準的「打著紅旗反紅旗」，說著馬列主義幹著資本主義，毛左故能以自居「指導思想」之正宗，改革派在意識形態領域占下風，只能幹不能說，鄧總設計師都高掛免戰牌──「不爭論」。

劉吉言論──

中南海認為左派右派都是一派，右派幫了左派的忙。中央說階級鬥爭不能講，沒有了，左派指著劉曉波：「怎麼樣？階級鬥爭熄滅了嗎？」因此，左右兩派都不行，一樣操蛋，就是一個派，互為依存；從這一意義上，就是槍斃劉曉波也沒什麼。

再過兩三代，沒人再提「六四」了；《李鵬六四日記》確為李鵬所寫，告誡全黨現在又面臨「六四」前夕狀況，必須密切注意社會動態，防微杜漸，勿使事態再次坐大──出現第二個「六四」！

「六四」之事本有回轉餘地，都是那幫學生領袖出去後明確反共，這難道還能不鎮壓嗎？

席間有一位五旬紅二代，當即頂回去：「劉吉先生，你是沒在現場，沒看到那副慘相，只要看到了，反共是一種本能呵！」劉吉愕然。

民主自由成共識

自由根植人類本性，除了既得利益階層，大多數國人從內心嚮往民主。4月15日，《人民論壇》官網推出「三信」民調：「信心（對中共）、信念（對社會主義道路）、信仰（對共產主義）」，不到六小時即關閉，刪除相關微博，因為75～80%投反對票，而且「反動」趨勢還在上升。

新左派（汪暉、甘陽）影響甚小，立論偏怪，鮮寡徒眾，拉不到什麼青年了。毛派聲音雖大（因積極性特高），但講不出什麼道道，尤其拿不出史實性論據。毛派並不真正關注底層，只是借底層弱勢民眾表達赤左政見，只能在情緒方面影響底層，毛派邏輯與現代普世價值脫節太大。

人文知識分子

人文知識界雖受種種壓制，但多少能發點聲，政府很討厭的「麻煩製造者」。另一方面，中共通過課題籠絡士林、「管理」思想。由於與政府合作利益巨大，課題費至少十來萬（甚至上百萬），誘惑甚大，「課題」成為政府與知識分子合作的橋梁。

人文知識界心存餘悸，出於歷史慣性，對政治仍揣畏避。最典型的自慰語：「說那些玩藝兒幹啥？說了也沒用！」日前，筆者與幾位教授同事餐聚，本人直評校長、批評中共，他們一個個臉色張皇，要我只說風月，莫談國是。

滬上一位資深文藝評論家：「我不敢評點共產黨，只敢評點余秋雨！」

一位六旬女士撰文《炎黃春秋》：

不怕死的中國人也不少見，重要的是有各種理論，消解你說真話的願望和信念……在政治運動中撒的謊，往往是受到黨國利益的驅

動，自己也可以原諒自己，諸如顧全大局⋯⋯說了彌天大謊，可以面不改色心不跳，不必受良心譴責⋯⋯中國不講誠信是群體道德的缺失，是在「正義」掩蓋下的非正義行為，這是制度的塑造，並不完全是個人的責任。[4]

也有知識分子在漸漸說真話。武漢大學前校長劉道玉（1933～ ）：

20年搞的是「假義務教育」，誤導民眾⋯⋯1985年制訂《義務教育法》，2006年才宣布免除農村學生學雜費，2007年免除城市學生學雜費。之前所謂義務教育，是學生家長買單，政府落得義務教育的好名聲的假義務教育。[5]

《炎黃春秋》、《同舟共進》等刊的聲音越來越響，完全依靠民間訂閱的《炎黃春秋》發行量逼近20萬。

筆者「脫恐」過程

筆者「脫恐」過程或有一定典型性。2005初首次訪學香港，蔡姐（蔡詠梅）見我一臉驚惶，第一句話：「不要怕！」投稿《開放》前，筆者思想鬥爭激烈，一想到公開「反動」，自幼積沉的恐怖從心底騰起，掂量半天，只敢用筆名「碧水」。最初，妻子審讀每一篇投港拙文。稍後，意識到在為民主「試水」，總得有人一個個站出來，勇氣稍增。2007年，有關部門從上海作協找到「碧水」，三擾本人復旦博導陳鳴樹教授，打探我的來歷——如何考的復旦博士？如何進的上海財大？既已暴露，破罐破摔，亮用本名。中共似有進步，一直「圍而不打」（同事贈語），多少給點自由度，包括這次能帶四名研究生出來。

---

[4]　劉志琴：〈請理解老一代——懷念李慎之〉，載《炎黃春秋》2008年6月號，頁25～26。

[5]　劉道玉：〈教育需要一場真正的變革〉，載《同舟共進》（廣州）2009年第2期，頁7。

2007年，人文學院許副院長奉命對我長篇訓誡，連勸帶嚇，撮要摘錄：

你要盡知識分子的良知，盡有識之士的責任，不在《開放》上發文章就不行了嗎？實現願望難道只有靠硬拼？歷史會因你喊了兩句口號而加速？會因你寫了幾個字就改變方向？癡人說夢！你太高估自己了。你的歷史觀太偏頗了，價值觀太幼稚了。有大智大慧的人應順應歷史慣性而最終掌握歷史、改變歷史。

你要做一個有思想的學者，要用你的研究與思想影響國家決策者，做系統研究、搞出一個政治思想學派，成為知識分子研究大家，這是你應努力的方向。不要對具體事說三道四，更不要做觸碰政治敏感區域的小嘍囉，這非但不是高級學者，而且極易成為被另一種政治力量運用的棋子，這樣下去，遲早是悲劇，而且是會被歷史遺忘的犧牲品。這一點你難道不清楚嗎？憑你老裴的智力、學識，做一個大學者並非不可能，做一位能影響決策者、有建樹的學者也並非不可能。做思想的將帥，莫做炮灰，小心粉身碎骨！

2012年，一老友（教授）私問：「在香港發這樣的文章，老婆擔不擔心？」兩周前，京上一位七旬老友來滬面誡：「寫這種文章有啥用？不要無謂犧牲。」恐懼使大陸士林習慣性「棄權」，既是「政治上成熟」，好像也是「識時務者為俊傑」。我一位女碩士生的父親為處級官員，告誡其女：「跟裴老師主要學知識」。

希望平穩過渡

知識界對政改較悲觀，認為官方掛幌政改，並不真準備動真格。民諺：「五年看改，十年看埋。」認為這次仍有可能像晚清，革命再次跑贏改良。王歧山薦讀《舊制度與大革命》，似乎擔心法國大革命重演。體制內也有人認為政改無望，寄望尚在歐美的留學生，要等這一代青年成長為領導人，才能完成政改。

俞可平（1959～　，中央編譯局副局長）：

我相信絕大多數人都不想突變，因為突變是一個民族的災難，但唯有突破才能避免突變。如果在有些問題上不突破，代價將不可估計。……許多重點領域的改革都存在一定的風險，沒有風險的重大改革幾乎不復存在。[6]

不行政改，權力不受制約，社會失去制衡，貪官人數還在惡性膨脹，持續侵蝕社會公平。權力越來越值錢，腐敗也就越來越嚴重。大型國企據說還有40萬億可撈。

民主憲政的優越性穩定性十分明顯。目前尚未出現比民主憲政更優越的政制。2013年GDP預計數值：美國15.8萬億美元，中國8.3萬億，日本5.3萬億，德國3.4萬億，資本主義的先進性仍不可動搖，這還沒算差距更大的「人均」。

農民工階層

2.6億農民工進城，6000萬農民永遠失去土地，難以回鄉，又無法融入城市，房價太高，薪額有限。一旦經濟減速，失業增加，農民工將成為「非常不穩定」群體。前途黯淡、失落強烈，即便沒有知識分子前去「結合」，他們也提不出明確的政治要求，但自然天性使他們不甘階層固化，必然要求「公平」，要求擁有進入「上流社會」的通道與空間。

一項跟蹤十年的調查：改革獲益較少的底層民眾，對政府滿意度反而高於獲益最多的官員、商人、知識分子。[7]這項調查清晰表明：底層民眾受文化限制，仍處於「容易管理」的愚昧狀態，仍需知識分子代言，即仍具有知識分子前去「結合」、去「發動」的歷史可能。

---

[6]　俞可平：〈推進改革需要自信〉，載《同舟共進》2013年第3期，頁4。
[7]　俞可平：〈推進改革需要自信〉，載《同舟共進》2013年第3期，頁4。

各階層共同不滿

一、不滿貪汙腐敗，貪官汙吏一茬茬。鐵道部長劉志軍房產374套，贓款總值逾8億；各路貪官攜1500億連人帶錢出境，監管機制太弱了。這次來香港上浦東機場，出租司機說他為官員開專車油水很足，三天跑26家申請世博會期間不停工的基建工地，每家給一隻信封（500元）、兩包軟中華（折價140元），三天扒近1.7萬，但他仍咒罵「集體腐敗」。

二、不滿假話空話。江澤民說中共沒有自己的特殊利益，有違常識。世上會有沒有自身利益的政黨麼？這樣的政黨還需要存在嗎？

三、不滿兩極分化，基尼係數已達0.5%以上。

三種不滿也是官場共識，社會彌漫仇官情緒，研究者估計貪官汙吏高達80%。被趙紫陽不幸言中：「人人下水，個個沾光。」[8]

知識分子還有一項最最不滿：不能批評黨和政府。新版「兩個凡是」——凡是黨的成績必須「歌德」（頌揚），凡是黨的錯誤不能「缺德」（批評）。得自覺為「偉光正」守諱，為黨的錯誤尋找客觀理由。「被代表」、「被思想」、「被規定」的感覺很不爽，無法忍受。既然是公僕，為什麼不許「主人」批評？一個不受批評的政府會是真正的「人民政府」麼？

青年左偏底色

一、中共對青年持續開門擴招，黨票「地板價」發售，大學生、研究生很容易入黨。1950～60年代，黨票可難如登天，一證難求呵！

二、福柯：「誰控制了人們的記憶，誰就控制了人們的行為。」官方洗腦政策很成功。一些青年受《環球時報》等左媒影響，對歷史

---

[8]　宗鳳鳴輯錄：《趙紫陽軟禁中的談話》，開放出版社2007年版，頁163。

對現實歪著看。我一名27歲男碩士生（2012級）：「裴老師，你對政府為什麼不能寬容一點？」「我們的常委制比美國好——內部暢所欲言，對外團結一致。」2013年初，此生嫌我太「反動」，叛出師門，另轉導師。

三、當代大陸青年絕大多數不瞭解宗教，一說就跳，中西實質差距之一。

四、多數青年只惦著「過好自己的日子」，對政治無興趣，對歷史沒熱情。我的碩士生很難理解我對歷史對政治的這份關注。

青年不可能不被動繼承歷史，史料資訊、價值判認、邏輯建構、觀念意識，不可能不接受社會的自動傳輸。由於對歷史掌握甚少、對現實了解過淺，大陸青年大多回避政治，但電子時代使青年不可能不接觸「非馬」，自由乃人類天性，「自由化」乃時代大趨勢，無可逆轉。

歷史大曲線

五四打倒孔家店，如今天安門前重樹孔像，當年呼喊革命，如今「告別革命」，百年國史走出大彎折大回蕩。對孔子一棄一迎，標誌著國家運行方向對歷史理性的背離與回歸。知識界也越來越意識到中國的全面落後，清晰看到中西實質性的人文差異。

激進的五四新文化運動，以浪漫文學引導公眾、聳掀輿論，孵生革命。如今「告別革命」成為輿論主導。革命使社會失羈脫軌，長期宗奉「革命不是請客吃飯」的暴力。當然，對革命的這條認識曲線，使中共兩頭受益：既靠第一波革命暴力奪政，也靠第二波非暴力「告別革命」持續維穩。但中共的麻煩是必須面對巨大的價值悖反，既要證明共產革命的必要性——政權來源的合法性，又要維持「改革開放」的必要性——恢復私產的合理性。習近平提出「兩個不能否定」——既不能用改革開放否定毛時代，也不能用毛時代否定改革開放。

奈何兩個時期的方向完全悖反，南轅北轍，如何統一？如何連貫？

最佳前途──中共自行「拆違」

赤說已被證謬，革命已無後來人。國際共運的慘烈實踐證明：企圖為人類重新立法的馬克思主義違背「觀俗立法」的法學基本原則，不合人性，以剝奪人權為地基，紅色大廈建於烏托邦沙灘。百年國際共運從反面證明：惟符合人性的「主義」，才可能符合人類基本利益。

1986年5月10日，鄧小平對加拿大總理瑪律羅尼說：二十一世紀中葉中國人均GDP將達四千美元。2012年大陸人均GDP五千美元，資本主義這位「勤快的小伙子」（馬克思語）提前三十年完成任務。「西風」以實績證明優越性，再想用西風的經濟績效（向右行）證明東風（打左燈）的正確，可乎？能乎？

經濟全盤西化，資本主義全面復辟，中共仍以「東風」費力解釋「西化」，處處彆扭，時時尷尬，難以持續，大陸意識形態必須拆除紅色違章建築。可中共還在硬撐，還將自由民主斥為「資產階級自由化」，好像無產階級不需要自由只需要約束，集體與個人的價值序列仍被顛倒甲乙，個權仍被論證成罪惡淵藪。赤說顛倒革命與人權的關係，好像人們生來就該為革命服務，而非革命為人類服務。

修正赤說、嚴正批毛、重評反右、徹揭文革、解決六四、政制改革……一項項必須完成的歷史功課。這場政改，中共握有頂層設計的地利，「顏色革命」代價最小陣痛最低。事實上，對中共也最有利，順道完成自身的現代化轉型，也能沾享「改革紅利」。

必須轉型

《人民日報》前副總編周瑞金（1939～ ），撰文抱怨政府效率太低，發達國家政府行政開支一般約占財政支出6%，中國則高達

30%。公共服務領域，民主國家占50～70%，中國僅約20%。[9]這組數據表明不政改，不動大手術，無法解決政府如何用錢。

但社會轉型需要政治觀念配套轉型，頂層設計須以中南海認識轉型為基礎。惟高層逐漸放權，基層才可能逐漸擁權。自由漸增，才可能保衛權益。而所謂國家權益，當然必須落實於國民個權。國民只有明確自身個權，才可能真正理解國家權益、捍衛國家權益，個體茁壯乃國家強大的地基。強調中央集權還是公民個權，乃封建專制與現代民主的清晰分界線。

京士預測，如大陸經濟不像前十年順暢，高層分歧會更大，路線鬥爭會更激烈，擺平更不易。解決衝突的規則十分重要，沒有公平的政治規則，各階層都會有被剝奪感，高層也擔心隨時會被罷黜。薄熙來事件的實質還是最高權力交接時的「路線鬥爭」（溫家寶語）。

就算各種危機都應付過去，經濟增速在未來10～20年必然下降，財政好日子將結束。那時，國有資產瓜分差不多了，油水越來越少，麻煩越來越多。失業增加，財政危機，窮人要福利，富人要抗稅，內外危機積增。同時，官僚階層不會停止追求利益最大化，不會不顧及自身財產和生命安全，他們也日漸形成共識——在權力尚能控制下向憲政過渡，大多數官員也在期待轉型。

仍須知識分子「領先」

以現實國情，民主憲政仍須依靠知識分子推進，既須啟蒙民眾，更須給中共上課。長期生活在專制環境，全體國人（包括政治局）無從感知民主、無以理解自由，認識不到民主自由的價值與優越性。

走在前面的知識分子當然會有危險，得有進提籃橋的準備。諺云：「領先三年是先進，領先三十年成先烈。」幸好中國在進步，知

---

[9]　周瑞金：〈轉型期改革的關鍵在哪裡？〉，載《同舟共進》2013年第3期，頁11。

識分子如今一般只「領先」三至十年，壓力相應減弱。大陸士林要求很低，只要還能說點話，就感覺社會在進步。作為個人，如倒在「黎明前的黑暗中」，只能說是自我選擇。我對好心規勸的上海財大副書記說：「大不了進提籃橋，在裡面教書，估計那兒也埋沒不了本人專長。」

2013-5～6　上海
原載：《揭露》（香港）2013年8月號

當代新武訓

　　1999年5月18日《杭州日報》（下午版），長篇報導〈山東有個新武訓，要做中國諾貝爾〉。

　　葉蔭棠（1928～1998），漢口人，1948年上海海關稅務學校畢業生，分配廣州海關，當過外國領館譯員；1953年考入華南農學院，1957年劃右，下放廣東三水農場、山東成武縣賈樓村勞改；1978年「改正」，成武第一中學高級教師，縣級優秀老師，1998年12月9日猝逝。

　　1981年，他在幹部履歷表上「注明」──

　　我立志學習諾貝爾，死後用遺產設立基金獎勵科學創造，遺體作科學試驗。

　　葉老師終身未娶，節儉至吝：上菜場揀殘菜剩葉、進食堂與老太太爭搶學生丟棄的饅頭……臨終時，上身穿著50年前廣州海關制服，裡子「條分縷析」爛成網狀；下身1967年濟南做工時發的勞動褲，綴滿補丁，褲襠「校門」縫上，為了前後都能穿；腳上學生丟棄的破運動鞋，兩隻鞋號不一且一順（同腳），鞋帶是輸液塑膠管；內褲是撿來的三條破圍巾縫的「三色褲」。葉老師的炊具：一只鋸掉半截只能裝一塊煤餅的爐子、一口用了二十多年鏽跡斑斑的菜鍋。遺物除一台電視機，其餘都是破爛，但留下囑設獎學金的70張存摺，共計13萬元，當時當地算一筆巨款。

　　以葉老師的經濟條件，1978年「右派」未改正前，不可能有積蓄。1978年恢復工作，月薪也就40元；1988年退休，退休金700餘／月。二十年攢下這筆款，月均支出得30元以下。逝世前一月收支記錄：收入：775元；支出僅一項：水電費1.5元。真不知「零消費」的日子怎麼過的，他有「葉氏五大節儉理論」。

　　1999年2月26日，成武第一中學設立「葉蔭棠獎學基金」，縣委

宣傳部、縣教委號召全縣教師向葉蔭棠學習。4月1日，菏澤地委宣傳部授稱葉蔭棠「當代新武訓」，號召全地區教職員工向他學習。

讀完長篇報導，唏噓之餘，總覺得哪兒不對勁，似有誤區。稍一深想，事情好像還有點嚴重。

毋庸置疑，葉蔭棠先生的「設獎」值得肯定，但他節儉方式，怎麼看都是五六十年代「走極端」的舊作派。那會兒我國哲學水準較低，人們習慣於只要目的正確，便不顧方式方法，社會輿論也推波助瀾。今天，我們已走出左傾漩渦，既要考慮目的，也要兼顧方法，辦好事也得講究科學理性。對照之下，葉老師如此自苦，走至極端，已近折騰，與當今時代落差甚大。

作為個人，葉老師有權對自己「不擇手段」，但代表社會理性的政府部門，籠統地、不加分析地號召向葉蔭棠學習，有失妥當。難道號召大家都不管不顧個人生活，像葉老師這樣為教育事業自苦至斯？往小處說，有悖社會常理。往大處說，不合現代文明。

文革後，宣傳部門發過文件，不再提倡無必要的自我犧牲，不再將「私」置於「公」的對立面，不再提倡「大公無私」。今天提倡在尊重個人權利的基礎上尊重別人權利，在提高自己生活品質的同時兼顧別人。總之，今天已不再將個人與他人與社會對立起來，公眾利益包括個人利益，脫離個人的社會利益並不存在。

分析一下葉蔭棠的思想軌跡，其認識誤區一覽無餘。葉老師對友人說：「人的幸福不在於吃好吃孬，在於自己的吃法，在於怎麼認識。」典型的主觀決定論，真正唯心主義。既然幸福只來自主觀的「如何認識」，那麼改造現實客觀世界還有什麼意義？

1979年清明踏青，葉老師神情莊重地對至交說：

人生短暫，去日無多；良田萬頃，日食一升；大廈千間，夜眠八尺。一個人的欲望實在不能太多。我要積攢一筆錢，仿效諾貝爾，死後設立獎學金，請不要再給我提找老伴的事兒了。

淡於人事，個人自由，旁人無權干涉。但如此看淡生命看淡欲

望，使我看到晃動其間的「滅欲存理」。如這一「無欲則剛」發揚光大，形成潮流，豈非大大壞菜？二十年改革開放最重要的人文成果便是確立個人價值，在意識形態領域扳回個人欲望的正當性。如果都像葉老師那樣否定欲望，豈非重回「滅欲存理」的老路？各種現代價值理念再失支點。

如都像葉老師那樣僅僅維持最低生存，那麼房地產業、餐飲業、服裝業、各式商店豈不都得關門？失業人數大大增加？人民生活水準如何提高？就是與當前中央提倡的「擴大內需」經濟政策，也相違相悖。再說了，葉老師追求的「將教育搞上去」，最終還不是提高生活水準？如果連提高生活水準的願望本身都粗俗邪惡，社會豈非永遠停擺原始狀態？

葉老師有「澈底貢獻自己」的自由，政府則無號召學習的必要。對於葉老師這種有違當代價值觀念的極端行為，實應分析對待。設立「葉氏獎學金」的同時，應指出這一自虐方式的偏頗。葉先生以極端方式積款設獎，亦非毫無私念，多少裏含「流芳百世」，雁過留蹤。

尺寸允正，恰分適度，理性重大標誌。「葉蔭棠事跡」實為大陸紅色內傷典型──澈底否棄個人權益，這一價值走向深深影響了幾代人。2005年，上海大學中文系主任鄧牛頓教授（1940～），撰文〈看望雷鋒〉，無意流露出「紅色內傷」──以歪為正，還在散播「否定個人」的紅色歪論：

雷鋒你說：「凡是腦子裡只有人民、沒有自己的人，就一定能得到崇高的榮譽和威信。反之，如果腦子裡只有個人、沒有人民的人，他們遲早會被人民唾棄。」是的，這幾十年的歷史印證了你的話：在共和國的土地上生長起一批又一批為人民服務的英雄模範……[1]

1999-5-18　杭州・大關（後增補）
原載：《中國教育報》（北京）2001-2-20

---

[1] 鄧牛頓：《我從瀏陽河邊走來》，香港世紀風出版社2007年，頁20。

明孝陵是誰的墓？

2013年10月8日，國慶長假結束，第一天上課。學生為五名2013級「現當代文學」碩士生。滬上正值颱風「菲特」，豪雨如注。兩名男生先到，三名女生還沒來，與兩名男生隨便閒聊，不料聊出一陣驚訝、一篇文章。

扯問兩名男生長假期間活動。閩籍男生說去南京玩了三天，然後花兩天時間騎自行車回滬。再問去了南京哪些地方？回答中山陵、夫子廟、秦淮河、南京大學、東南大學……「老師，聽你的話才去參觀兩所大學，有點感覺吶。」

問：怎麼沒去明孝陵？

答：聽說要門票，我去的那些地方都不要門票。

問：哎呀，到了中山陵，都到明孝陵邊上了，怎麼也應該拐一下去看看。

答：老師，明孝陵是誰的墳墓？哪個皇帝的？

我一下瞪大眼睛：「怎麼，你連明孝陵是誰的墓都不知道？沒想到！沒想到！」轉身問另一魯籍男生：「你知道嗎？」

閩籍男生很自信地輕蔑一笑：我倆一屋，我知道他肯定不知道。

魯籍男生接腔：你學歷史的都不知道，我學中文的就更不知道了。

還真忘了這一茬，閩籍男生本科乃福建閩江學院歷史系，正經史學出身。魯籍男生本科魯東大學中文系，文學學士。歷史本科生竟不知明孝陵是誰的墓，我再一次被「雷」，一時不知說什麼好，只能告訴他們：

明太祖朱元璋的墓呵？你們總不會再問「朱元璋是誰吧」？

兩位男生笑了。閩籍生拍拍腦袋，懊惱地說：

哎呀，其實只要稍微想一下，應該推測出明孝陵是朱元璋的墓。

明朝就一個開國皇帝死在南京，只能是朱元璋嘛。

三位女生遲到12分鐘，沒等她們坐下，我急著「調查」──

知道南京明孝陵嗎？誰的墓？

湘籍女生、內蒙女生均搖頭，只有本科在南京讀的川籍女生知道：「明朝開國皇帝朱元璋。」

那幾天，像中了邪，逮誰就問「明孝陵」。次日，上研二生的課，七位學生，逐一問「明孝陵」。兩位女生知道，五名（二男三女）不知道。兩位知道的研二女生，一位南京讀的本科，但未去過明孝陵；一位今年春上赴寧旅遊，去了明孝陵。

10月11日，移美小姨夫婦來滬，與知青出身的連襟聊起「明孝陵」，不料這位中國本科生、美加理工雙博士，也不知道「明孝陵」，還說：「明朝皇帝的墓不都在北京麼？」聽我介紹完明初從南京遷都北京，小我三歲的連襟很感慨：

我們這代人的歷史還真不行，高中拉下的活兒。我文革時期上的高中，歷史課取消了，改成黨史，弄得我們這代人整一個就是歷史盲。

奈何，趕上反右後長達二十年的「厚今薄古」，我們知青一代的史學底子硬就這麼低。

這些年，文科大學生、碩士生歷史常識的無知，一直使我深受刺激。一次，真正「澈底雷倒」。三年前，家裡餐桌上隨便聊起林彪、「九‧一三」，畢業於上海大學理學院的兒子丟過來一句：「林彪？誰呵？」剎那間，我與妻面面相覷，兒子居然不知道林彪!!我這個操弄現當代史的文科教授，自己的兒子竟不知道林彪?!看來，真是「淡化」得可以、相當可以了，以至於我24周歲的兒子不知道「林彪」!!

史學學士不知道明孝陵很不應該，理學學士不知道林彪更不應該。這才離文革三十幾年，我們知青一代還不敢妄稱「文革遺老」，下一代已問出「林彪是誰？」那陣心痛，深入骨髓，腦袋大聲轟鳴：

呵呵！千萬不要忘記！千萬不要忘記！

歷史健忘症，此之謂也，算是有了觸擊靈魂的「深刻認識」。

　　病在孩子，根在父母。中學歷史教材看來很有問題，至少歷史本科教材明顯存在缺陷。史學學士問出「明孝陵是誰的墓」，實在不可原諒。

　　我國當代史學教育一直令人頭疼，很麻煩，當然也就很有問題。敏感區太多，須「照顧」的地方太多，這個那個，政治課太多，擠佔歷史等常識課程，弄得青年頻出洋相，從古代史出到近代史，再出到當代史，最後竟至「林彪是誰」?!

　　病象如斯，怎麼辦？總得想想辦法支支招，做點什麼吧？其實，我們知青一代最缺的也是史學這一塊。筆者全靠自學與文革後「惡補」，才逐漸一環環補上。1960年代小學，尚有印象的：〈朱德的扁擔〉、〈關向應同志二三事〉。文革期間的初中，只有黨史課，沒有歷史課。拙妻1970年代杭州第一中學高中畢業生，惟一有印象的只有「儒法鬥爭史」，其他國史「相當悲慘」。

　　無論如何，當代大學生總該知道林彪、歷史本科生應該知道明孝陵。中國人可以不知道美國的「五月花」、英國的「大笨鐘」、法國的「馬其諾防線」、但怎麼也應該知道「林彪」、「明孝陵」吧？

　　接著，我布置那位不知道明孝陵的史學本科生稽考「為什麼叫明孝陵」？得讓他澈底知道明孝陵。他上校圖查閱《明史》，11日晚來了Email：

　　裴老師：（清）張廷玉等撰《明史》（28冊），中華書局1974年版，第1冊第55頁，「遺詔曰：『朕應天命三十有一年，憂危積心，日勤不怠……孝陵山川因其故，勿改作，天下臣民，哭臨三日，皆釋服，毋妨嫁娶……葬孝陵。諡曰高皇帝，廟號太祖。』」

　　可見，朱元璋死前定的「孝陵」之稱，《明史》第1冊40頁提到「庚午，葬孝慈皇后於孝陵」。網上搜得「明孝陵史料陳列室」，導遊詞中說「明孝陵」稱謂來源推測為二：①馬皇后諡號「孝慈」，故稱「孝陵」；②朱元璋主張以孝治天下。故稱「孝陵」。個人愚見：兩種說法都有一定道理，沒必要非認定哪一說法才是對的。問題是兩

個論據是否站得住？

　　這位閩籍生接著分析一番，認為兩種推測都站得住腳。他能有「論據是否靠得住」的意識，使我多少領略他的史學功底。儘管出了一點洋相，問出「明孝陵是誰的墓」，畢竟四年史學本科，還是打下一點底子。筆者回函：「孺子可教矣！」

2013-10-10～11　上海・三湘
原載：騰訊網（深圳）「大家」2013-10-21

文化與革命

文化是一切社會行為的底盤

　　任何革命都可歸結為文化問題，或曰任何革命必然受制於文化，身後都矗立著文化支撐，一舉一動必然是文化的支配——無論目標設置還是路徑設定。任何人只能生活在前人制訂的規則之中，「每代人都必然被前一代人所統治」[1]。托馬斯・傑弗遜（Thomas Jefferson，1743～1826）：「讓每代人都受自己理念的統治吧！」每一代人都連著他那個時代的思想與文化。

　　各路革命者當然也來自歷史，雖然他們不希望受縛於歷史，但很難掙脫歷史束縛，他們本身就由歷史砌成。因此，革命必然受制於革命者對革命的理解，革命的質量取決於革命者的文化能力。從終極制約上，人類一切行為都只能是文化的外化，一切選擇的背後都有文化這隻「看不見的手」。

　　十九世紀中葉以來大漲大落的國際共運，當然也是現代文化一部分。除了體現人類走向現代化過程中難以避免的認識誤差，也暴露了一系列深層次的文化問題。最令人痛心處：一、馬列赤禍僅僅源於對基本經驗的生硬違背，犯了最低級的人文錯誤；二、人類認識能力的提升仍需支付巨大實踐代價，仍會走出巨大彎路。

　　古往今來，所有革命總是提出重新安排社會秩序，必然與既有文化發生種種衝突。因為，一切既有文化均來自傳統，革命既然要變更社會制度，自必連帶變更文化層面的觀念。

　　不過，革命不可能僅僅取決於革命者的意願，最終必然是社會各

---

[1] （英）達爾伯格・阿克頓：《自由與權力》，侯健、范亞峰譯，譯林出版社（南京）2011年，頁323。

方博弈之果。分娩於西歐的共產赤說，之所以著床落後的俄中東歐朝
越古柬，雖然原因複雜，歸根結底還是文化問題，即這些國家的文化
能力較弱，無法辨認貌似先進的共產赤說所裹帶的反動內質，炫惑於
所謂的「一勞永逸」。越是落後的國家越容易接受重換山河的改革設
想，就像越窮越嚮往一夜暴富、越容易做夢。這才給了史達林、毛澤
東、金日成、波爾布特等赤魔舉著紅旗幹黑事的歷史可能。

　　馬克思主義之所以被產地摒拒，自然不是西歐「反動力量」過
於強大，而是西歐文化過濾能力相對細密，知識界很早就從英法革
命中意識到暴力革命的可怕，產生了柏克（Edmund Burke，1729～
1797）、阿克頓（Acton，1834～1902）這樣的思想家，認識到革命對
既有社會價值的摧毀，深刻指出——

　　革命是自由的敵人。

　　對改革的鼓吹和煽動——儘管遭到殘酷的鎮壓，比把改革的必要
性毫無保留地告訴人們的行為來得更加危險。[2]

　　西方近代人文理念凝聚起強大合力，終於成功摒拒馬列赤潮。西
歐的先進是整體的，先進文化孵生先進政治、先進經濟，先進政治、
先進經濟又保護先進文化，建立起一整套有效的人文理念與社會制度
——市場經濟、言論自由、三權分立、社會契約、個性解放、人權至
上、票選表決……若無這些現代理念與社會制度的牢固確立，怕也
很難抵禦共產幽靈。畢竟，「終極解決一切社會弊端」、「消弭一切
人類爭鬥」，很有誘惑力呵，「無比壯麗」呵！人盡其力，均產共
用，無爭無鬥，無罪無惡，不是千好萬好麼？能一開始就認識到共產
學說的烏托邦內質，匯聚成國家共識，不僅僅是政治問題，也是文化
能力問題。如今中國大陸思想界或能意識到：英國近代濃厚的保守氛
圍，正是來自對英法大革命的深刻解讀，正是英國得以摒拒共產赤潮
的文化絕緣層。

---

[2]　（英）達爾伯格‧阿克頓：《自由與權力》，頁323、305、287。

迅雷烈風的激進革命孕育於激進的文化，激進的文化當然著床於幼稚的社會，看不到現實的種種制約，願望代替客觀可能。赤色革命歸根結底也是現代文化一脈亞種，革命之初進行「思想宣傳上的準備」，必然體現對文化的某種突破，必然對文化提出種種抨擊與價值顛覆，總是通過對現實的批判為自己鳴鑼開道。而批判現實必然連帶傳統文化、社會秩序，文化革命必然導致思想革命，思想革命勢必引發社會革命。因此，傳統文化既是革命的對象，也是攔濾革命的第一道堤壩。

中國傳統文化未能攔濾馬列赤潮，自然說明傳統文化的虛弱落後。事實上，正是儒家「大同」（均產）與共產主義疊合，馬列赤潮才獲得與本土文化的結合點，才得到寰內士林普遍認同，短短十餘年（1920～30年代）就站上輿論制高點。「革命」一萬歲，偏激已上道。抗戰末期的聞一多（1899～1946），認為舊學無有一點價值，竟將儒道與土匪並列——

講起窮凶極惡的程度來，土匪不如偷兒，偷兒不如騙子，那便是說墨不如儒，儒不如道，……威爾斯先生用《春秋》的書法，將儒道和土匪並稱，這是他的許多偉大貢獻中的又一個貢獻。[3]

聞一多主張完全摧毀舊學才能獲得新生。偏激聞氏向得中共高調捧抬，走到文革，豈非赤色文化之必然？

從源頭考察，赤潮之所以滲透中國，得力於五四新文化運動對傳統思想的摧毀，為赤左學說撕開理性堤壩的大口子，提供了最最重要的價值基礎——「革命萬歲！」凡新必美，凡變就是進步就是革命，反之就是保守就是反動。屈辱挨打的近代史，使五四士林急於「求新聲於異邦」，不假思索地整體拋棄傳統理性，使馬列赤潮輕易撬開歷史理性這道閘門，漫堤溢壩，肆行惑眾。1912年5月20日，戴季陶（1891～1949）在上海《民權報》發表24字的〈殺〉：

---

[3] 聞一多：〈關於儒・道・匪〉，載《中央日報》（昆明）1944-7-20。參見劉殿祥編：《聞一多》，華夏出版社（北京）1997年，頁325～326。

熊希齡賣國，殺！唐紹儀愚民，殺！袁世凱專橫，殺！章炳麟阿權，殺！

戴季陶反對新生的民國政府向四國銀行借款。熊為財長；唐為總理、袁為總統，章因贊成借款被捎帶。這種「殺」字當頭的思維，能容異嗎？符合民主自由原則嗎？能引導國人走向「共和」嗎？國民黨「殺」得，共產黨自然也「殺」得。

各路史家甚為痛心：「國共合作之初，國民黨自己在摧毀傳統文化結構方面，也做得很積極。」在撬開傳統理性這道重閘時，國民黨幫了共產黨的大忙。

美籍華人學者夏志清（1921～2013）：

國共合作期間（1923～27），急進派的知識分子和學生影響力和人數都增加不少，清黨後這些人大半還是跟著共產黨走。[4]

1926年，國民黨15萬黨員，1929年猛增至63萬，1/3為25歲以下青年，許多人同情共產黨的赤左觀點。[5]地主之子趙紫陽（1919～2005）晚年回顧：

在資本主義大危機的三十年代，共產主義是很時髦的，知識分子是很嚮往的，共產主義是很吃香的。[6]

地主、資產階級家庭不僅出現一個個「不肖子孫」，還有全家加入中共的「滿門忠烈」。河南滑縣大地主聶元梓家，「我們家的經濟狀況是非常好的……我們家有幾百畝土地。」[7]聶家七兄妹六位加入赤黨，惟二哥從醫，也是「烈屬」，父母捐出土地隨共軍行醫，一路跟進北京城。

1920年代左翼知青，否棄實業救國、科學救國，崇尚暴動救國，

---

[4] 夏志清：《中國小說史》，劉紹銘等譯，香港中文大學出版社2001年，頁98～99、12。

[5] （美）費正清、費維愷主編：《劍橋中華民國史》，中國社會科學出版社（北京）1994年，下集，頁136～137。

[6] 宗鳳鳴記述：《趙紫陽軟禁中的談話》，開放出版社2007年，頁170。

[7] 《聶元梓回憶錄》，時代國際出版公司（香港）2005年，頁4。

「我們認為救國救民一定要革命。革命就是城市和農村的工農暴動，才是救國的唯一道路。」赤共刊物《布爾什維克》，瞿秋白撰文指示黨團員發動武裝暴動。「年輕的黨團員，響應黨中央號召，勇往直前，不怕犧牲。」[8]

1970年代初，最激進的五四青年張國燾（1897～1979）檢討：

五四運動前後一部分急進的學者和青年，開始仰慕俄國革命，傾向社會主義。那些參加中共的青年，實質上並非真正的共產主義者；他們對馬克思列寧的學說既無研究，更無所謂信仰；他們對於蘇聯和共產國際的理論和實際，也是一知半解，那批青年幾乎都是對於中國的積弱和腐敗，懷抱著痛心疾首的心情，他們心目中所憧憬的，是一個獨立自由和富強之中國。

其時，赤俄正好送來馬列主義與運動指導者，包括相當重要的經費。此外，孫中山革命的久久不成功亦使五四青年認定左激之必要。

晚年張國燾——

孫中山先生的革命行動，無論在理論上行動上，已經具有急進的特色，然而孫中山先生窮畢生之力，仍未能撼動專制統治的根本，這就使中國那一代的青年更加偏激了。[9]

1989年，另一位五四青年夏衍（1900～1995）——

「五四」時期對我們這些人影響最大的是陳獨秀的「歐化論」和胡適的「全盤西化論」——後來改為「充分世界化」。……胡適也說只有「一心一意的西化」，才能打破文化折衷論。這之後，青年人不僅不看線裝書了，連清末民初關於文化問題的論著，如梁啟超的《清代學術概論》這樣的著作也不看了。[10]

8　葉進明：〈三種救國論——記二十年代愛國的中國人民思索救國之道〉，載《上海黨史資料通訊》1988年第4期，頁7。

9　張國燾：《龔楚將軍回憶錄·序》，明報出版社（香港）1978年，頁1。

10　夏衍：〈一個過來人的回憶與反思〉，載《夏衍全集》，浙江文藝出版社2005年，卷11，頁568。

　　只看到革命的變革效應，未看到革命更嚴重的負效──暴烈偏激，正是五四與歐洲十八世紀以後看待革命最實質的文化差異。

最初的警告

　　赤潮初入吾華，不是沒有先覺者，不是沒人發出警告。1902年12月13日，康有為致函梁啟超：「自汝言革命後，人心大變大散，幾不可合。蓋宗旨不同，則父子亦決裂矣。」[11]1905～07年東京大辯論，梁啟超與同盟會員的「立憲與共和」之爭，涉及對中國未來的規劃。梁氏：「蓋經濟之最大動機，實起於人類之利己心。人類以有欲望之故，而種種之經濟行為生焉。」如若「平均地權」，「今一旦剝奪個人之土地所有權，是即將其財產所有權最重要之部分而剝奪之，而個人勤勉殖富之動機，將減去泰半。」[12]

　　1915年，清華生吳宓親身感受群己權益倒置之虛偽──

　　今世重國家社會而輕個人。動責以犧牲之義，同人亦好言犧牲。然冷眼觀之，真能犧牲者鮮也。區區小節，猶多所顧忌。身為學生，而趨仿社會惡習以行事，將來之局可知。

　　1919年8月，留學哈佛的吳宓剖析美國罷工相當深刻──

　　美國無學生罷學之事，而罷工之事則極多。其原因並非由貧民生計艱窘、並非由富豪資本家之苛虐，實由近二三百年，邪說朋興，人心浮動，得隴望蜀，生人之欲無盡。故雖豐衣足食者，常窺他人之多財，羨之忌之，則欲取而代之。又經社會黨、革命家之鼓煽，其風愈熾。……計自歐戰迄今，四五年來，美國工人之工資，平均已增一倍不止。而作工時間則由12時減為10時，再減為8時，近更求減為6時。工人結大黨，全國一致，行凶暴動，以為要挾。……前波城電車夫罷

──────────
[11] 丁文江、趙豐田編：《梁啟超年譜長編》，上海人民出版社1983年，頁300。
[12] 梁啟超：〈駁某報之土地國有論〉（1905），載梁任公：《飲冰室合集‧文集》，中華書局（上海）1936年，冊六（之十八），頁22、24。

工，於是電車每票之價自去年十月以來由五文而增至六文七文，更至十文，工人要求尤不止。……若羣罷工之趨詣，無非攫取社會中智識才能較高之人之財產，以為已有。至其有類強盜行為，則悍然不顧也。

昔在希臘及歐美盛世，與吾國同。人之尊卑貴賤，以學、德之高下為斷。故首重士……若乃賤士黜學，而尊勞工，恣所欲為，則誠所謂倒行逆施，是亂世之道也。[13]

留學歐美者對罷工、對共產主義認識如斯，怪不得絕少有歐美留學生參加中共。

1919年，梁啟超遊歐，評說社會主義——

馬克思一派倡的生產機關國有論……我頭一個就反對。……有人說現在中國應注重的是生產問題不是分配問題，這句話我卻不敢完全同意。我的主張是一面用全力獎勵生產，同時眼光並須顧及分配。……工業方當幼稚之時，萌蘖是摧殘不得，煽動工人去和辦工廠的作對，我認為等於自殺。……須知革命都是出於不得已，本非吉祥善事，免得掉還是免掉的好哩。[14]

1926年1月，青年陳毅（1901～1972）投稿《晨報·副刊》，借紀念列寧去世兩周年呼籲推行布爾什維克主義，說當時的國民革命「是工農階級表現了他的領導國民革命的力量，使一般敵人驚嚇恐懼。」編輯徐志摩（1897～1931）憑直覺回答：

這共產革命，按我淺薄的推測，不是起源於我們內心的不安，一種靈性的要求，而是盲從一個根據不完全靠得住的學理，在幻想中假設了一個革命的背景，在幻想中想設了一個革命的姿勢，在幻想中想望一個永遠不可能的境界。這是迂執；這是書呆。

青年人，不要輕易謳歌俄國革命，要知道俄國革命是人類史上慘

---

[13] 《吳宓日記》，三聯書店1998年，冊一，頁406；冊二，頁53～55。

[14] 梁啟超：《歐遊心影錄》，參見《梁啟超遊記》，東方出版社（北京）2006年，頁51。

刻苦痛的一件事實。[15]

我們要救度自己，也許不免流血；但為什麼我們不能自己發明一個新鮮的流法，既然血是我們自己的血。為什麼我們就這樣的貧，理想是得向人家借的，方法又得問人家借？[16]

1927年，胡適（1891～1962）再次訪美歸來：

美國是不會有社會革命的，因為美國天天在社會革命之中的，……美國近年的變化卻是資本集中而所有權分散在民眾。……人人都可以做有產階級，故階級戰爭的煽動不發生效力。[17]

1930年，胡適又說：

十幾年前我所預料的種種危險──「目的熱」而「方法盲」，迷信抽象名詞，把主義用作蒙蔽聰明停止思想的絕對真理── 一一都顯現在跟前了。所以我十分誠懇地把這些老話貢獻給我的少年朋友們，希望他們不可再走錯了思想的路子。[18]

中共初興，國人便發現紅色宗旨有違常識。1923年，國民黨員張發奎（1896～1980）支持「各盡所能」的社會主義，「而共產主義的分配原則卻是『各取所需』或曰『按需分配』，這是荒謬的。」[19]

1926年，參加北伐的徐懋庸（1910～1977）回浙東上虞老家，篾匠叔父：

你說的打倒列強除軍閥，打倒土豪劣紳，使窮人不再受剝削壓迫，這都很好。但是講共產，那就是不論勞動不勞動，都可以分到田地財產吧，我想這不好。這只能讓懶漢佔便宜，勤勞的人吃虧，那誰還願

[15] 徐志摩：〈列寧忌日──談革命〉，載《晨報・副刊》（北京）1926-1-21。參見《徐志摩全集》，天津人民出版社2005年，卷二，頁357、358～359。

[16] 徐志摩：〈劉侃元先生來件前言〉，載《晨報・副刊》（北京）1925-11-4。參見《徐志摩全集》，卷二，頁248。

[17] 胡適：〈漫遊的感想〉，載歐陽哲生編：《胡適文集》，北京大學出版社1998年，集三，頁33。

[18] 胡適：〈介紹我自己的思想〉，載歐陽哲生編：《再讀胡適》，大眾文藝出版社（北京）2001年，頁159。

[19] 《張發奎口述自傳》，胡志偉譯注，當代中國出版社2012年，頁39。

意勞動呢，結果豈不是誰也不想勞動，弄得大家都沒有飯吃麼？[20]

一位鄉農憑常識就預見到35年後的「大饑荒」了。1931年，巴黎大學美國女生哈里德‧格布士（Harriet Gibbs），甚不贊同共產主義──不分智愚勤惰，同一報酬，至為不公，等於獎惰。[21]

更深刻的聲音出現於1930年代「民主與獨裁」的辯論。余英時（1930～　）：

三十年代民主與獨裁的爭辯，我覺得是很有意義的。因為丁文江、蔣廷黻本身便是英美式自由主義者，現在連他們也主張一種開明的獨裁，可見民主在當時中國的現狀中尚無法落實。[22]

從歷史結果來看，那會兒忍受一時的開明獨裁，爭取儘快結束國民黨訓政，實為中國距離民主最近之時、最佳之徑。

1931年7月25日，哈佛哲學博士、陳寅恪妹夫俞大維（1897～1993），在柏林對吳宓說：中國難以避免共產之禍，中國知識界將同歸於盡。[23]可惜，這些「不同聲音」湮沒赤潮喧囂之中，未能引起文化界足夠回應，且被一腳踢為「落後反動」，擲下一大堆譏笑嘲罵。

革命成效取決革命者的文化

經驗必須尊重，只有通過經驗校檢，才能濾去形形色色的非理性設計，才能對林林總總「以革命的名義」提出的各色新說進行有效驗別。否則，人們憑什麼「理性選擇」？驗尺何在？難道可以僅憑革命者的宣傳麼？從文化角度，共產主義的毛病出在極端化，一則謬說成宗教，不容質疑不容修正。而對人文錯誤的有效識別具有強烈時效

---

[20] 《徐懋庸回憶錄》，人民文學出版社1982年，頁25。

[21] 《吳宓日記》，三聯書店（北京）1998年，冊五，頁325。

[22] 余英時：〈中國近代思想史上的激進與保守〉，載余英時：《錢穆與中國文化》，上海遠東出版社1994年，頁203～204。

[23] 《吳宓日記》，三聯書店1998年，冊五，頁421。

性，必須於實踐之前，都像德國要靠「二戰」鑒別納粹學說、中俄要靠赤禍驗別「史達林主義」、「毛澤東思想」，需要戰爭或幾十年的赤難剔識「主義」，代價實在太大，各赤國實在太弱智太可憐。

任何傳統文化雖然存在種種局限，但均凝含相當經驗，都是複雜的博弈之果，都有不得不然的時代制約。所謂革命，合理部分只在於修正既有制度與傳統的落時部分，超出此限，即為過激，極易闖禍。而對過激過分的認定，又取決革命者的認識能力，取決於對「度」的把握，革命的成效實取決革命者的文化層次。

種瓜栽樹也得看土質土性，以二十世紀初中國十分低弱的文化能力去迎娶西方「最新人文學說」，客觀上缺乏理性分辨能力，不念歪經的可能甚小，更何況迎回來的是一部未經實踐驗證的「新經」。

共產革命以理想否定經驗、想像代替現實，澈底否定社會一切合理性，完全顛覆既有秩序，蔑視一切傳統，重起爐灶。以宗教之態從事赤色試驗，勢必闖禍。五四時期，能抵禦馬列赤說的文化堤壩只有傳統，盡棄古籍、以新為貴、青年一定優於老年等「破字當頭」的五四價值觀，傳統文化失去檢驗赤說的資格，馬列赤說成為「免檢品」，成了人文學界追捧的新貴。

現在看得很清楚了：似乎體大思精殿堂宏偉的共產設計，不過仍以道德淨化為號召、以殺富濟貧為實質的古老造反，違背現實可能地消滅私有制，否定一切個人權利。文革無非走得至偏至遠──「狠鬥私字一閃念」，既違反現代人權，也違反人類本性。沒有任何自身需求的人不可能存在，也不需要存在了。

美國社會生物學家華德華‧威爾遜（Edward-Wilson，1929～　）：

社會生物學認為，個體行為中的利他主義形式的原因，就是基因的這種共同利益，換言之，利他主義行為是出於基因自身利益的需要，說到底，還是基因的自私性所造成的。[24]

---

[24]　（美）奧斯本‧威爾遜：《新的綜合》，李昆詩編譯，四川人民出版社1985年，頁67～68。

公有理想乃共產學說的立論基點，無私更是共產主義一再揮舞的大旗——似乎無懈可擊的價值地基。既然出於好心，目的純正，方式方法可免疑免檢。孰不知，好心辦壞事乃一再上演之舊劇。德國詩人荷爾德林（Friedrich-Holderlin，1770～1843）：

總是使一個國家變成人間地獄的東西，恰恰是人們試圖將其變成天堂。[25]

脫離現實可能，再好意的設計也會燒壞整鍋湯。推翻舊制度並不等於一定換來好制度，況且以刺刀推銷「主義」，當然要闖大禍。

從操作角度，革命初起階段千難萬難，阻力重重，不要求拆屋頂就不可能開窗戶，矯枉過正、偏激雜出，似難控制。但問題是一旦接受革命邏輯，啟動紅色列車，等到革命既成（推翻前政權），能否收勒韁繩，退回理性界區，在非暴力的前提下穩步漸變？此外，革命本身是否具備自我驗證機制？紅色圖紙是否靠譜？如若圖紙本身悖謬，如何剎車修正？像國際共運這樣的「列車」，還不是碰鼻頭拐彎，實在走不通才被迫「改革開放」？

社會不斷發展，認識能力需要不斷提高，一種缺乏自檢的學說必然缺乏調節能力。共產學說既偏激又拒絕修正，還倡導暴力，以力捍說。偏謬+暴力，越走越偏，赤禍自然越闖越大。

從現實可能性上，任何革命都不可能一步到位，不可能一勞永逸解決所有社會問題。任何革命都只能完成局部修改，不可能一夜全新盡換人間。即便共和對帝制的革命，也只是政治制度更新，不可能一下子完成經濟與文化的變革，十年內不可能所有阿Q都富起來，百年內也不可能使阿Q的重孫輩盡成魯迅。再說了，如果幾代人將所有活兒都幹完了，還需要後面的「革命者」麼？還有他們的活兒麼？留一點「不完善」給子孫，既是不得不然的時代局限，也是保證當代各項工作符合時效不可或缺的哲學基礎。

---

[25] 轉引自哈耶克：《通往奴役之路》（1944），王明毅等譯，中國社會科學出版社（北京）1997年，頁29。

相對激進的革命，文化總是體現為保守。由經驗凝聚的文化既是理性堤壩，也是安全濾網。儘管一定歷史階段會出現這樣那樣的文化問題、這樣那樣的文化缺陷，但任何情況下，不可整體質疑文化，更不容澈底推翻。經驗一再告訴我們：誰對文化提出全盤變革，或者對文化進行大革命，那麼可以肯定此人此黨一定是真正的「動亂分子」、「暴亂集團」，不是年少無知便是居心叵測。因為，文化是社會最高能力的體現，人文知識分子解憂剔蠹、撫痛療傷、辨史擇向、調整秩序、責任重大，不可缺失。整體打倒人文知識分子，剝奪他們對社會事務的發言權，大事大大不妙矣！

1962年7月初，劉少奇急急趕到「游泳池」見剛回京的毛澤東。毛劈頭訓斥：「你急什麼，為什麼不頂住？叫我回來，你壓不住陣腳了？我死了以後怎麼辦?!」劉答：「餓死這麼多人，歷史要寫上你我的，人相食，要上書的！」[26]毛曰：「三面紅旗也否了，地也分了，你不頂住？我死了以後怎麼辦！」[27]

在毛看來，死多少人也沒「三面紅旗」重要，人得為「主義」服務，而非「主義」為人服務，價值倒置，昭然已揭。1921年8月，毛澤東出席中共「一大」回長沙，找到易禮容（1898～1997），與他籌建湖南共產黨。易憶曰：「他說要成立共產黨，我說我聽說俄國1917年列寧領導的革命死了三千萬人。中國現在要成立共產黨，要是死30個人，救70個人，損失太大，我就不幹。」毛澤東：「你錯了。社會主義革命是瓜熟蒂落。」易禮容：「瓜熟蒂落，就幹吧。」幾天後，毛澤東、何叔衡、易禮容邊走邊談（怕被發現），成立了湖南共產黨組織。[28]明知十月革命代價慘烈，信號強勁，人文底線輕易突破。這

---

[26] 黃崢：《王光美訪談錄》，中央文獻出版社2006年，頁288、480。

[27] 王光美、劉源等：《你所不知道的劉少奇》，河南人民出版社2000年，頁90。

[28] 易禮容：〈黨的創立時期湖南的一些情況〉，載《「一大」前後》（二），人民出版社1980年，頁282～283。

則史料說明毛澤東青年時期就「暴力傾向」嚴重。

1920年12月1日，毛澤東致函新民學會留法好友——

無政府主義、德謨克拉西主義在今天行不通，用平和的手段、教育的方法來改造社會也做不到。

毛澤東明確支持蔡和森的激烈主張——組織共產黨、實行無產階級專政、仿行俄國十月革命。[29]氣魄大，經驗乏，以有限認識支撐宏大改造，只能靠理想打氣填充，危險因包裹於理想一時難辨，看不到暴力所攜帶的諸多毒因。新生中共以激變張揚豔幟——短期內實現國家現代化，當然是無法完成的目標。

理想也有負效呵！尤其理想被領入歧路，釀成多少「熱情的錯誤」，多少悖謬搭乘理想出行，多少罪惡假革命之手。二戰末期日軍神風自殺戰機，基地司令酒送飛行員：「日本必勝！」[30]絕對的愛國主義呵！國際共運高唱「窮人要翻身」，粗粗一聽，似乎有理，窮人難道不該同情嗎？不該援助嗎？但接下來，「窮人翻身」的方式則是劫奪富人財產，解救一個「受壓迫階級」，卻製造另一個受壓迫階級、製造另一批窮人，成了「受壓迫階級」的社會大轉移。更致命的是形成人文災難——視富為仇，不僅無人敢富，各項社會制度阻富掐尖，生產力蛋糕不是越做越大，而是越來越小，全球赤國通弊——經濟凋敝、食品短缺、大饑荒、大恐怖……

1961年5月劉少奇回家鄉湖南寧鄉炭子沖蹲點，見農民被「共產」一無所有，偷摸成風，山上樹竹你砍我也砍。現實教育這位國家主席：既然社隊幹部不尊重社員所有權，任意拿取社員東西，社員也就認為可以任意拿取公家東西。劉少奇終於認識到：「要鞏固集體所有制，必須保護個人所有權。」[31]這點ABC居然要繞如此大彎才「發現」。

---

[29] 李維漢：《回憶與研究》，中共黨史資料出版社1986年，上冊，頁19。

[30] 錢鋼：《舊聞記者》，上海書店出版社2008年，頁114。

[31] 黃崢：《王光美訪談錄》，中央文獻出版社2006年，頁265。

第一代赤士長壽者，文革後仍深陷赤渦，至多對現象生疑，發現矛盾，但已無力剖析根源。1984年，夏衍（1900～1995）──

我認為現在的青年人不管他自我奮鬥也好，集體奮鬥也好，他肯奮鬥還是好的。現在怕消沉，不奮鬥，這就麻煩了。一方面反對個人奮鬥，一方面又鼓勵自學成才，這到底怎麼講法？這自學成才不是個人奮鬥麼？自學成才你沒人幫助啊！[32]

美國華裔學者林毓生（1934～ ）：

如果一個時代的知識分子完全放棄了傳統，他們即使高唱自由，這種自由是沒有根基的。[33]

失去傳統，自由的根在哪裡？用什麼去辨析真假自由？喊著自由，得到專制，國際共運「兩個澈底決裂」，求新偏偏得舊。

1957年5月10日民盟中央會議，羅隆基說：

無產階級小知識分子同小資產階級大知識分子是個矛盾。

7月15日，「反右」高壓下，羅隆基對此語大段檢討，自認「反對中青年黨員領導高級知識分子問題」，[34]也就是後來被「翻譯」成羅氏名言：小知識分子領導大知識分子。

中共還就是小知造反，「反右」則是撕破臉的「小知識分子專大知識分子的政」，顛倒甲乙。孟子早有聖訓：

天下有道，小德役大德，小賢役大賢；天下無道，小役大，弱役強。斯二者，天也。順天者存，逆天者亡。[35]

[32] 夏衍：〈在「新中國三十五周年電影回顧學術討論會」上的講話〉，載《夏衍全集》，浙江文藝出版社2005年，卷七，頁106。

[33] 范泓：〈殷海光其人其事〉，載《老照片》第37輯（2004-10）。參見劉鶴守編：《呼喚──1998～2007年言論選本》，2008年自印本，冊三，頁182。

[34] 羅隆基：〈我的初步交代〉（1957-7-15），載《新華半月刊》（北京）1957年第18期（1957-9-25），頁96～97。

[35] 《孟子》（離婁・上）第七章。

西方搞成社會主義

　　1980年初，上海工大副教授徐匡迪（1937～　，後任上海市長、中國工程院院長）訪問北歐，無限感慨：「人家真幹成了社會主義！」一位加拿大回來的華人：「那裡是全民富裕。」一位洋插隊打工者：「我在國外給資本家做工，每年可得到幾萬美元，生活得很好；過去在中國不讓受剝削，卻一直過窮日子。」資本主義國家的社會主義成分反而比社會主義國家多得多。

　　1978年秋，副總理王震（1908～1993）訪英，聽說70%英國百姓擁有私宅、轎車，每年度假旅遊，十分驚訝。他專門「訪貧問苦」，發現失業工人住著一棟100多平米兩層樓房，不納稅，免費醫療，子女教育免費。王震原以為英國工人生活在水深火熱之中，可人家卻比他這個副總理都生活得好。王震副總理的工資只是英國清潔工的1/6、電梯工的1/8。1978年中英人均國民收入差距1:42.3；與法國1:69.2；與美國1:74.7。[36]王震歎曰：

　　我看英國搞得不錯，物質極大豐富，三大差別基本消滅，社會公正，社會福利也受重視，如果加上共產黨執政，英國就是我們理想中的共產主義社會。

　　王震實際承認「西風壓倒東風」。這次訪英，現實教育了王震，回國後他堅定支持鄧小平的改革開放。[37]

　　老牌資本主義的英國，無心插柳柳成蔭，反而搞成社會主義，當然不是歷史太搞笑，而是人家沿著歷史理性行進，不唱高調幹成實事。1941年羅斯福提出四大自由——言論自由、宗教信仰自由、免於匱乏的自由、免於恐懼的自由，既是對「自由」理念的延伸，也砌起

---

[36] 劉國平：《中國經濟與世界經濟發展的比較》，湖南人民出版社2000年，頁180。

[37] 于日：〈旅英十年——重新認識資本主義〉，轉引自辛子陵〈對資產階級認識的歷史變遷〉，載《炎黃春秋》2008年第3期，頁15。

更高的人文台階，對政府提出更高更具體的「自由」目標。尤其「免於匱乏的自由」，政府得向國民提供生活保障，標準還低麼？四大自由的實現，帶動美國整體層次提升。馬丁・路德・金的〈我有一個夢〉，40年後全面實現──黑人血統的歐巴馬當選總統。但在當今中國，四大自由，哪一項不是「同志仍須努力」？

告別革命──最沉痛的世紀遺產

社會需要前進，制度需要優化，理想不可或缺，各種弊端也在不時呼喚革命，社會矛盾的量積必將導致質變。相當意義上，革命也是實現理想的一種努力，此為國際共運得以燎原一時的根基。但革命同時無可避免地攜帶天然偏激，一廂情願之下常常顧此失彼，尤其無視理想設計與現實之間的差距。再完美的改革方案都可能百密一疏，須在實踐中拾遺補缺。因此，社會既要得到革命的推力，又要篩濾革命的負極影響，當代文明即體現於這一「度」的掌控。二十世紀全球最重大的人文成果便是「告別革命」。執守漸進改良，揚棄突變革命，成為二十世紀全球共識。對俄中東歐朝越古柬等赤國，意義尤重。

經歷二十世紀馬列赤禍，人類重大經驗應加上：超越現實的理想+政治暴力，必釀禍世赤潮。剷除政治暴力，乃是不吃二遍苦、不受二茬罪的核心經驗。「告別革命」除了告別政治暴力，文化意蘊更為深邃，即必須尊重文化，只能在傳統文化的基礎上，才可能沿著理性之軌走向現代化，才可能真正接近理想。因為，傳統文化是前人經驗之結晶。所謂現代化，必須建築於傳統文化的「守先待後」，澈底割裂傳統的重起爐灶，只能得到毀滅性的破壞。對中國人文知識分子來說，歷經「文革」之痛，更應清晰認識到革命與文化的關係。只因人文地基深遭破壞，大陸社科界對此關鍵問題渾噩不清。中共政府出於自身利益，對反右～文革的檢討反思步步設限，惡意「淡化」，這方面尚未進入「初級階段」。

錢穆（1895～1990）很早就認識到革命對文化的破壞，錢門弟子余英時，對此痛心疾首。1988年9月，余先生剖析：

中國思想的激進化顯然是走得太遠了，文化上的保守力量幾乎絲毫沒有發生制衡作用。中國的思想主流要求我們激底和傳統決裂。因此我們對於文化傳統只是一味地「批判」，而極少「同情的瞭解」。甚至把傳統當做一種客觀對象加以冷靜的研究，我們也沒有真正做到。這是西方「為知識而知識」的科學精神，但卻始終與中國知識分子無緣。中國人文傳統的研究到今天已衰落到驚人的地步。

中國沒有一個現狀可以給保守者說話的餘地。……嚴格地說，中國沒有真正的保守主義者，只有要求不同程度變革的人而已。要求變革較少的人往往就變成了保守主義者。

新思想新主義一腳踢開傳統文化，等於踢倒「保守」必須倚恃的價值支點（保守必須依據現實秩序為邏輯起點），沿著激進軌道飛奔，物極方返。余先生總結：

中國近代一部思想史就是一個激進化（Process of Radicalization）的過程，最後一定要激化到最高峰，十幾年前的文化大革命就是這個變化的一個結果。

總之，古今中外一切存在過的社會秩序都成為詛咒的對象。[38]

行至文革，「毛澤東思想」不僅否定舊學，也否定剛剛建立的「無產階級新學」，打倒一切，最後當然輪到打倒自己。

李澤厚（1930～ ）認為五四激烈的反傳統源於中國沒有強大的宗教，實用理性過強。缺乏宗教，即缺乏絕對價值支點，一切價值均可隨「實用」而移變。五四左士只看到傳統文化對革命的格擋，看不到更深層次的文化效應——對偏激的糾阻。「破字當頭」的革命者怎會意識到自身血液裡的「左傾激素」？偏激恰是社會大動盪的源頭，中俄等國赤災已証明缺乏這一阻遏的巨大後果。

---

[38] 余英時：〈中國近代思想史上的激進與保守〉，載余英時《錢穆與中國文化》，上海遠東出版社1994年，頁219、198～199、201、210。

周有光先生（1906～2017）：

由於幾百年走改良道路，英國的殖民地也是好的，如澳大利亞和香港，美國和加拿大都有英國的底子。法國和西班牙就差，拉丁美洲都不行。[39]

文化的放射作用澤被殖民地呵！拉得距離越長，文化之效就看得越清楚。

迭經狂烈的二十世紀赤潮，寰內士林痛定思痛，革命慣性如此巨大，難以掌控，還是「告別革命」吧，寧要改良不要革命；寧要保守可逆的改良，不要澈底顛覆的革命。點點滴滴的改良，叨叨碎步，雖慢實快，量變可成質變。同時，可逆性保證了調整性，調整性又保證了變革的質地，且變革成本也不至於全堆在兩三代人身上。變革過劇，幼而習，長而行，老而謬，一代人早年所受教育到了中晚年成了「革命對象」，不僅是一代人教育的浪費與文化的斷裂，還帶來文化災難與精神痛苦。讓每一代人儘量享受既有文明成果，沐浴前輩人文滋養，早年教育與中晚年社會需求大致相吻，本身就凝含人類共同利益。文化雖然總是不期然而然地蘊含變革，但文化最主要的功能則是提供歷史經驗，讓人類一代比一代更美好地享受生命。

革命者以鬥爭為終身主旋律，負擔過重，不僅失去安寧心態，且因仇多恨重而少慈失愛。一個滿世界「鬥鬥鬥、殺殺殺」的社會，會是一個「適合人類居住」的和諧社會麼？革命能夠成為社會的永恆主旋律麼？

二十世紀國際共運史再次論證一條淺顯史訓：理想並非就是真理，更不直接等於可行政策。無論如何，經驗才是人類最可靠的路標。為扳正「二十世紀是一個否定的世紀」（李澤厚語），[40]二十一世紀應該是肯定大於否定的世紀，「告別革命」的哲學內涵便是「告別否定」。

---

[39] 李銳：〈向周有光老人學習〉，載《炎黃春秋》2010年第4期，頁19。

[40] 李澤厚：《世紀新夢》，安徽文藝出版社1998年，頁453。

「中庸」思想體現了中華祖先對「度」的認識，意識到凡事須恰分。「中庸」乃我中華文化一面大旗，就像希臘文明以「民主」「自由」為旗幟。「告別革命」當然再次證實了「中庸」的價值。

人文學科是謬誤高發地段

人文學科由於缺乏直觀驗效的量尺，檢驗滯後，成為謬誤高發地段。為此，人文學子必須高度自慎。同時，任何時代的知識分子都必然是歷史的文化人質，必須意識到自身無法掙脫的時代局限。缺乏這一自慎，就會掉入以偏糾偏的舊井。文化人掌握革命之「度」尚屬高難，若由無知者操縱革命——「知識越多越反動」，這種革命還有指望嗎？尤其青年革命，人生經驗尚淺、人文素養尚薄，衝冠一怒，很容易犯方向路線錯誤。

對傳統文化一腳踢，全棄私利空倡公德，價值倒置，文化顛覆，為什麼不能公私兼顧？利他為什麼不能兼顧私己？為什麼非要將利己與利他截然對立？不是明顯違反辯證法麼？再說了，如果革命僅僅只是為了克己滅欲，革命的意義與必要何在？欲望本身都是多餘與反動的，還需要滿足欲望的「革命奮鬥」麼？

1946年初，林徽因（1904～1955）見革命漸成宗教狂熱，致費正清妻函中：

一個人畢生經歷了一場接一場的革命，一點也不輕鬆。正因為如此，每當我覺察有人把涉及千百萬人生死存亡的事等閒視之時，就無論如何也不能饒恕他……[41]

若非長年留歐，深浸現代理念，林徽因能達到這一人文高度麼？當年有幾人能從生命價值高度解析革命？舉一反例，1994年，年近八旬的紅士劉白羽（1916～2005）：

---

[41] 林杉：《林徽因傳》，九洲圖書出版社（北京）1998年，頁357。

　　作為一個共產黨人，我們從來沒有想過我們可以平平靜靜地進入共產主義理想的境界，因此我們的哲學是戰鬥的哲學。[42]

　　既然以戰鬥為生命價值，以永遠戰鬥自豪，還會考慮「敵方」的存在價值麼？能達到基督博愛的人道境界麼？老同事黃秋耘（1918～2001）評劉白羽：

　　他寫的發表的還是那一套空的、冠冕堂皇的東西，卻從未歌頌三中全會的路線，從未批判極左。[43]

　　劉白羽自傳《心靈的歷程》（三卷本），垂垂老翁還像浪漫少女，大段空洞詩篇，盡露淺薄虛矯，一生被澈底擰歪。這一代紅士不僅以這種扭曲滿懷自豪，還為未能扭曲下一代痛心疾首，為沒有「革命接班人」頓足捶胸。

　　五四後的赤色革命否定了傳統文化，1980年代的改革開放又否定了赤色學說（至少相當一部分），二十世紀的中國就在「否定之否定」的大迴旋中折騰起伏。一個文化得不到繼承的國家，一個不斷否定前人的社會，必然伴隨大折騰大動盪。否定是革命的前提，澈底否定前人勢必另起爐灶。既然前人努力都是無用功，社會就談不上有效積累，也沒必要積累了，既然任何積累都是下一輪否定的對象。

　　一種學說滲入社會實踐，就會形成社會存在，沉澱為「歷史」，文化最終會轉化為物質。據世界銀行數據，2008年美國人均GDP 45790美元（全球第四），中國5345美元（全球90）。經濟學界認為中國數據羼雜相當水分，不過即便按上述數據，文化差距分娩形成的財富差距仍達8.57倍。

　　要言之，經驗凝聚而成的傳統文化不僅是一個民族或國家的智慧倉庫，也是解決社會矛盾的總資源。文化不僅體現一個民族或國家

---

[42] 劉白羽：《心靈的歷程》（下），中國青年出版社1994年，頁1292。

[43] 黃偉經：〈文學路上六十年——老作家黃秋耘訪談錄〉，原載《新文學史料》（北京）1998年第1期。參見《我親歷的文壇往事·憶大事》，人民文學出版社2004年，頁473。

的整體能力，更重要的是其所攜帶的平衡能力——兼顧理想與現實可能，找到社會發展的平衡點。對待傳統文化，繼承永遠第一，剔揀只能第二，豈能搞一言以蔽之的「一腳踢」？漠視文化，革文化的命，智力極低的蠢事。毛澤東與他的文革，當然只能被掃入歷史垃圾堆。

還有一則意味深長的史料。晚清官吏驗別革命黨人的方法十分簡單，舉人黃炎培（1878～1965）：

因我讀書多，在第二次被控革命黨時，清朝官吏認為讀這些書，絕不是革命黨，獲釋。[44]

清吏將文化與革命劃等號，認為讀書人不會去革命，簡便易辨，來自實踐的「真知」。

結語

文化與革命，亦可歸結為理想與革命。革命需要理想點燃、引導，但像馬克思主義這引革命入歧途的「理想」，實比魔鬼還可怕，身罩一襲「紅色上帝」外袍，迷惑性更大。社會進化只能循序漸進，任何打著畢其功於一役的「最後鬥爭」（《國際歌》詞），必為利用「理想」的新一輪邪說。如果只剩下最後的鬥爭，人類豈非走到盡頭？同時，任何以改造人性本然為價值原點的所謂「最新思想」，一定是新一輪的馬克思主義。

人類社會之所以不斷發展，關鍵在於經驗傳遞、文化積累。如果每一代人都從周口店開始，我們便永遠只能是「山頂洞人」。一個尊重文化的國家才能從歷史母親那裡吮吸理性乳汁。傳統文化不僅僅是吾華最強大的凝膠，更是吾華發展的潛力之源。

社會的複雜性遠遠超出任何個人的認知能力，任何個人都不可能包打天下，任何革命絕不能以毀棄傳統文明為代價。去就有序，變化

---

[44] 黃炎培：《八十年來》，文史資料出版社（北京）1982年，頁22。

應時，一代完成一代的任務，非暴力低動盪、漸循序微代價，成為二十世紀血腥共運最重要的「革命遺產」。

初稿：2007-7-17～20；修改：2009-9～10

原載：《二十一世紀》（香港）2010年6月號（後增補）

附記：

　　2009-9-23 10:00拙稿電呈《二十一世紀》，13:00復函納用，迅覆之最，特誌感謝。

第十輯

域外紅感

「鮮血凝成的友誼」終於綻裂
——直擊朝鮮

　　2009年7月20～24日，滬視紀實頻道20:00黃金時檔「眼界」，十分惹目地連播五集「直擊朝鮮」，每集25分鐘。觀後第一感：「鮮血凝成的友誼」終於綻裂！無論如何，中共官媒「直擊」朝鮮，報導朝鮮實況，儘管很有保留，但對我們從小聽著「鮮血凝成的友誼」長大的一代，仍感石破天驚。

　　2009年5月，滬視記者憑藉「友好國家」得允入朝。眾所周知，朝鮮一向拒絕外人「偷窺」，尤其「感冒」記者。「眼界」攝製組入朝，靠的是中共持續援朝50多年，每年無償援助數十億——50萬噸糧食、100萬噸石油、250萬噸焦炭。萬萬料不到短短兩月，風雲驟變。4月14日朝鮮再次暗啟核試驗，5月25日地下核爆，接著退出「朝鮮半島無核化」六方會談，再退出1953年〈停戰協定〉，7月4日（美國國慶）發射七枚導彈示威。不承認〈停戰協定〉，等於重回戰爭狀態。「革命戰鬥性」如此堅強，事情已經做絕，不管不顧中共顏面，與「鮮血凝成」都澈底拗斷翻臉。如此這般，滬視這趟「友好採訪」竟成為回擊朝鮮背信棄義的一粒子彈。5月採訪，7月才播出，顯然存在一定原由。按中朝國情，這回公開暴露朝鮮實況，負面擲評，等於公開鬧翻。

似曾相識的個人崇拜

　　「直擊朝鮮」，金氏崇拜撲面而來，太熟悉了。北韓人民至今生活在資訊遮罩之中，只有一家勞動黨紅星網站。北韓人民似乎深信全球都生活在水深火熱之中（尤其南方同胞），只有他們生活在金氏父

子的偉大懷抱中——住房免費、教育免費、醫療免費……板門店軍事
分界線接待中校向訪客介紹：

南方同胞在苦難之中，等待我們去解放；金日成、金正日父子是
全人類的太陽，朝鮮人民是全世界最幸福的人民！

一位朝鮮中年知識婦女泣曰：

如果沒有領袖，我們不如死了算了！

朝鮮民眾被要求深刻領會「主體思想」，金正日語錄赫然張布：

民族的偉大性不在於領土的遼闊或歷史的悠久性，而在於引導民
族的領袖的偉大性。談論沒有領袖的革命勝利，就像奢望沒有太陽的
花一樣。只要領袖偉大，小小的國家也會成為偉大時代思想的祖國、
思想的強國和政治大國，四射光芒。

「主體思想」認定：人民群眾創造歷史不是自發形成，得在慈父
般領袖的指導下進行。朝鮮民眾1/3時間用於思想教育，每週六「主
體思想學習日」，領會「主體思想」越深刻越透徹，才會越優秀，越
忠於領袖。朝鮮青年在學習日發言：「我們的祖國是金日成祖國，我
們的民族是金日成民族。」

「直擊」曝光：1942年出生蘇聯遠東的金正日，1983年開始說成
出生聖地白頭山，誕生時雪崩為兆、天顯彩虹、新星閃爍。金正日大
學期間，寫了1400餘篇論文，平均一天半一篇。金正日就學的平壤第
一中學，永久保留一間教室，醒目標示金正日座位。

除了無處不在的金像金畫、人人必佩的金氏胸章，還有更絕
的「紅色創意」——1997年廢止西元紀年，採用中式帝王「主體紀
元」。金日成出生的1912年為「主體元年」，金日成的生日為太陽
節。隨處可見的標語：21世紀的太陽，金正日將軍萬歲！此前則是
「金日成將軍萬歲！」

簡單的白內障復明手術（熟練大夫幾分鐘完成），患者須經「階
級審查」，政治合格才能接受手術。所有復明者揭開紗布眼罩第一件
事：跪拜金氏父子像，而非感謝大夫，因為大夫是領袖派來的。

那麼眼熟的標語、鏗鏘誇張的政治漫畫、充滿敵意的口號、聲嘶力竭的呼喊……「眼界」解說員很年輕，未經歷文革，也苦澀評曰：

這一套對我們似曾相識，令同樣走過紅色年代的中國人心生感慨。

掩飾不住的虛假

採訪時，中國記者身後跟著一位速記，詳細記錄交談內容。解說員評點：「這種一路陪同的監聽監視，令採訪者與被採訪者都無法輕鬆。」北韓政府規定國民不能隨意接受外國人採訪。外國訪客參觀的都是樣板戶、樣板農場、樣板醫院、樣板工廠、樣板學校、樣板幼稚園，連語言都有樣板。金日成去過85次的農業先進單位──青山里農場（影片《鮮花盛開的村莊》原型地），攝製組吃到入朝後最好一餐飯菜，但這家主人未上桌，當地官員陪餐。當問烹飪這桌飯菜的女主人：「平時吃什麼？」令客人大驚：「每天吃得都像今天一樣！」

板門店軍事分界線北韓一側，遠遠望去一幢幢漂亮住宅，卻是只有一面牆體的「節約型」佈景。據說用以吸引「南脫」者，向南方同胞展示「社會主義的美好」，今版「波將金村莊」。[1]

平壤居民不能在陽台晾曬衣服，得為市容整潔作出犧牲。官方解答：朝鮮人民習慣在室內陰乾衣服。

宣揚階級仇恨的影片《賣花姑娘》，北韓經典「國劇」，金正日1972年編導拍攝。年輕女主角說：雖然她很難理解階級鬥爭的感情，但仍要將此劇再演一百年。當前，北韓掀起「150天戰鬥」。一位女青工說：

---

[1] 波將金，俄國女皇葉卡捷琳娜二世情夫，俄軍總指揮。為使女皇對其領地印象良好，在女皇巡遊的第聶伯河兩岸搭建豪華布景，擋住破敗茅屋。御船上的女皇不時看到如畫村莊、向她山呼「烏拉」的健婦、表演騎術的英俊哥薩克、穿著新軍服操練的士兵、小伙姑娘唱民歌、跳土風舞。女皇船隊一過，演員急忙趕往下一演出地點，連牛羊也擔任「演員」，演出一幕幕「風吹草低見牛羊」。波將金村，弄虛作假代名詞。

我們現在已經是思想強國、軍事強國，只要再搞成經濟強國，到2012年便會像領袖所說成為真正的強國。

板門店接待中校勝正哲，帶領中國記者參觀停戰協定簽字小屋，介紹語——

由美國發起的三年戰爭，以我們的勝利結束了。

估計他還不知道朝鮮戰爭是金日成打的第一槍，更不會知道金日成如何哀求中共早點簽字，保住他的半壁江山。

捉襟見肘的窘況

青山里46歲社員李正烈，1990年代三年困難時期「工轉農」，從平壤電器廠技工轉為農民。他說：「田裡的活雖然辛苦，但能吃飽飯。」他要當兵的兒子復員後回農村，「因為農村可吃飽飯。」他向中國記者自豪介紹：「我一年掙600工分，可得400公斤糧食，吃飽飯沒問題！」一家中朝合資飼料廠北韓官員說：該廠的奮鬥目標是為朝鮮人民每天供應一個雞蛋！

朝鮮實行嚴格的食品配給制。樣板幼稚園，兒童手中的食物是土豆。平壤街頭熟食店，一隻燒雞12500朝元，職工三月工資，北韓人民一般吃不起的。另有資料：平壤一家新開張的洋食店，一個漢堡包1.5美元，職工一天半收入；狹窄的店堂除了外國人，不見朝鮮人。朝鮮國民月收入、國家經濟GDP，均為最高國家機密。中方投資商王先生說：中朝經濟與社會整體，相差得有幾十年吧！

平壤街頭不見一輛自行車，記者問及原因，回答：「自行車乃落後國家交通工具，朝鮮不需要。」平壤街頭也沒有紅綠燈，由千挑萬選的女交警指揮，因車輛稀少，一分鐘不足十輛車，女交警十分寂寞。公交車十分擁擠，苦於能源短缺，間隔時間很長。公交車已十分老舊，仔細一看，還是1970年代中國援贈的「長春一汽」！平壤地鐵也由中國援建。通往開城的高速公路，除了軍車，幾乎不見其他車

輛。朝鮮服裝停留於灰、白、藍。經濟凋弊，一葉知秋。

平壤以外不讓參觀，「直擊」透露朝鮮有不少「三無醫院」——無藥品、無自來水、無肥皂，用具老舊，沒有抗生素與麻醉藥，啤酒瓶當點滴瓶。攝製組參觀的頂級平壤醫院也缺醫少藥，能操作先進設備者很少。尼泊爾醫生桑都魯特專程赴朝，十天內為千餘名白內障患者復明，但須自帶發電機，因為平壤每年停電200次以上。攝製組參觀時，也遇上尷尬的停電。

朝鮮兒童從小就被灌輸仇美，遊戲都是擊打「萬惡美國佬」！他們被教導生來就是為保衛領袖，祖國時刻會被侵略，全世界都對朝鮮有敵意，打敗美國才能統一祖國。朝鮮經常搞空襲演習，全城停電，既製造戰爭氣氛又推助反美情緒。惟此，「先軍政治」（軍事優先）才具必要性。

朝鮮財政近1/3為軍費，團級軍官工資相當副部級，大校接近總理。朝鮮姑娘首嫁軍人，「因為人民軍戰士在保衛領袖的戰鬥中會第一個衝上去！」一位工農赤衛隊女兵連指導員：「如果不能嫁給人民軍戰士，寧肯一輩子不嫁人！」2300萬北韓人口，110萬現役軍人，640萬工農赤衛隊，總兵力750萬，全球第四。女赤衛隊員認為能用五十年代的步槍與高射機槍（射程2000米）打下美國軍機！朝鮮一定能打敗美帝紙老虎！人的信念才是最重要的武器。美國算老幾？如果美國膽敢引燃侵略之火，朝鮮軍民會將美國從地球上整個燒掉！

聯合國糧農組織報導：朝鮮2009年約870萬人（超過全國人口1/3）缺少糧食，一些人依靠野生食物維持生存，也許還會像1990年代一樣再餓死300萬。2009年6月，安理會全票通過1874號決議——對朝制裁升級，貨物搜查、武器禁運，切斷朝鮮與世界溝通的全部物流。連中共也批判朝鮮核試驗，投了贊成票。徹底失去外援，日子原本就緊蹙困頓的朝鮮，當然雪上加霜。

朝鮮好像還停滯於我們的文革歲月。2009年6月21日，朝鮮一家餅乾廠與瑞士商人合作，開出平壤首家西餐廳——「群星茶屋」，出

售麵包、咖啡、意大利料理、少量朝鮮冷菜。年輕漂亮的女侍均為師範學院外語系畢業生（涉外飯店、商場服務員均是）。中國記者覺得有些屈才，她們卻一臉自豪，蹦出中國人十分熟悉的「文革腔」：

> 從事任何工作都是「為了祖國、為了領袖」。
>
> 有我當小石子，才能建起國家的高樓大廈。
>
> 工作不分高低貴賤，黨叫幹啥就幹啥！[2]

用槍保衛萬景台血統！

2008年朝鮮國慶60周年閱兵，金正日龍體欠安未露面。2009年，人民軍大將金正閣（主管「思想紀律」）放言：「要用槍保衛萬景台血統和白頭山血統」，明確暗示接班人出自金氏血統。看來，最先進最革命的社會主義朝鮮，要出金三世了。其實，「金太陽」升起的萬景台（距離平壤12公里）原為墓葬區，金家只是看墓人。不過，金日成將家庭出身改為「佃農」。[3]

此前，筆者通過海外報導已了解朝鮮，這回通過大陸媒體「直擊朝鮮」，第一次聽到如此評價《阿里郎》（十萬人排練四個月、動作高度劃一）：「極權社會才能展現的藝術」；聽到「嚴格的計畫經濟是衣食無憂的保證，還是物質匱乏的根源？」深感歷史嘲笑──早知今日，何必當初！

130萬志願軍入朝，[4]加上先後補充、輪戰兵員達200萬，民工70萬。[5]1950年中國工農業產值514億人民幣，鋼產量61萬噸；美國生產總值15078億美元，鋼產量8770萬噸。[6]1950年美元與人民幣匯率：

2　陳怡：〈平壤首家西餐廳開張〉，載《羊城晚報》（廣州）2005-9-5。

3　楚雲：《朝鮮戰爭內幕》，時事出版社（北京）2005年，頁3。

4　龐松：《毛澤東時代的中國》，中共黨史出版社2003年，卷一，頁97。

5　楊先材主編：《共和國重大事件紀實》，中共中央黨校出版社1998年，上卷，頁137、134。

6　當代中國研究所編：《中華人民共和國史稿》，人民出版社、當代中國

1:2.75。[7]即1950年中國工農業產值僅187億美元，美國的1/80。如此家底，三年流血出錢「保家衛國」，每年耗費50%國家財政，[8]總耗資600億美元、死傷70餘萬志願軍，替金日成的冒險買單──既惹毛老美，不能「解放台灣」，還平白欠下一屁股軍火債（30億人民幣，合13億美元）。[9]戰後，中共先無償援朝八億人民幣，[10]此後累計幾十億，持續50餘年。中國人民的錢、志願軍的血，保衛了什麼？「國際主義」結出什麼果實?!作為中國人，總還有權問一聲吧？

2009-7-25　上海

原載：《開放》（香港）2009年8月號

附記：

2010年10月24日，沙葉新先生網轉拙文，「按語」──

為回應中央領導同志曾經提出的向朝鮮學習的號召，並配合最近中央和朝鮮的親善活動，以及慶祝將來還會進一步建立的凝成鮮血的兩國友誼，希望朋友們認真學習下面的文章。以前我們向蘇聯學習，說「蘇聯的今天就是我們的明天。」現在我們向朝鮮學習，那麼「朝鮮的今天就是我們的明天」。別的話我就不說了。

出版社（北京）2012年，卷一，頁95。

[7] 1950年以來人民幣與美元匯率，中國經濟網：http://finance.sina.com.cn/roll/20140221/153118293711.shtml

[8] 何立波、任晶：〈「三反」建國後反腐第一仗〉，載《檢察風雲》（上海）2009年第7期，頁66。

[9] 徐焰：〈解放後蘇聯援華的歷史真相〉，載《炎黃春秋》2008年第2期，頁31。

[10] 沈志華：〈中朝關係驚天內幕〉，載共識網（北京）2013-8-27。

越南的「胡風案」與反右運動

　　1950年代的越南也有一樁「胡風案」，甚至還有一場「反右」，時間上幾與我國同步。沒想到當中共一個勁「以俄為師」，還有人在後面「以中為師」。1950～70年代，毛澤東思想不僅滲透東歐、遠播拉美，更直接示範周邊東南亞。1960年代前後，東南亞各國共產黨頻繁來華，既取經兼要錢。馬來西亞共產黨即直接仿習延安整風，多次發動整風（整頓思想作風），以凝聚全黨，提高戰鬥力，促進革命形勢發展——精神變物質。

　　毛澤東為當國際共運第三號領袖，積極推進「世界革命」，建立訓練基地，將各國赤黨「接進來、送出去」，傳授武裝鬥爭經驗，援以金錢武器，送他們回國開展鬥爭。文革期間，東南亞共產黨「以中為師」達到高潮。緬共懸掛毛林畫像，也搞「早請示晚匯報」、「天天讀」。緬共軍需均由中共提供，中共軍事顧問團進駐緬共游擊隊。1979年底，中共通知緬共：五年後中止援助。1985年元旦，中共撤回顧問團，緬共人心浮動，有人絕望自殺。[1]

　　北越的「胡風案」與反右運動，對絕大多數中國讀者仍有一定新聞性。

以中為師

　　越南歷史上一直仿習中土之制，1919年還開考最後一科進士。胡志明（1890～1969），原名阮必成，出生越南中部義安省南壇縣黃稠

---

[1]　楊奎松：〈毛式武力奪權道路始末〉，原載《開放》（香港）2013年8月號，收入金鐘主編：《三十年備忘錄》，開放出版社（香港）2017年，頁315。

村。其父阮生輝，十九世紀末阮朝進士副榜，教書為生的漢學家，擔任過南部大夫。中文不僅是越南的科舉用語，也是衡量知識修養的一大標誌。

北伐時期，胡志明等越共要角就與中共關係密切。1930年代，在第三國際指導下，不少在華越共加入中共，如後任越軍第四軍區司令的洪水（1908～1956），1926年入黃埔軍校，參加廣州暴動、土地革命，東江游擊隊連政委、中央蘇區紅軍學校工農劇社社長，參加長征、參加延安整風；1945年回國抗法，1951年返華，中共解放軍訓練部條令局副局長，授銜少將。

1949年後，中共向越共無償提供大量援助，派遣顧問，鼎力支援越南抗法，與越共關係極深，影響自然也極深。

1951年3月越共「二大」，將毛澤東思想與馬列主義並列指導方針，馬恩列斯毛五像並懸。是年，越共模仿延安整風，開展針對知識分子的整風與思想改造運動。運動的兩項主要方式亦學自中共：一、邀請知識分子參加土改；二、成立各種學習班，開展各種政治學習。就連整風學習文件，也使用延安整風的中共文獻，直接搬用整風習語：「硬戴帽子」（不許自辨，必須認罪）、「車輪戰」（連軸審）、「連環套」（無限上綱）……

著名哲學家陳德草（1917～1993），巴黎高師獲得學位，出版現象學法文著作（至今西方哲學界重要參考書），1950年代初放棄西方學術界的良好發展，回國參加越共反法。「思想改造」運動中，為表示與過去一刀兩斷，以及未參加早期艱苦鬥爭的愧疚，陳德草在叢林中特意睡在蚊帳外，以便蚊子叮咬患染瘧疾。許多越共游擊隊員都得過此病，乃紅色標誌──越南革命者的驕傲。

隨著越共日益左傾化，意識形態越來越嚴峻，北方知識分子深感寒意，不少脫離越共去了南方。

越南的胡風

文藝方面，越共遵循「延安經驗」，嚴格要求文藝為政治服務，胡志明提出「文化抗戰化、抗戰文化化」。1948年7月第二屆越南文代會，印度支那共產黨（越南勞動黨前身）總書記長征（1907～1988），明確宣布：在越南革命中，為藝術而藝術的西方藝術思想不被允許，藝術必須為政治服務、為紅色革命服務。長征這一報告成為北越文化工作指南。此後，越共迭次政治運動，作家、藝術家也像中國一樣首當其衝。

越共也有一位紅色文藝沙皇（類似我國周揚）：中央委員、詩人素友（To Huu，1920～2002）。1946年，素友進入越共中央，負責文化及青少年工作；1949年，素友提出「藝術與政治結合」、「政治內容決定藝術形式」；1951年越共「二大」，素友躋身越共中候委；1954年，越共中宣部副部長；1955年，越共中委，執掌越共文藝宣傳。1954年，素友出版詩集《越北》，收集1947～1954年創作及翻譯的28首詩歌，均取材抗法戰鬥，越共奉為「社會主義現實文學」典範、革命文藝創作樣板。

春江水暖鴨先知，對越共日益左傾政策的最初質疑者，也跟中國一樣，來自最需要自由的文藝界。1955年2月，約三十名作家、藝術家聯名上書越共中央，要求廢除軍隊總政治部對文藝的領導。領頭者為詩人陳寅（1926～1997），一位馬雅可夫斯基式狂熱的越共青年，洋溢革命熱情，崇尚個性獨立，追求藝術創造。他領著約二十名文藝工作者面見越軍總政治部主任阮志清，提出保障創作自由的三項要求，要求將創作自由還給藝術家文學家，遭到阮志清當面斥責。

一些北越研究者認為：陳寅的活動與中國的胡風事件有關。因為胡風對中共文藝領導人（周揚）提出挑戰，陳寅正由越軍總政治部派往中國，求取紅色文藝創作真經，以便越南創作劇本《奠邊府大捷》。因此，陳寅很熟悉中國文藝界沸沸揚揚的胡風觀點。這位陳

寅，就是稍後「越南的胡風」。

1940年代後期，陳寅參加北越抗法鬥爭，1948年加入越共，當時就表現出反對塑造模式化英雄的文藝思想，與胡風反對「社會主義現實主義」創作方法大致同步。1951年，陳寅參加越共整風，對毛澤東思想與中共文藝動態十分熟悉，在越共文藝界有「中國大師」之稱。研究者認為陳寅與胡風乃是中越相同政治環境下一對攣生子。

陳寅的文藝創作不但沒拔高正面人物，還儘量用現實主義十分貼近生活，挑戰官方只准表現光明的「社會主義現實主義」，並發表文章嚴厲批評越共文藝權威素友詩集——《越北》，對當時的越共文藝界提出一系列質疑：

> 為什麼沒人去寫政府機構？為什麼沒人去表現愛情？為什麼只准寫工人農民出身的人物？現實主義應該鼓勵形式和內容上的百家爭鳴。[2]

1954年秋，中國開展「反胡風」運動。1955年5月，陳寅在越南被勸退黨；1956年初下放土改工作隊，強制「思想改造」。1955年5月16日胡風在北京被捕，1956年2月，陳寅在越南被捕。一位參與決定逮捕陳寅的越共高幹說：「中國有一個胡風，我們很可能也有一個。」陳寅在獄中自殺未遂。

1956年2月14～25日蘇共「二十大」，赫魯雪夫做了「解凍」的〈祕密報告〉，精神傳至越南，陳寅出獄，參加「人文—佳品」運動，發表很多作品。1957年秋，受中國「反右」影響，越南也發動「反右」，陳寅再遭清算，開除出越南「作家協會」，下放勞動多年。此後，他長期研究和創作先鋒派作品，1997年去世前恢復「作協」會籍。

2　程映虹：〈毛主義和中國模式在東歐和北越的影響——對「雙百方針」和「反右」運動的再考察〉，載《當代中國研究》（美·普林斯頓）2007年第3期，頁43。

〈祕密報告〉引起「自由化」

赫魯雪夫揭了史達林蓋子的〈祕密報告〉震動全球，引發全球赤徒對國際共運的強烈叛離：社會主義原來如此?!無產階級專政如此殘酷?!不過，衝擊波最大的還是「東風」陣營。東歐、中朝蒙越等赤國發生地震級連鎖反應，引發1956年底的波匈事件、中國的「雙百」方針與整風運動。1956年秋，北越知識界也發起要求「解凍」的「《人文》、《佳品》運動」，義安省農民武裝暴動——反抗越共「土改」，一些城市發生工人與學生的騷亂。

1956年4月，蘇共派米高揚飛赴北京、河內，通報「二十大」精神。中共旋宣布「雙百」方針，激起北越知識界共鳴，要求越共檢討前一階段左傾文藝政策。在這樣的背景下，越共以逮捕陳寅未經高層批准為由，開釋陳寅。8月，迫於知識界壓力，同意召開「第一屆越南文藝工作者代表大會」。10月，主管文藝的素友與阮庭氏承認犯了壓制自由創作的錯誤；逮捕陳寅的懷青撰文檢討：陳寅的「反革命」案，毫無根據、完全錯誤。

1956年夏，受蘇共「二十大」及中共「雙百」方針影響，越共此前的「反自由化」運動失去勢頭，北越知識分子恢復對越共的批評，指責1953年在農村的「兩星期恐怖」及隨後的暴烈土改。「兩星期恐怖」平均每村整死4～5人。1953年2月底，胡志明就「兩星期恐怖」公開道歉。土改中，大量中農、富農被劃「地主」，鬥爭打擊乃至槍決。越共對地主家屬搞「社會隔離」，大批婦女兒童餓死家中。不少老區幹部反對這種暴烈政策，但受到積極貫徹暴烈政策的外來幹部的打擊，老區幹部遭到懲處，甚至被殺。此時，這些陰暗面被一一揭出，越共承認土改擴大化，打擊面過寬，尤其錯劃了戰爭時期「白皮紅心」的革命參加者。1957年底，負責土改的越共總書記長征引咎辭職。

1956年8～11月，陳寅、阮有當、黎達、黃琴等作家，在北越知識界發起「《人文》、《佳品》運動」。《人文》乃一份民辦政刊

（週刊），宣倡革命必須兼顧人本人道，推重陶冶人性的中國儒學。這一時期還出現五六份民辦刊物，強烈衝擊官辦刊物，越共不得不壓縮紙張分配以限制民刊發行量。1956年10月，北越「自由化運動」達到高潮，潘魁率領越南文化代表團訪華，出席魯迅逝世二十周年紀念活動。「魯迅精神」成為北越異士向左傾文化政策挑戰的一面旗幟，

1956年10月底，當越共承認土改犯了嚴重錯誤的消息傳到農村，農民並未感恩戴德。11月5日，義安省發生農民武裝暴動，參加者約兩萬餘。越共調動最精銳的第325師鎮壓，一周後「平叛」，六千越南農民被殺或被迫遷移。

12月，蘇軍鎮壓匈牙利革命後第五天，越共也迅速轉向，《人民報》發表社論：

我們不應允許任何人利用民主的自由和表達的自由離間黨和人民，誹謗我們的制度，在人民之間製造混亂，或者散布有害的、反動的思想。

12月18日，根據北越政府主席令，河內市政府停止《人文》、《佳品》出版，關閉出版兩份雜誌的明德出版社，不僅沒收市面上的《人文》、《佳品》，還要求自覺上交過去購買的這兩份雜誌。

胡志明發起反右

1957年初，中共號召鳴放，越共亦步亦趨，重新允許知識分子鳴放。1957年初秋，中共發起大規模反右。8月底，胡志明外訪回國，北京轉機，中文程度很高的胡志明在機場隨手翻看中國報刊，聞知反右「重味」。回國後，胡志明結束「自由化」，也發起「反右」。

1958年1月6日，越共通過〈政治局關於文學問題的決定〉，要求將「顛覆分子」從文學組織中清除出去，對知識分子進行馬列主義再教育。越共沒使用稍稍含蓄的「右派」，而用色彩鮮烈的「反革命」、「反黨」、「右傾錯誤」。1958年2月，172名知識分子押入

「再教育班」，3月再押入第二批304名知識分子，大多是作家、藝術家、教師、幹部、出版人員。此後，指控其中三人為「法國間諜」，判處5～15年徒刑，未出示任何有力證據。

「自由化」帶頭人物均遭整肅。潘魁（1887～1959）出生官僚家族，精通漢文，很早接觸西方新思想，擁有革新精神，提倡人權。潘魁的文章帶著諷刺尖銳，給北越文壇帶來一股清新氣息，在越南各報享有盛名，德高望重的民族知識分子。

潘父1883年乃河內總督，法國佔領河內前自殺，越南民族主義象徵性人物。1907年，潘魁成為越南知識界反法領袖，1940年代末支持越共民族獨立運動，越共重要統戰對象，其子也是越共統一戰線組織──「祖國陣線」機關報編輯。潘魁還是翻譯魯迅小說的第一譯者，1957年出版《魯迅小說選集》（越南作協出版社）。

越南反右運動開展後，潘魁被開除出「文聯」，下放勞動，當局還在「組裝」罪名，1959年即去世。不久，潘子也不明死亡。這個三代為越南民族獨立奮鬥的家族，悲劇性告終。

「越南的胡風」陳寅，三年被停止「文聯」會員資格。

1958年夏，越共發起大規模「下鄉進廠」運動，知識分子必須下鄉下廠。凡在《人文》、《佳品》發表作品者，均劃「人文佳品集團分子」，黨員開除黨籍，有的開除公職，有的軟禁，有的勞改，有的下獄，境遇悲慘。知識分子自比越共小老婆──無論怎麼忠心耿耿，永遠不會「明媒正娶」。越共至今未平反這場運動，一直維持原判。

結語

各赤國在對待知識分子問題上、在對待不同意見上，在馬列意識形態引領下，同弊同病──思想上強行統一、方向上原始粗拙、方式上暴力打壓，既背離革命初始目標，也遠離理性中軸，有悖知識化開放化的現代大方向。

　　國際共運這灘大血漬，這筆「走錯路」的巨額學費，相當重要的世紀人文遺產，應為後人永遠記取，特別對我們中國人。

初稿：2008-5-12～13　上海‧三湘

修改：2017-5-12紐約‧法拉盛

原載：《新視角》（香港）2017年8月號

切·格瓦拉現象的背後

國際共運退潮落篷，西風終於壓倒東風，但意識形態領域留下一地瓦礫，至少需要半個世紀的清場。切·格瓦拉現象即此類赤色垃圾之一。

1997年，切·格瓦拉（Che Guevara，1928～1967）三十周年忌辰，西方及拉美報刊熱鬧一陣，封贈「紅色羅賓漢」、「浪漫冒險家」、「共產主義的堂·吉訶德」、「拉丁美洲的加里波的」、「塵世耶穌」，薩特則贈最高級的「我們時代最完美的人」。2002年，大陸出版《完美的人——切·格瓦拉傳》。

切·格瓦拉的標準肖像（攝於1960年），成為理想主義者的象徵、國際左翼運動標誌、1960年代末美國校園反越戰偶像，《時代》周刊二十世紀「百名影響力人物」。他的被俘日——10月8日（1967），古巴立為「游擊隊員紀念日」。1997年10月9日（格瓦拉遇難30周年），古巴定10月11～17日為國喪日，並國葬格瓦拉遺骨（在他戰鬥過的聖克拉拉），高矗銅像。哈瓦那革命廣場矗立巨幅頭像，古巴各到各處都有「切」像。墨西哥有「切·格瓦拉鎮」，西班牙有「切·格瓦拉街」。這幅頭像印上各種書刊、旗幟、T恤、茶杯……

從文藝角度，切·格瓦拉以堂·吉訶德精神與人性作戰，以十字軍遠征氣概從事革命，以藝術家熱忱塑造「新人」，那麼崇高那麼基督般犧牲，太打動人心了。1968年法國「五月風暴」，學生們喊出口號——

寧跟薩特錯，不跟阿隆對。一想到革命，我就要做愛。

消費社會不得好死，異化社會不得好死。權力歸於想像！

在用最後一個資本家的腸子勒死最後一個官僚之前，人是不自由的……

切！切！切！[1]

不過，人們只看到這位「紅色羅賓漢」的崇高犧牲——放棄古巴二號交椅，投身艱苦危險的叢林游擊戰，忽視其「崇高」之下的渺小動機——推銷一己理念。更可怕的是：他以自我犧牲換取對暴力革命的同情、降低對赤說的警覺、為國際共運召募信徒，以推動他夢想的「世界革命」。

切·格瓦拉的獻身，實類宗教聖戰，必須對切·格瓦拉一分為二，不能一葉障目，不能因為他的獻身而無視他搭售的赤色邪說。

紅色青年

切·格瓦拉出生阿根廷儒商家庭，父母均為大學生。1945年，格瓦拉入布宜諾斯艾利斯大學醫學院，對政治並無興趣。1953年6月取得醫生資格。此時，他接受紅色學說，短短幾行文字，裸露這位青年的赤左偏激——

我情願是一位不識字的印第安人，也不願當美國的百萬富翁。

我們的人民更需要的是拯救他們、解放他們。我已下定決心和人民共患難……我要衝向堡壘和戰壕，用鮮血染紅我手中的武器……我將用我的全部熱血去實現無產者全力追求的未來。

他與好友赴拉美旅行，希望開闢紅色事業。從一開始，他就將理想掛鉤暴力，認定只有通過戰鬥、鮮血，才能實現無產者的理想。

1954年，一位古巴革命者給格瓦拉取名——「切」，意為「我的東西」（瓜拉尼語）。潘帕斯草原語言中，「切」隨語境不同表示驚訝、喜悅、悲傷、溫存。此後，格瓦拉經常使用這個更簡捷的「切」。

1955年7月下旬，墨西哥城斯帕蘭49號小公寓，格瓦拉見到了菲

---

[1]　陶練：《完美的人——切·格瓦拉傳》，海南出版社2002年，封面折頁、頁425。

德爾‧卡斯特羅（1926～2016），相談甚契。此前，格瓦拉就深深迷醉卡斯特羅的法庭演講──〈歷史將宣判我無罪〉。兩人都十分欣賞古巴獨立英雄──「青銅泰坦」馬塞奧將軍的一句名言：

> 不能乞求，只能靠利劍來爭取。[2]

紅色革命者使用的邏輯與希特勒一樣。希特勒《我的奮鬥》（第2部第12章）：

> 日耳曼人是上帝選定的主宰民族！新的帝國必須再一次沿著古代條頓武士的道路進軍，用德國的劍為德國的犁取得土地，為德國人民取得每天的麵包，最終為德國人民爭得足夠的生存空間。

迷醉革命

1959年1月，卡斯特羅成功奪權。切‧格瓦拉少校乃軍事行動第一指揮官，古巴革命二號人物，官封工業部長、國家銀行行長。但這位職業革命家無法忍受和平環境的平庸，生活重複，鮮有色彩，無法體現不同尋常的價值，實現不了「世界革命」。他最受不了日常生活的種種庸俗，尤其缺乏艱苦危險下才有的「共產主義崇高感情」。同時，失去明確的敵人，他無法激情亢奮。此外，在國家工業化、俄中外交等重大決策上，他與卡斯特羅也出現「不同政見」。

切‧格瓦拉狂熱追求革命的純潔性，主張全面國有化，用道德覺悟、義務勞動推動生產。他認為──

> 工作是道德的必需！工廠應是每天帶著熱情和樂趣前往的地方！勞動應該是美好生活中最幸福的時刻！

但他面對的卻是「只想回家的工人」。他深深失望，意識到和平環境中無法塑造「共產主義新人」，紅色思想無法普遍植入大多數公民頭腦。[3]

---

[2] 陶谹：《完美的人──切‧格瓦拉傳》，頁56、90。
[3] 陶谹：《完美的人──切‧格瓦拉傳》，頁324、334、343。

他希望保持戰爭環境的緊張氣氛與犧牲精神，相當「不適應」安定有序的和平生活。他清教徒式的高標準嚴要求，對下屬造成極大壓力，「當心，切來了！」一次，格瓦拉出席會議忘戴手錶，一位下屬摘下金鏈手錶借給他；歸還時錶帶換成皮質，附收據：「古巴國家銀行感謝你的捐贈」。

卡斯特羅與格瓦拉從82名游擊隊員起家，短短三年取得全國政權，他們與毛澤東一樣迷醉「唯意志論」，認為堅定意志能創造人間奇跡。他們一方面倡言唯物論，將革命勝利解讀為「歷史必然」，為暴力革命尋求客觀合法性；另一方面則暗持「唯意志論」，認為主觀因素能創造客觀條件，主觀能決定客觀。[4]

切·格瓦拉狂熱輸出革命，不計代價地支援第三世界革命。他瞅準非洲與拉美中小國家武裝力量薄弱，注入小股游擊隊較易奪權，似乎只要幾十個不怕死的游擊隊員就可「解放」美洲。

在卡斯特羅資助下，1965年4月，他帶領二十餘名古巴老戰士進入剛果（金），但當地出身貧苦的游擊隊員，大多好逸惡勞，每次出征都要舉行驅趕死神的宗教儀式。這些人只想離開剛果，根本不熱愛祖國，他們參加游擊隊只為獲得通往外面花花世界的「門票」。1965年11月底，切·格瓦拉對剛果革命絕望，帶著古巴人撤出，1966年5月輾轉回到古巴。

1967年11月7日，切·格瓦拉進入玻利維亞達卡拉米那農場（基地）。[5]他很清楚游擊隊的危險，但他沉醉於武裝鬥爭的刺激，聞鬥起舞。危險不僅使他找到「存在價值」，也令他激昂亢奮。

1965年4月1日，他向卡斯特羅遞交辭職函——

革命中（如果是真正的革命），的的確確不是勝利就是犧牲。在通往勝利的道路上，很多同志都倒下了。……哪裡有帝國主義就在哪

---

4 程映虹：《毛主義革命——二十世紀的中國與世界》，田園書屋（香港）2008年版，頁183、185、182。

5 陶詠：《完美的人——切·格瓦拉傳》，頁358、362、380～382。

裡同它鬥爭。這一切足以鼓舞人心，治癒任何創傷。

1967年8月8日，切·格瓦拉玻利維亞叢林日記——

這種形式的鬥爭使我們有機會變成革命者。這是人類攀登的最高一級階梯，能使我們受到最好的鍛鍊。

有關切·格瓦拉的兩處關鍵點——

一、切·格瓦拉「玻利維亞民族解放軍」行蹤的暴露，除了土農的報告，還有切·格瓦拉最後一位情人塔瑪拉·邦克的出賣。這位比他小九歲的德裔美女竟是克格勃特工。1960年，格瓦拉訪問東德，東德情報部門派出翻譯塔瑪拉小姐，任務是愛上這位英雄，掌握古巴二號人物的動態。塔瑪拉父母均為德共，1935年躲避納粹遷居阿根廷，1937年塔瑪拉出生，1952年隨父母回國，剛畢業於柏林名校洪堡大學，精通西班牙語，願意以身許國。風流多情的英雄與美麗可人的女譯很快墜入情網。此時，莫斯科認為切·格瓦拉推行的卡斯特羅牌馬克思主義，與俄共堅持的馬克思主義不相兼容；如果切·格瓦拉在玻利維亞奪權成功，玻國就將落入卡斯特羅手中，並導致其他拉美國家也走格瓦拉式道路，這些國家最終會納入哈瓦那而非莫斯科的軌道。因此，克格勃向塔瑪拉發出指示：「你必須背叛你所愛的這個人！」「這是革命的需要！」

二、1967年10月8日，切·格瓦拉在尤羅峽谷被捕。玻利維亞無死刑，美國中情局也擬收押利用。但玻利維亞總統巴里恩托斯認為長期關押格瓦拉不現實，輿論只會對這位大名鼎鼎的游擊專家有利，古巴政府會盡一切努力營救，或用人質交換。玻利維亞軍方意見：不能將切·格瓦拉交給美國中情局，「這樣一來，會給人一種印象：玻利維亞與美國沆瀣一氣。」於是，軍政府迅速統一意見：次日就地處決（與五名游擊隊員），對外宣布死於戰鬥，以免被指責違法殺俘。普拉多上尉奉命執行，他透露格瓦拉沒想到會被處決，還以為會進行審判，然後像卡斯特羅一樣發表「歷史將宣判我無罪」，進行一場「正

義與邪惡」的辯論。[6]

「切」式崇高

切・格瓦拉嚴於律己、克己奉公，「先進事跡」廣為流傳。如身兼工業部長、國家銀行行長，他退回較高那份工資，只領較低的一份；幼孩急病，不准用自己的公車送醫；搬家時妻子拆走吊燈，他馬上送回；古巴經濟困難，高幹家庭享有特殊配給證，立即退回；業餘積極參加義務勞動；未給子女留下任何遺產並以此自豪……他確實不是那種驅趕他人的「給我上」，而是以身作則的「跟我上」，道德號召力強大。但問題正在這裡，「上」哪兒呢？朝什麼方向「上」？

切・格瓦拉口口聲聲說熱愛人民乃是革命家最起碼的品質，但卻偏偏無視人民最基本的物質需求，不理解幫助別人的前提是「先管好自己」，救助者不能「需要救助」。他一個勁倡導「無私」，極端強調對人性的改造，走入與毛澤東同一邏輯的「狠鬥私字一閃念」──違悖人性本能。革命革到剿滅對物質需求的欲念，革到必須違扭自然天性，這樣的革命還不恐怖麼？還能「萬歲」麼？沒有個人權利，不需要個人利益了，崇高的「集體利益」還剩下什麼？還有必要為之「拋頭顱灑熱血」麼？

切・格瓦拉撰著《人與社會主義在古巴》，結語──

我們的自由隨著不斷的犧牲而膨脹，這種自由和它每天的營養物就是鮮血。

1965年2月，哈瓦那首屆拉美青年大會，格瓦拉演講──

今天的古巴人民想讓你們知道，即便他們在一場為澈底解放而引發的熱核戰爭中被全部消滅，只要你們接過革命的火種，他們也會為完成了自己的使命而感到無比幸福。

---

[6] 陶駸：《完美的人──切・格瓦拉傳》，頁343、366～367、393～396、403～408。

　　1959年1月古巴革命勝利，格瓦拉出任卡瓦尼亞堡軍事監獄檢察長，負責清除巴蒂斯塔時代的官員與警察。有資料說他處死156人，但可能高達600人。[7]

　　如此嗜血的革命家，如此不顧恤人民生命，他傳遞的革命火種，還不恐怖麼？古巴人民甘願全部犧牲「個人權益」麼？願意像切‧格瓦拉一樣輕忽物質需求麼？甘願為馬列主義獻身麼？更要緊的是：切‧格瓦拉憑什麼「代表」人民？人類需要這樣的「崇高」嗎？現代文明史從正反兩面證明：個人權利是一切公共利益的地基。否定個人權利、蔑棄個人價值，實為國際共運必然落敗的關鍵內核──違背歷史理性及現代文明大方向。

　　1967年10月9日上午，面對死亡，美國特工專家問他：「此時此刻，你在想什麼？」切‧格瓦拉回答：「我在想，革命是不朽的。」[8]

　　卡斯特羅高聲標舉切‧格瓦拉，要求古巴青年「都成為『切』那樣的人」，當然意在推銷馬列主義。卡斯特羅宣稱：「人類至今為止還生活在史前時代，只有掃除一切罪惡和不正義，才會進入真正的人類歷史。」[9]與所有政治狂人一樣，都宣稱太陽從他腳下升起，惟有他的統治時期才進入「正史」。

　　給全球帶來慘烈赤難的馬列主義，能因為切‧格瓦拉的「崇高獻身」而萬歲麼？人們會因切‧格瓦拉的「崇高」而接受暴力與鮮血，會讓子孫後代再吃二遍苦再遭二遍罪麼？

　　無論如何，原形畢露的國際共運已無法為切‧格瓦拉的「崇高獻身」輸送價值，拉美共運更是只能輸送「反價值」──既折騰拉美各國，也葬送無數游擊隊員的生命。切‧格瓦拉狂熱的「崇高獻身」，

---

[7]　①百度百科詞條，切‧格瓦拉。②程映虹：〈格瓦拉主義的衰落〉，原載《開放》（香港）2000年7月號，收入金鐘主編：《三十年備忘錄》，開放出版社（香港）2017年，頁344。

[8]　程映虹：《毛主義革命──二十世紀的中國與世界》，頁259～265、411。

[9]　程映虹：《毛主義革命──二十世紀的中國與世界》，頁288。

只能讓人們看到馬列主義的猙獰。

紅色尷尬

三則赤色尷尬：

一、既然無產階級不甘於資產階級專政，資產階級為什麼就得甘於無產階級專政？既然無產階級要專資產階級的政，資產階級為什麼就不能專無產階級的政？一則無法自圓邏輯的學說，一則只有「去」無法「回」的主義，還可能是真理麼？

二、玻利維亞「解放軍」長期得不到被解放對象（當地農民）的支持。切·格瓦拉《玻利維亞日記》中：「沒有一個人參加游擊隊」（1967-4小結）、「我們處於完全孤立的境地」（1967-5-16）、「農民群眾一點也不幫助我們，而且變成了告密者」（1967-9小結）。1967年10月8日，格瓦拉被俘，幾百名土農興奮地指指點點，面對這些他要解救的「階級同胞」，格瓦拉感到很失敗，很像魯迅小說《藥》那個夏瑜。

三、切·格瓦拉的死使他更加完美，尤其那張酷似耶穌蒙難的遺體照。他也確實為了窮人而死，但他的暴力方式、那張悖謬的共產圖紙、那些極端觀念，使他的奉獻與價值脫節，只能成為歷史的尷尬。

1967年前，古巴情報總局每年支持拉美游擊戰110萬美元，三千拉美紅青接受訓練回國。切·格瓦拉死後，古巴「輸出革命」趨緩，對拉美革命、世界革命退守「等待」。不過，古巴少先隊員的口號仍是：

我們要像「切」少校一樣，做共產主義的先鋒。[10]

很反諷，切·格瓦拉獻身換來的公有制只能帶來貧窮。1960～70年代，古巴每樣生活必需品都配給供應，每家一疊定量卡，商店空空

---

[10] 陶詠：《完美的人——切·格瓦拉傳》，頁402～407、418～419。

蕩蕩，一來貨即排長隊；每人每年只有一～兩雙鞋，兩條長褲，衛生紙兩月沒貨；中午開始停水，碗碟都堆在水池裡，晚飯前才來水，廁所也沒法沖洗。古巴共產黨教導全體國人：

　　這些都不重要，重要的是我們正在從事的事業。

　　古巴革命者甚至說：

　　古巴精神病人的政治覺悟都比美國的正常人要高。[11]

　　2008年，一個手機號碼在哈瓦那賣到130美元，普通人月薪300藍比索（約13美元）。[12]古巴一家國企副總，全家月收入800比索（合240元人民幣），已經算高了。卡斯特羅的月薪也僅300人民幣。[13]2010年，美洲「第一個社會主義國家」不僅政治無人權，最起碼的溫飽也沒有。國營麵包廠職工月薪僅15美元。

　　2011年古巴恢復私有制，一位麵包廠職工下海開比薩店，因普遍貧窮，有時一天都沒一位顧客。[14] 2012年，古巴網民僅1%，上網費用太高了。哈瓦那著名夜總會「紅色沙龍」，女士免票、男人十個紅比索（約12美金）[15]，贈送一杯美酒。十個紅比索已接近古巴職工一月收入。舞台上，濃妝女郎、性感舞蹈。古巴青年思想迷惘，多年前政府教導他們「宗教是迷信」，現在政府卻讓他們參加彌撒。2012年3月28日，羅馬教皇在哈瓦那革命廣場主持盛大彌撒，勞爾・卡斯特羅攜多位部長前排就座。古巴電視台40%歌曲來自美國，80%電影電視

[11] 程映虹：《毛主義革命──二十世紀的中國與世界》，頁287～288。
[12] 劉文忠：〈古巴──共產主義小苦主〉，載《揭露》（香港）2013年11月號，頁90。
[13] 鄭力、史哲文：〈揭開古巴神祕的面紗〉，原載《南方周末》（廣州）2008-2-28，《文摘報》（北京）2008-3-6摘轉。
[14] 伍海燕：〈古巴人：積極幹「個體」，無奈稅負重〉，原載《羊城晚報》（廣州）2012-1-29。《文摘報》（北京）2012-2-2摘轉。
[15] 古巴紅藍比索相差24倍。紅比索類似中國的外匯券。2005年為應對日益猖獗的黑市，古巴發行紅比索代替美元，但百姓只認美元，政府只得提升匯率，100美金兌換80紅比索，百姓才接受紅比索。2005年，一美元相當24藍比索。參見劉文忠：〈古巴──共產主義小苦主〉，載《揭露》（香港）2013年11月號，頁89、92。

節目也來自美國。[16]

　　卡斯特羅也穿起西裝，熱衷邀請美國資本家投資古巴。1993年，卡斯特羅的女兒逃往美國，在紐約召開記者招待會，控訴其父「專制暴君」、「殘害人民的劊子手」，她以體內流著卡斯特羅家族的血而恥辱。切‧格瓦拉很看中的拉美革命沃土，如今「西風」強勁，一個個走上西方民主道路。[17]

　　古巴農民自養家禽、自種蔬菜都要上交，完全沒有勞動積極性。街頭、自由市場都在出售與交換偷來的公家財物。一位開旅遊車的古共黨員，一路上幾次停車，「不是去熟人家買偷來的東西，就是賣給別人自己偷來的東西。」隨著就業壓力日增，古巴被迫開放旅遊業。雖然卡斯特羅說過：「開放旅遊業等於讓自己的老婆跟別人睡覺」。色情業已半公開，哈瓦那妓女夜晚站街拉客。海岸對面就是自由的美國，半個世紀古巴已流失200多萬人口（全國人口1/5）。[18]切‧格瓦拉如回到古巴，一定驚得目瞪口呆：「我的革命呢?!革命的效益呢??」

　　很清楚，切‧格瓦拉跟著「主義」錯，犯了很低級的人文錯誤。馬克思的共產主義將赤色制度建築在改造人性的基礎上，不是以制度適應人性，而是要求人性適應制度。切‧格瓦拉有一句說得很「到位」──

　　我相信最簡單的辦法是承認它（指人性）的未完成性。人是一件未完成的產品。

　　1960年8月，他在一次演講中，拎出馬克思主義精髓──「革命的核心就是消滅個人主義」。[19]

[16] 陳君：「今日古巴的年輕人」，原載《中國新聞周刊》（北京）2012年第24期。《文摘報》（北京）2012-7-12摘轉。

[17] 花子盧：〈新左派革命偶像的浪漫傳奇──格瓦拉的青春祭引起反思〉，載《明報月刊》（香港）1996年1月號，頁58～60。

[18] 劉文忠：〈古巴──共產主義小苦主〉，載《揭露》（香港）2013年11月號，頁91～93。

[19] 程映虹：《毛主義革命──二十世紀的中國與世界》，頁257。

他看到人性與共產制度之間的矛盾，但豪稱革命者是「幸福的齒輪」，古巴革命要創造「二十一世紀的人」。[20]

「主義」之殤

170年沉痛的國際共運實踐證明：共產主義只是一張烏托邦圖紙。社會前進雖然離不開革命，但革命不能僅憑理想，不能以割裂傳統為代價。傳統不僅凝結歷史理性，更標示革命不能超越的界限，革命必須受制於歷史可能性，只能是有限的歷史延伸。革命亦須有度，不可能也無必要「澈底」，大拆大卸的「一步到位」，風險實在太大。馬列主義只能尷尬地淪為意識形態違章建築。

歸根結底，所有重起爐灶的革命都是一種嘗試。雖說自古成功在嘗試，但嘗試成功自古無。廢私立公，大破大立，根本制度的「澈底革命」，千謹萬慎，再三論證，寧慢勿迫，搞試點，驗效果，豈可「破字當頭」莽莽然以暴力推進？170年國際共運史，一場場暴力奪權、一場場血腥鎮反、一幕幕大飢餓……

古訓：兄弟不共財。兄弟共財都易失諧，何況全社會共財！中國大陸房改前，每次單位分房都會爆發打破頭的爭鬧，任何能吏都無法端平這碗水。房改後，各人量力自購，紛爭自解。「共產」打破歷史形成的社會平衡，強行拉平人際差異，摧毀了社會第一生產力——人們的生產積極性。

國際共運以「禁慾」為旨歸，現代文明則以不斷滿足人類欲望為矢的。因此，國際共運才是真正的「反動」——反歷史、反文明、反人類。那些一路倒下的狂熱革命者，如得知自己才是最需要革命的「反動者」，情可以堪？

對普通民眾來說，辨識各種「主義」的正當性，確乎太難，亦

無必要全民參與這一難度很高的分辨，只須捧接前人傳遞的某些原則就可以了，如最核心的民主、自由、平等、博愛等理念。史實一再證明，只有在「自由」的前提下，即各種學說在接受質疑與討論的前提下，人們才可能擇優而取。不許質疑、不許討論、不許比較，還有「擇優而取」的可能麼？既然當權者執劍衛「說」，馬列主義必須「萬歲」，還需要「擇優」麼？還可能「擇優」麼？

正是為了落實自由，才需要民主，分權制衡的民主政制成為近代文明最重要的人文成果。失去民主，自由立失屏障。民主因自由而產生，自由倚民主為屏障。

馬克思主義高揚道德，宣稱終極解決一切社會矛盾──「這是最後的鬥爭」，一望可知的荒謬。社會矛盾都終極解決了，豈非人類認識到「馬」為止，無法前進也毋須前進了，符合您的唯物辯證法麼？況且，實現共產主義的前提繫於民眾的高度無私──必須改變人類自然屬性，豈非真正的「反人類」？

歷史理性的精妙就在於拿捏公私分寸，掌握理想與現實的平衡。此為古今法律之難點，也是法律的靈魂。設若人性無私、奸宄絕跡，還需要繁雜的法律法規麼？甚至，還需要警察麼？

全球赤士之所以大力挺「切」，酒翁之意當然不在「切」，而在「切」攜帶的主義。尤其這則主義已風雨飄搖，淡化「切」的暴力傾向，標舉其崇高獻身，以高尚道德遮掩危險的主義，迷惑青年後生，用心很陰呵！

切·格瓦拉與中共

切·格瓦拉非常崇拜毛澤東，啃讀過毛著，長女起名「小毛」。中古友好那幾年，哈瓦那中國使館成為古巴高官享受美食的「中餐館」，因為哈瓦那中餐館都關閉了。卡斯特羅兄弟、切·格瓦拉等常

常不請自到，來「蹭」晚餐。[21]

1960年代初，美蘇和解，赫魯雪夫啟動經濟改革，蘇聯悄悄「解凍」，開始承認市場經濟規律。切·格瓦拉敏感意識到：蘇聯正在向右轉，背棄了馬克思主義「計畫經濟」原則。他批評蘇聯承認價值規律、承認個人利益，與革命目的背道而馳，認為蘇聯已是「豬圈」，蘇美兩國工人的勞動目的已無區別，都是為了錢，而非為了崇高的共產主義。他十分欣賞毛澤東的中國模式，認為中國代表了社會主義方向。他主管的工業部只給予精神獎勵，即便少量物質獎勵，也盡量避免貨幣形式，且從不在公眾場合頒發物質獎品。在他的號召下，古巴掀起義務勞動與勞動競賽，企圖以這一方法解決低迷的勞動生產力。

1960年11月，切·格瓦拉訪華，見到心儀已久的毛澤東、周恩來。宴會上，他稱頌中國的人民公社模式與強調精神力量，為亞非拉提供了榜樣。毛一高興，給了他六千萬美金貸款，周恩來附言「不必償還」。

1961年中蘇關係破裂。1965年2月，切·格瓦拉受命前往中國當說客，試圖勸說中共放棄論戰，調停中蘇關係。這次他受到冷遇，他在北京一周，毛澤東都未見他，僅與劉少奇、周恩來、彭真交換意見，只好悄悄回國。北京碰壁，卡斯特羅騎牆不成（此前被嘲「胃在莫斯科，心在北京」），決心向蘇聯「一邊倒」，3月公開抨擊中共。中共立即削減援古大米，駐古大使向古巴高幹散發反卡斯特羅的材料，鼓動古共「健康力量」推翻卡斯特羅。1966年初，中古兩黨公開翻臉。中共指斥卡斯特羅加入帝修反「反華大合唱」，卡斯特羅則回罵老毛「老年癡呆」，竟然不知「太陽也會熄滅的」（諷刺中國的紅太陽崇拜）。因此，切·格瓦拉死後，中共並不把他當英雄，冷嘲熱諷「個人英雄主義」、「否定黨的領導」、「不要根據地」。[22]

---

[21] http://www.360doc.com/content/16/1210/13/30503667_613520609.shtml

[22] 程映虹：〈格瓦拉主義的衰落〉，原載《開放》（香港）2000年7月號，

由於久居鐵屋，我們紅衛兵一代直到1980年代並不知道這位大英雄，更不知道他是什麼「完美的人」。

1966年5月，格瓦拉從非洲輾轉回到古巴，在等待去玻利維亞的幾個月中，他寫了一些理論文章，指責列寧的新經濟政策乃是蘇聯復辟資本主義之始，更抨擊赫魯雪夫的「和平共處」為綏靖政策，蘇聯在古巴導彈危機中的退讓乃是背叛。一次，接受英國記者採訪，甚至說如果當時導彈按鈕在古巴人手裡，很可能就發射出去了。

結語

一則學說，全球至少一億生命陪葬──「非正常死亡」、至少二十億人「非正常生存」。國際共運如此惡績，慘烈實踐證謬馬克思主義，無論推銷者如何「無私」，無論切‧格瓦拉如何崇高，無論紅色烈士如何壯烈，還有多少價值？多少意義？巨災烈禍，共產主義終顯魔形。

理論的低下、哲學的貧弱乃是五四左翼士林惑於赤說的社會溫床，以為娶回一位最美麗的新娘，請回一則最值得鋪展的「主義」，結果卻是比宗教還迷信的赤教、比皇帝還酷虐的「毛帝」、比文字獄擴大萬倍的「反右」、比先秦以降迄加餓死人都多的「大饑荒」、比納粹還荒謬的「文革」、比「三‧一八」更血腥的「六四」……顛倒錯亂的赤色思潮，孵出數代是非混沌、邏輯錯亂的國人。筆者兩位女同學：一位1980年代初大學生、一位1990年代後期博士生，先後表示：能嫁希特勒乃莫大榮幸。復旦博士英語女外教聞知，驚得閉不上嘴，她不知道這正是中國人文落後的「經典」一斑。

納粹主義、馬列主義、恐怖主義，這些政治邪教所允諾的「美好」都遙遙閃爍於彼岸，無法靠近登陸。1960年，卡斯特羅一場演講

收入金鐘主編：《三十年備忘錄》，開放出版社2017年，頁344～345。

竟持續八小時（下午～深夜）[23]，一場只能依靠口號與演講給予明天的革命，還能使電子時代的今人入彀麼？

2017-1-8～9　上海（稍增補）

原載：《新視角》（香港）2017年4月號

---

[23] 程映虹：《毛主義革命——二十世紀的中國與世界》，頁191。

「光輝道路」
——毛澤東思想南美版

　　我們知青學子命運多舛，生不逢時，「胸懷祖國」已屬不易，實在無力「放眼世界」。遲暮退休，稍得閒暇，翻閱程映虹先生的《毛主義革命：二十世紀的中國與世界》，才知祕魯還有一個毛澤東思想南美版——「光輝道路」，折騰出好大動靜，成千上萬拉美人民為之殉葬。怪不得毛澤東晚年惦著「世界革命領袖」，原來毛澤東思想不僅烤炙神州大地，波及東南亞、東西歐，還遠渡重洋，「遠惠」南美。本文結合其他資料，簡介毛澤東思想南美版——「光輝道路」。

歷史淵源

　　「光輝道路」（Shining Path）乃祕魯共產黨極端派別。領導人阿維馬埃爾·古茲曼（Abimael Guzmán，1934～　），祕魯鉅賈私生子，1960年獲哲學博士學位。此人學習勤奮，著迷激進思想，崇拜史達林、毛澤東，1950年代就朝拜心中聖地——中國，回國後寫了一本《在那黎明誕生之處》。畢業後，成為哲學教授，口才滔滔，不久蜚聲校園（阿亞庫喬大學），學生呼為「香波」，意為一滴就可淨腦，大腦就被「洗得清澈透明」，永透「餘香」。古茲曼的「暴力哲學」，吸引大批追隨者。

　　1961年代中蘇公開分裂，各國共產黨只得「二選一」站隊，惹引分裂。「光輝道路」最初乃祕魯共產黨「紅旗」支脈。激烈的路線鬥爭中，古茲曼成為祕共親華派代表，受到中共關注。1965年，古巴共產黨站穩腳跟後，開始向拉美輸出革命，祕共親華派又分裂出親

古派。此時，古巴經濟只能依靠蘇聯東歐，只有這些赤國進口古巴農產品，卡斯特羅必須緊跟蘇聯。於是，卡斯特羅在群眾集會上公開咒罵毛澤東「老年癡呆」。祕共親華派與親古派沒有妥協餘地，只能分道揚鑣。

1966～68年，古茲曼赴華，接受中聯部培訓，學習游擊戰。1966年秋，毛澤東「大接見」紅衛兵，他在天安門下遙見「紅太陽」，並牢記中國教官叮囑：「只要思想正確，沒有人可以有人，沒有槍可以有槍。」回國後，古茲曼以哲學教授頭銜，從中國取回真經，一躍成為祕共「紅太陽」——理論大師+指路明燈。古茲曼也體現出極強的組織能力和領導藝術，他要走毛氏人民戰爭道路——發動農民、建立根據地，農村包圍城市，槍桿子裡出政權，轟轟烈烈大幹一場。外交上，他跟著中共批評古巴奪權是小資軍事冒險主義。信徒們開始稱他：安第斯山的「紅太陽」，喊出「岡札洛主席萬歲！」（古茲曼黨內名）

1970年，古茲曼依託國立華曼嘎大學，將祕共觸鬚伸向祕魯各大學，建立起「光輝道路」及外圍組織。1973～75年，「光輝道路」操控祕魯部分高校學生會，深入影響祕魯知識青年。

「光輝道路」組織嚴密，入伙程序複雜。申請者必須參加艱苦的農業勞動（培養對農民的感情），積極參與小組聚會，探討社會問題，提出解決方法。只有經過上述兩項程序，才有資格加入「光輝道路」外圍組織。再經長期考察，完成各項任務，證明忠誠與能力，方可正式加入「光輝道路」核心小組，成為「戰士」。

最有趣，古茲曼搬用延安經驗，也搞「整風」，要求幹部學文件、統一思想、與錯誤路線劃清界限，認為他之前的祕共，都犯了傾向性錯誤。經反覆洗腦，他將「岡札洛思想」深深植入信徒內心。

1980年前，古茲曼多次被捕，每次都由「光輝道路」聘請律師雄辯獲釋。「資產階級」給了他相當政治自由，但他卻堅持無產階級對資產階級必須專政、必須執持革命的暴力。

暴力革命

　　1970年代末，祕魯軍政府還政文官，全國籌備大選，多數左派積極準備參選，惟「光輝道路」感覺大難臨頭。該組織一些老戰士受「和平過渡」影響（組織內稱「腐蝕」），質疑「人民戰爭」與暴力途徑的合理性，古茲曼毫不猶豫將這些老戰士開除出黨。因為，接受「和平競選」，等於交出「暴力革命」合法性，否定毛澤東思想精髓——「槍桿子裡面出政權」。

　　「光輝道路」拒絕參選，並開始行動。古茲曼鼓動追隨者：

　　我們雖然是少數，但最後勝利一定在我們這一邊！（按：赤酋都用「未來」進行鼓動）

　　首戰襲擊一處鄉村投票站，砸毀票箱、燒毀選票。「光輝道路」自稱代表印第安農民利益，號召推翻祕魯軍政府，要求按他們的「主義」改造祕魯。最初，活動範圍在山區——走「井岡山道路」（甚至照抄〈三大紀律八項注意〉），在經濟落後的真空地帶點燃星星之火。「光輝道路」從天然仇富的貧窮農民那裡找到支持者，鄉下人為他們提供食宿、通風報信，一些青年農民加入組織。與所有恐怖組織及黑社會一轍，得提人頭入伙，新成員被安排殺死一名警察或官吏（甚至貧民），斷其回頭後路，必須死心塌地與「光輝道路」共存亡。

　　「光輝道路」伏擊政府軍、襲擊警所，奪取武器；擄掠莊園，洗劫銀行、企業，以籌經費；他們還破壞選舉站，砍掉選民食指（選票須留食指指紋）；於大街小巷散發「人民戰爭」傳單，號召所有窮人起來響應……「光輝道路」成為祕魯城鄉談虎色變的恐怖組織。

　　1980年底，首都利馬大街吊出幾條血淋淋的死狗，上貼紙條：鄧小平（西班牙文：Teng Hsiao-p'ing）。中國使館亦遭炸彈襲擊，因文革後中國啟動改革開放，絕對「毛粉」的古茲曼感覺晴天霹靂——國際共運繼赫魯雪夫之後又一次「修正主義災難」。古茲曼堅決支持「繼續革命」，認為文革必須制度化常態化，才能保證革命「永不變

色」。他與柬共波爾布特一樣,都認為毛的文革不徹底,未能將革命進行到底,這才使中國「紅旗落地」。

「光輝道路」祭出馬列毛之後的「第四把刀子」——岡札洛主席的指導思想。古茲曼自封世界革命火炬手,領導國際共運的重擔歷史性地傳遞到他肩上,自己就是當代列寧、當代毛澤東。

「光輝道路」邏輯錯亂,東鱗西爪,睜著眼睛指黑為白。一位26歲女黨員被捕,獄中堅持「暴力」與「站在人民一邊」乃同義詞。有人因擁有自行車被視為富人而遭懲罰,她回答:「任何戰爭都有代價,每天六萬兒童掙扎在飢餓中,難道不是代價嗎?」這位堅定的「光輝道路」女戰士甚至將中國的「六四」解讀為反修運動——中國學生在毛澤東思想鼓舞下反對修正主義。「光輝道路」雖號召「思想解放」,卻絕對膜拜「岡札洛主席」。除了同志,「光輝道路」沒有其他朋友,婚戀對象多半也是同志。

古茲曼一度想聯絡「亞得里亞海岸明燈」——阿爾巴尼亞的霍查,但人家更屬意祕共「紅旗」派,未理睬他的「光輝道路」。因此,古茲曼判認阿爾巴尼亞也是淪落的修正主義。

無論如何,「光輝道路」在城市很難打開局面,鮮有徒眾,未能滲入祕魯各種全國性工會,未能代表最想代表的工人階級。

行為點滴

為表示存在、顯示力量,「光輝道路」不時搞一些革命活動——

1980年,搗毀阿亞庫喬區一投票站。

1982年3月,打開阿亞庫喬區監獄,釋放200多名囚犯。

1983年,襲擊盧卡納瑪律卡村,殺害69名村民(包括23名孩子)。

1986年8月,炸彈襲擊經濟財政部、能源礦業部、勞動部。

1990年6月,襲擊黃塔村,屠殺20名村民(包括婦女兒童),焚燒40所農居。

1992年2月11日，利馬36起爆炸，炸死兩名美使館崗警。

1992年6月5日凌晨，引爆一輛600公斤炸藥的汽車，炸毀一家利馬電視台，死傷20餘人。

1992年7月16日，利馬繁華商業區，引爆兩輛裝載300公斤炸藥的汽車，21人死亡，200多人受傷，300多座建築受損。

2001年12月，襲擊美國大使館（未遂）。

2003年6月9日凌晨，襲擊安第斯山區天然氣管道工地，綁架60名人質（包括3名警察、7名老外），搶走施工炸藥。

2003年7月11日，伏擊一支巡邏隊，打死7人、打傷10人。

1992年，在美國中情局協助下，祕魯藤森政府在清剿中逮捕了古茲曼，「光輝道路」活動開始減少。次年，古茲曼在獄中與政府簽署〈和平協定〉，但餘部仍有零星恐怖活動。美國將「光輝道路」列為恐怖組織。2006年10月13日，古茲曼被判終身監禁。繼任者Ramirez Durand，1999年步其後塵，堅持「革命道路」、「武裝鬥爭」。

1980～1992年，「光輝道路」使祕魯付出成千上萬的生命，許多社會設施被毀，農民紛紛逃進城市。安第斯山農也對「光輝道路」無節制的破壞漸生厭倦，更對暴力脅迫深感恐懼，許多地區農民響應政府號召組織自衛。於是，「光輝道路」更不分對象，與全社會為敵，所有人都成為報復對象；原本爭取對象的貧窮農民，也成了「革命對象」。因此，「光輝道路」走上最後絕路——失去惟一可能支持的社會群體，越來越孤立，越來越失去「光輝」。

經驗教訓

歷史現階段，暴力革命雖失去大規模發動與成功的時代條件，但社會不公與極度貧窮仍是各色暴力革命的溫床。每個時代也總會有這樣那樣的「理想者」——希望通過革命改變社會改變命運。古茲曼的信徒，多半出自貧苦家庭的大學生（其時祕魯大學免費）。可見，赤

色思想總是首先在青年學生中著床。思想不僅引導方向，也深刻引領行動。

赤色思潮及古茲曼吸引信徒的幾個特徵：

一、宏大壯闊但不著邊際的哲學思辨，以所謂宇宙終結真理論證偏激思潮的「科學性」，很能迷惑半桶水的知青。

二、革命與藝術結合的浪漫激情，點燃信徒改變社會、實現自身價值的紅色狂熱。

三、暴力行動對紅色青年甚具誘惑，他們甚不耐煩長期艱難的宣傳鼓動，「立即行動」使他們擺脫寂寞，看到革命「績效」（包括咒罵）。

四、「光輝道路」領導層與各國共產黨一樣，均由狂熱自負的紅色小知組成。

五、多數成員政治傾向粗糙且情緒化，將所有政治責任歸交領袖，形成政治宗教。

六、偏激狹隘，惟我獨革。「光輝道路」認為古巴卡斯特羅搞的亦非真正革命，古巴已是一小撮資產階級官僚在統治；阿爾巴尼亞也由修正主義把持；柬埔寨的波爾布特雖有一些正確思想，但沒有一個正確的黨；惟「光輝道路」才是世界革命的真正代表，只有安第斯山的「紅太陽」——岡札洛主席，才是當代列寧、當代毛澤東。

七、譴責別人不勞而獲，偏偏自己不僅不勞而獲，還暴力剝奪他人勞動果實。

八、他們「拋頭顱灑熱血」乃是獲得屠殺他人的資格，以擺脫所有道德顧忌——自己的生命無獨立價值，他人的生命更不值錢。

九、具備宗教聖戰特徵：為達目的，不擇手段、不顧一切。[1]

十、信奉切·格瓦拉的「暴力催生論」——革命條件可由少數戰士暴力創建，古巴革命就是在不具備客觀經濟條件的情況下，由革命

---

[1] 程映虹：《毛主義革命：二十世紀的中國與世界》，田園書屋（香港）2008年，頁231～252、258。

者的主動性與革命熱情所促成。

結語

　　毛澤東思想南美版「光輝道路」，再次印證紅色暴力革命必然攜帶謬論，需要一套「革命理論」。但在現代文明條件下，真理已毋需佩劍守護「誕生」，更毋須暴力證明「正確」。因為，普遍性真理僅憑常識就能識別。深奧一些的真理，也只能等待認識，不能強迫他人接受。「自由」、「民主」乃最高價值原則，「多元」、「寬容」乃現代文明社會基本函數。

2017-1-6～8　上海‧三湘

原載：《新視角》（香港）2018年4月號（總第81期）

香港的現代文化

2005年初，首次訪學香港，僅僅一月，對香港已有立體印象。香港人均GDP 2.8萬美元，京滬的四倍強（2004年上海人均GDP 5800美元）。經濟基礎對社會文明的滲透一望可知。花園式校區、潔淨街區、文明車廂、生活安逸、微笑安詳……都使我讀出「倉廩實而知禮節」。大陸意識形態還在高分貝「保持無產階級本色」，以忍受「髒亂差」為不能丟棄的革命品質，人文差距對比強烈。

將蕞爾香港打理成亞太經濟中心，港人普遍認為源自「美麗的錯誤」──英國人建立起一整套現代法規，以自由經濟為基礎，公平競爭，政治民主。移交香港時，查理斯王子名言：

埃及艷后以來最大一份嫁妝。

英人殖港，竟得到港人「美麗的錯誤」這樣的歡送語，無法不感歎「歷史呵，歷史！」劉曉波的「三百年殖民論」──中國若讓英國殖民三百年就好了，引議譁然。不料，1952年華西大學陳欽材教授已說：

國民黨腐敗，共產黨野蠻，乾脆把中國租給美國三十年就搞好了。[1]

法制觀念已根深蒂固

香港享譽「亞洲法律之都」，各項制度健全，法治成為港人根深蒂固的基礎理念。立法部門十分注意聽取各方意見，不斷完善各項法律。香港法制成效離不開公正執法，對公務員的約束幾近冷酷，港府

---

[1] 新華社：《內部參考》（北京）第236號（1952-10-16），頁189。

連續多年被評亞洲最廉潔政府。

港人深深意識到市場經濟的實質為法制經濟，市場公正必須依賴法律護航。不像人治大陸，一切因人而異，法律只是針對下層細民，特權階層享有種種豁免。能在多大程度上不受法律約束，乃大陸評品人物的「硬指標」。誰能將違法亂紀的事兒通過「後門」擺平，一覽法律小，便越顯示「偉岸」的高度。黨委大於法院──深入人心的大陸社會意識。事實上，法院也確實在政法委的指導下才能「正確」開展工作。

港人守法意識強烈。道路雖窄，卻井然有序，沒人闖紅燈，更沒有不耐煩的喇叭聲。大家步伐很快，但都遵守交規。地鐵、電梯、公交、速食店，處處自覺排隊；乘梯右立左行，為趕急者留出綠色通道；公共場合、辦公室一律輕聲細語，自覺禁煙。相互謙讓，很普遍的「香港素質」。人頭攢動的中環、旺角，沒見一起高聲街吵。如有人高聲嚷嚷，80%是「內地佬」。港人的規矩是盡量別妨礙別人，但若他人求助，熱情援助。筆者在校園、街頭十餘次問路，次次得到耐心指點。

香港各處都有溫馨提示，小到洗手間方位，大到街道地名。細小的人文關懷，無聲訴說著這座城市的文明。

2004年夏，筆者曾隨團遊港，港籍導遊再三強調「香港是法治社會」，再三警告全車大陸客不要「自由主義」。因為，內地客普遍自由散漫，分寸感差，容易礙及他人，常常引起不必要的麻煩。個體文明乃社會和諧的基礎，香港文明靠社會成員一系列共識維持，制約不良行為的管理成本大幅降低。

以小見大的文明

在香港，電梯、餐廳、校園、地鐵、輪渡，甚至街頭孵太陽的西亞老頭，只要對上目光，都會莞爾一笑，投來一束陽光。別小看這抹

微笑，折射心態呢。大陸人為什麼笑不出來（包括我自己）？香港的犯罪率、自殺率大幅低於內地，內地每年150萬人自殺，「成功」25萬。日本也是自殺高發國家，每年也僅3萬餘例。[2]

2006年初，再訪中大，旺角街店吃油條豆漿，點完餐品後欲付款，服務生告知「餐完再付」──自己拎單去結。收銀台在門口，一步跨出就是人頭攢動的熱街，十分方便「逃單」。內地店家絕不敢「餐後再付」，更不會如此安排收銀台位置。忙問收銀員：「如果有人逃單呢？」答曰：「好像沒發生過這種不幸，倒是有人忘了付賬，再轉回來買單。」我明白了：已富起來的港人不會為這點小錢欠良心賬，店家也就不必設防。2005年，入港菲傭達20萬，月薪三～四千港幣（至少四倍上海保姆），沒有錢，怎麼雇得起？

這次旺角街吃，與一對香港律師夫婦同桌，得知我是訪學中大的上海教授，在《開放》、《成報》發表文章，律師搶走賬單，硬替我會鈔，說是很高興結識有知識的文化人。筆者平生從未得到如此「尊重」，在大陸莫說官員看不起文化人，就是興安嶺知青山友，2006年相攜重訪「第二故鄉」，十日相處，筆者不僅沒有因博士、教授得到尊重，反而捧接一大堆嘲笑──悖時、酸呵……五旬老知青眼中，只有當上杭州市委書記的王國平（筆者同連知青）才值得敬慕，只恨當年沒與他結下濃厚「嶺情」。港人對知識分子如此看重，落差之大，無法不對比強烈。

香港各大學不少樓宇以捐贈者命名，門廳靜立胸像，飲水思源，見賢思齊，效果遠勝大陸的「行善不留名」。港人對教育的重視處處可感，「讀好書就能過上好日子」乃港青口頭語。香港教授的高工資（年薪至少百萬港幣）直接體現知識價值。中小學教師的收入也甚可慰，幼稚園教師月薪也有攀達四萬港幣，真正「令人羨慕的職業」。1985年中國首屆教師節，副總理兼國家教委主任李鐵映壯諾：「要使

---

[2]　彭永清：〈自殺文化在東瀛〉，載《檢察風雲》（上海）2011年第8期，頁32。

教師成為令人羨慕的職業」。26年過去了，「令人羨慕」仍屬「同志仍須努力」，筆者年近退休的教授，收入遠不如許多三四十歲的學生，後學當然無法羨慕我的教職。

土地使用上，港府盡力控制商業用地，1076平方公里的香港（1/6上海面積），竟還有許多可「行山」（遠足）的去處──榕樹墺、大埔滘、西貢……

港民普遍社會參與意識很強，知識分子活躍，社會凝聚力及和諧度甚高。2004年底印度洋海嘯，全港捐贈六億港幣，人均百元，全球各城之最。本人這次訪學，資金源於中大政治系主任關信基教授捐贈的25萬港幣，政府等額配套，專項資助內地學者。香港賽馬會也在中大設立資助大陸學生的獎學金，款額使內地貧困學子「很動心」。據《文匯報》披露：香港一位拾荒翁（63歲），積款34.658萬港幣。

功效強大的港媒

香港媒體力量強大，積極監督評議政府公務，既參加博弈，也天天給港人上「民主課」，兼帶滲透大陸。香港電媒製作水準一流，海外銷量龐大。1997年，香港電視電影出口量即全球第二，獨步華語世界。120多家外國傳媒在香港設立亞太總部、分社，或派駐記者。

港媒十分關注民生民權，報導角度比大陸傳媒活潑得多。港媒大多私營，典型的新聞自由，言論開放，功能多元，「公器」意識深入人心，港民也習慣使用「公器」表達意見。港媒沒有執行官方意志的義務與責任，亦無新聞審查制，各種消息均可報導。任何人都可辦媒體，不過得自負盈虧。既是「公器」，就得尊重民意，得公眾喜聞樂見，真正「為人民服務」，否則人家不會掏兜買你的「服務」。不像北京的《人民日報》只辦給黨看，「人民」愛看不看，沒所謂啦。

新聞自由、社會責任──港媒兩大基礎理念。對政府對官員的批評，哪怕指名道姓，只要內容屬實，絕不會被追究「破壞和諧」、

「涉嫌誹謗」。當然，人權也是不可突破的法律底線，真實性為新聞界必須持守的職業道德。

港媒輸送的民意，乃港府官員、各路名角必須關注，他們必須爭取公眾，才有可能繼續「為人民服務」。否則，輕者惹引風波，重者後果嚴重。既引導社會，又監管官員名流，港媒可謂「成熟」矣。

隔閡與禁忌

惟一不太方便的是語言。國語在香港乃「第二外語」，粵語才是母語，英語「第一外語」，大多數港人不太聽得懂國語。《成報》總編設宴招待撰稿人，居然也用粵語，聽得我雲裡霧裡。街頭問路、商店購物，內地客不甚方便。幸好本人還會幾句英語，敷用一時。不少人說：到了香港像外國，上台灣反倒像回家。

香港報刊、巴士、地鐵以及街頭巷尾的招貼，隨處粵語廣告。不僅外國人看勿懂，中國人也看勿懂。路標、指示牌雖非粵語，卻用繁體和英文，50歲以下的大陸客，已有文化隔閡。「語言差」也算香港一景。兒童叫小童、老人叫長者、鈔票叫銀紙、大元（如警語「罰款伍仟大元」）、本雞叫走地雞、設攤叫擺賣、正宗叫地道、檢討叫總結、「別墅」居然指賣淫之所。

香港還有一些大陸客必須注意的禁忌：一、去見親友忌「伸香蕉手」——空手上門，讓人看不起。香港匯世界各國產品，禮品不好選，大陸客最好拎點土特產，越土越特越好。二、忌稱中老年婦女「伯母」，因與「百無」諧音。介紹配偶須稱先生、太太，切勿稱愛人，此稱在香港有第三者之意。「同志」指同性戀，挪借革命稱謂，既隱蔽又恰當。三、香港餐飲服務生在店內不能看書，「書」「輸」諧音。香港新開餐館，最忌首位客人點炒飯，「炒」有解雇之意，開灶就炒，甚不吉利。四、港人非常講究數字吉利，八主發，三示生，九示長，吉祥數；四近死，六近落，十三受基督教影響，也不受歡迎。

當然，香港也有自己的問題，如有港人領著低保「綜援金」上內地「包二奶」、過於煩囂的商業氣息……但對內地人來說，最好多看看香港的優點。謙虛使人進步，只有看到別人的優點，才能發現自己的缺點。對落後者來說，未達到人家先進水準之前，最好先別挑剔人家的缺陷，何況大陸的缺陷遠遠大於對方。五四時期，激進左士指責歐美列強的落後，嘲笑留洋生「月亮也是外國的圓」，想跳過人家走過的台階，直接進入「最新最美」的共產主義，弄成今天「四不像」的權貴社會主義，還是不夠謙虛呵！

初稿：2005-3；完稿：2011-8-9～10　上海

原載：《開放》（香港）2011年9月號

香港「七一」遊行觀感

　　香港冬暖，本擬2013年初利用寒假訪港，因申請稍晚，接到香港中文大學「中國研究服務中心」資助訪學通知，辦理一個月的公派已來不及，只好延至期末6月。四位女碩生跟隨訪學，4月辦好通行證，遂按申請的6月1～30日安排行程——調換課程、提前出卷、網訂機票、預訂房間。加上拙妻隨行，成了一行六人的集體行動。

　　5月30日下午，正在進行碩士論文答辯，突被校方要求延後一周啟程，任筆者再三保證不去「六四」維園，仍不予准，話還說得很難聽。當然，校方受上海文化保衛分局的指令，我也只能「理解」。事實上，本人除了「配合」的義務，亦無拒絕之權力。如此這般，打亂所有安排，除了覥臉向中大方面「sorry」，原定機票作廢（只能退附加費）、重訂回程機票、中大訂房空關一周再延訂一周，七七八八，損失至少1.5萬人民幣。雖說「文化保衛分局」為此拍胸脯，但我還是肉疼這筆並無必要的「維穩費」。

　　看不成「六四」維園燭光晚會，卻拖出後面的「七一」大遊行。大概「文化保衛分局」認為七一遊行的反動程度不如六四維園，行前並未關照「不准看遊行」！來港後，香港文友告知七一遊行比六四維園燭會還熱鬧，港人每年一度的「嘉年華」。維園最多只能進去20萬，七一遊行最高則達70萬。本來還捨不得寶貴的訪學時間，偏偏「七一」香港法定假，中文大學各處閉館，正好有時間去看熱鬧。

　　是日，香港氣溫攝氏31.4度，嶺南悶濕，暑氣蒸人，想來港民的「革命熱情」會減退。但文友警告：「去晚了，維園都進不去。」本人不熟悉香港，擔心找不到維園，港友嘲笑：「出了地鐵，只要跟著人流走就到了。」中午12時從中大山頂新亞書院出發，一個半小時已入維園。

大名鼎鼎的維多利亞公園，市區最大公園，地圖上最大一片綠色，實在並不大。700餘萬港人只有200平方公里活動區域（其餘山區），平均每平方公里近四萬人，密度太大了。相形之下，維園就算「相當寬敞」。兩岸三地，香港最富，2012年香港人均GDP 36745美元，高於大陸至少七倍，惟空間太小，五十多平米的居室，已屬「寬屋」。港諺之一：「留吃不留住」。

很驚訝遊行秩序

幾十萬人的偌大活動，居然由一家民間機構組織。維園各入口黃旗飄飄的「民間人權陣線」，大遊行領導機構。戴袖標的青年義工引導人流、安排隊伍。港人沒有「社會主義教育」，組織紀律性卻大大高於「陸民」，入場、站隊、等候，沒有內地人常見的急猴猴不耐煩。不少遊行者在維園等待三個多小時才出發，沒一點「革命自覺性」是不行的。

14點左右，大批港警到位，拉出警戒線清場，封閉高士威路至金鐘道（最繁華主幹道之一），為遊行騰空街道。沒有港府的配合，七一遊行無法進行。最令我不解的是：每年七一遊行均劍指港府（尤其特首），從2003年的董建華到2013年的「打倒狼（梁）振英」，港府還如此配合，主動為大遊行「拉場子」、保駕護航。對我們這些不熟悉「一國兩制」的大陸客來說，感覺怪怪的，邏輯上有點彆扭。當然，現代政治要義之一就是保護公民的反對權，大陸至今「一種聲音」、不讓批評，太落後了。我這份「怪」感覺，實為不熟悉現代政治文明的反應。

14:40一輛高音喇叭車開道，遊行開始。開道車上標示主題口號——人民民主、立即普選、佔領中環、蓄勢待發。遊行的整體行情，主題為「打倒梁振英」、「要求真普選」！其他口號：「全民普選，重奪政府」！還有讓內地人心驚肉跳的「反共抗暴」。凡臉色張惶者

大都是與我一樣的大陸客。「打倒共產黨」，叫得如此高亢有力，要在大陸，還得了？莫說警察對你不客氣，路邊的革命群眾就會上來「維穩」。看來，香港與內地的政治環境差異甚巨，大陸客只熟悉「一國一制」，很難理解香港的很多現象，此為七一遊行對我的第一波心理衝擊。

很驚訝遊行隊伍中一句口號——「警察可恥」！人家港警明明頂風冒雨保障遊行，清空街道為遊行讓路，怎麼還罵「可恥」？更驚訝的是：警察挨了高音喇叭的罵，不怒不怨，風雨中的警士警花一個個為大遊行「盡職」。若在內地，人民警察能這麼平靜麼？為遊行報務的還有半官方的基督教救護隊、民安隊。

親共派的打擂

遊行隊伍裡有不少「青天白日滿地紅」，還有港英旗、英國旗、美國旗，甚至雪山獅子旗，就是不見一面五星紅旗，難不成中共會不發出自己的聲音？後從《信報》上得知，15個親共社團與泛民派打擂台，口號「支持CY」（「振英」英名首縮），於大遊行同時在各區發起28個「慶回歸」嘉年華活動，豪稱近千商鋪提供購物飲食優惠，吸引港民前往「蹭便宜」，以減少遊行人數。但這些商鋪的客流未見明顯增加，銅鑼灣多間食肆、餐廳對記者說：優惠實行多時，與七一無關。親共「慶委會」報稱七一當天22.5萬人參與「對擂」活動。中大、嶺大學者則稱親共「建制派」活動頂多只能在傳媒報導上「平衡一下」，無助爭取支持。

《信報》一段報導頗有意味：

啟動禮尾段更落起大雨，台上學生仍在表演，台下包括梁振英、中聯辦主任張曉明離場避雨，多個親中團體動員而來的支持者更一哄而散，啟動禮最終在雨中草草收場。……啟動禮最高峰期有1500人參與。應慶委會邀請出席的內地影星趙薇表示，不清楚七一遊行和梁振

英被要求下台，稱自己只是短時間停留在香港。[1]

不少「建制派」活動因雨提前結束，17時就收攤了，而大遊行壓陣的法輪功銅管樂隊還沒出維園呢。港友都說法輪功不僅組織嚴整，而且經費充足（衣飾、器具像模像樣）、鬥志高昂。這支兩百人左右的銅管樂隊從13時開始，無論日曬雨淋，每年大遊行都押陣出園，前後六個多小時呢，內有幾位六旬白髮老者。「宗教」之力，再次領受。同時，也領悟中共何以深忌法輪功。

多元訴求

大遊行由「民間人權陣線」組織搭台，任何社團、群體、個人都可搭車。募款、賣衫、售書……民主同盟、民主黨、民主民生協進會、基督教學生運動……菲傭、泰傭、印尼傭也有自己的團隊，唱著她們的歌、喊著她們的口號。儘管聽不懂，但明白她們在表達自己的訴求。婦女團體則甩打感情牌：「婦女貧窮，淚水交融」。風雨中，還有自推輪椅的殘疾人「走」在遊行隊伍裡。

同性戀也來趕場子，維園入口接到一方彩卡，一群和尚為兩位披婚紗的女「同志」主持婚禮。卡片印有：40個國家許可同性戀注冊結婚，全球共有40萬對同性戀登記結婚。

大遊行最激烈的政治訴求：「中國殖民主義滾出去」！好像在要求港獨，成立獨立城邦。如此大膽出位，居然也被容忍，並不違法。

較奇特的宣傳板：「香港要贏，梁共要死」，「梁」字為梁振英頭像。其他口號：「釋放劉曉波」、「廢柴狼英！快滾落台！」（粵語「廢柴」為廢物）……不少港人給執政一年的梁振英打「零雞蛋」，甚至負分。藝人黃耀明、何韻詩在銅鑼灣站街，為遊行打氣。

從媒體得知不少社會名流參加遊行。港府前高官陳方安生與「香

---

[1] 〈慶回歸活動稱22萬人參與——商鋪優惠收效微‧抗衡遊行乏作用〉，載《信報》（香港）2013-7-2，版A17。

港2020」成員從維園出發行至灣仔，她要求梁振英立即啟動政改諮
詢，認真貫徹一國兩制，「沒民主的特區首長是不能有市民授權，根
本無法有效管治。」民主黨主席李柱銘也穿上「和平占中」白T恤，
天主教香港教區榮休主教陳日君樞機現身中環「民陣」街站，為大
會籌款。《開放》蔡姐告知：2003年以前中產、白領人士還不屑於上
街，如今教授、律師都出來了。

好戲在左邊

　　因不知遊行終點，也想看看偌大人群怎麼散去，15:30舉傘在人
行道「跟遊行」。從維園至中環遮打公園（3.1公里），只見隊伍一
律靠左（香港車行方向），右邊車道空無一人。不明白，右邊空著為
什麼不利用？不過，既然警察不開放右邊，遊行隊伍就只走左邊。既
嚴格守法，又爭取權益，港人好像已掌握權益與限制之間的辯證法，
一切遵法而行，以非暴力方式表達訴求。「示威之都」的港人吵架很
少動手，只要一動手就犯法，對方就會報警。法治理念畢竟需要法治
環境培養。
　　在右邊走了好一陣，才知好戲都在左邊，各社團街台都搭在左
邊，賣衫、派報、募款，演說……覷空鑽至街左，又是一陣感動。不
僅有人贈水贈糕，為遊行者「加油」，還有環保人士回收塑瓶、清拾
垃圾。更讓我感到人性化的是還有賣菜的，為遊行者節約時間，既
參加遊行又兼顧家務。如此成熟的遊行服務，當然源自「實踐出真
知」，成為「示威文化」一部分。1997～2011年間，香港各種抗議、
示威超過1.3萬次。
　　筆者不通粵語，一路的口號、演講90%聽不懂。粵語好像比英語
還難懂。如「立即普選」的「立即」，半天才反應過來。再如「打倒
689」，好容易聽清數字，但不明白意思，後得知「689」指梁振英，
他得到的選票數。不時請人翻譯，常常問到與我一樣的非粵客──聳

聳肩搖搖頭。

　　遊行前隊16時提前到達終點——中環遮打公園，隊尾17:30分才離維園，20點到達終點，歷時6小時。「民陣」的中環集會過了21時才落幕。參加者和平散去，並未預演「占中」。

人數與款額

　　遊行人數與募款數額，體現民意的兩大硬指標。今年，泛民派估計遊行人數43萬，政治中立的《信報》也說「毋懼三號風球，43萬人爭普選」。警方只統計高峰人數，認定今年6.6萬。港大民研機構則估測高峰人數9.8萬。[2]總人數43萬，2003年以來七一遊行第三峰值。今年募款超過410萬港幣，其中「佔領中環」80萬稱冠；「學民思潮」72萬；「社民連」也籌得近70萬，冠絕政黨。

　　有人預言梁振英班子的施政將更難，甚至動彈不得。去年，梁振英一上台就有40萬人上街要他下台。一些家長帶孩子上街遊行，擔心子女以後會見不到這樣的場景。港人的政治熱情，陸民很難想像。六十餘年紅色政治下的陸民，「莫談國事」沉澱為下意識。就是開禁讓遊行，上街者也絕對達不到香港今天的比例。一切都需要積累，一切都有過程，民主當然也需要學習。不走出第一步，以「要亂」阻嚇國人，當然是「司馬昭之心」啦。

再次驚訝

　　次日翻閱香港各報，七一遊行當然頭條。令我吃驚的是中聯辦主任張曉明的評論：「那麼多人上街遊行，正好說明一國兩制下，香港享有充分的自由和權利。」政務司長林鄭月娥：「不論遊行人數多

---

[2]　〈毋懼三號風球・43萬人爭普選〉，載《信報》（香港）2013-7-2，版1。

少，政府都會小心聆聽他們的意見，作為日後施政的參考。」[3] 似乎北京「很理解」大遊行，與內地嚴打高壓的「維穩」，尺寸相差很大。啥時候內地也能享受香港這份「充分自由與權利」？從這一意義上，香港每年都在給大陸上課，每年那麼多大陸客「觀摩」這場大熱鬧，會不產生一點「由此及彼」的聯想麼？隨風潛入夜，潤物細無聲呵！百聞不如一見，親身感受就是不一樣吔！

2013-7-1～6　香港

原載：《爭鳴》（香港）2013年8月號

---

[3] 〈三號風球擋不住・43萬人上街爭普選〉，載《信報》（香港）2013-7-2，版A16。

初訪台島測「水深」

　　2011年1月18日，我終於踏上中華民國領土。89歲的老父——國府遺民（前國軍少校），1955年遭「清洗」，失去銀行飯碗，淪落菜場會計，1983年「改正」退休，遺民淚盡赤塵裡。如今，老父躺榻數年，無力再親見他所熟悉的青天白日旗了。筆者抵達高雄機場那一刻，心情極複雜，耳邊「響起」那句鏗鏘口號：「我們一定要解放台灣！」到底聽了五十多年，親踩島土，不可能不生發歷史滄桑的感慨。「解放軍」尚未來，「革命人民」（包括我這個「狗崽仔」）倒先來了，見到獵獵飄揚的「青天白日滿地紅」，感覺怪怪的。

　　一月台島，氣候仍溫，桂花浮香，蘆葦掛枝，避寒勝地。登臨高雄港之巔「打狗領事館」，藍天碧海，怒濤環伺，不免想到全島蕞爾局促（不足3.6萬平方公里），老蔣敗台，龍困淺水遭蝦戲，不甘雌伏又無可奈何，心情難佳。60萬登島國軍、140萬逃台難民，六十年的阻隔，那份望穿秋水的鄉情，悠悠白晝漫漫長夜，一切都隨風飄去了麼？筆者遊台，動力之一當然是實地探測一下台灣人民的生活，看看是否在「水深火熱之中」？青少年時期形成的「台灣印象」成為不便言說的旅台驅動，大陸中老年訪台客，或多或少都會帶一點這層意思。

　　一上旅遊車，導遊楊小姐便半侃半真地說：「你們大陸說台灣是中國的一部分，我們這邊則說中國是台灣的一部分。」這不，出入境許可證上印著大大的「中華民國·台灣地區」，人家可是北望大陸，一直惦著還師中原哩！政治成為導遊搞笑「陸客」的一大賣點。當我們發現台灣街名亦以大陸省市區縣命名，導遊要我們猜猜台灣絕對沒有的一條路名，幾位老年客答以「解放路」、「延安路」……楊導一連串「No」，一臉得色：「台灣沒有的是八路呵，公車也沒有八

路，蔣介石最痛恨的八路呵！」她還質問：「台灣至今不承認蒙古獨立，同意蒙古獨立是誰呵?!」中青年遊客一臉茫然，我明白小楊導遊的底牌，但不便在旅遊車上談論這一敏感話題。

滿耳漢語、滿街華文、滿山規制雷同的墓葬，熟悉之至的「西子夕照」「南山人壽」……三里一廟五里一宮，讓你無法不生感慨：到底是中國人！

日月潭文武廟廊畫：文王請周公、文王得子、瑤池赴會、孝感動天、臥冰求鯉、歷山耕田、劈山救母、鹿乳奉親、拾桑供母、負米養親、易水送別、一飯千金、徐母罵曹、竹林七賢、岳母刺字、鍾馗嫁妹、麒麟送子、和合二仙、麻姑獻壽、畫龍點睛、三醉圖、商山四皓、泥馬渡康王、志公渡梁武……每一幅都令我感受「傳統」。中共在大陸60年「數典忘祖」，專以棄祖為尚，對比實在鮮烈。

1995年1月20日，吳祖光訪台觀感——

感覺台北和北京差不多，中國人都是這樣子。只覺得台灣人比大陸人文明些，在台灣十來天，沒見到街上有吵架的，也沒見找人要錢要飯的窮人。[1]

經濟差距放射差異

兩岸畢竟阻隔60年，「東風」「西風」嚴重對峙，各走各的路。如今盤點決算，據北京中國社科院《社會藍皮書》（2010），台灣人均GDP 1.5萬美元（海外資料3.5萬美元），大陸不足0.4萬美元。以人民幣計，台灣均薪1萬／月，韓國1.5萬／月，香港2萬／月，日本3萬／月，大陸我這個教授也才0.7萬／月。經濟終裁政治，「東風」無力百花殘，就是0.4萬美元的大陸人均GDP，亦靠「西風」（市場經濟、私有制）刮來。若像反右、文革一直刮「東風」，堅持馬列原教

---

[1] 陳堅、陳奇佳：《夏衍傳》，中國戲劇出版社（北京）2015年，頁751。

旨的計畫經濟與公有制，大陸怕只能像北韓一樣，13億「革命人民」仍掙扎在飢餓之中。一份世行資料稱北韓人均GDP僅85美元／年（全球177位）！經濟靜靜說明政治，國際共運當然只能捲旗收兵——再無信徒矣！但為這一赤潮，多少頭顱多少血，百年赤史，豈一聲長歎可送別！

遊島六日，未見一丐。很少看到自行車，除了轎車，便是一串串「電驢子」（摩托、助動車）。更令我倒抽涼氣的是：相當一部分「電驢子」不是買不起轎車，而是自覺減少道路擁堵。這在大陸怎麼可能？一個個沒錢還硬充闊佬呢！前些年島內不斷鬧出大陸新娘維權新聞，儘管大陸媒體不展開報導不深度追蹤，但我還是得知大陸姑娘紛紛嫁台。女人流向，用腳投票，當然折射「民心向背」。人之向富猶水之就下，無法阻擋的「世界潮流」呵！花蓮太魯閣峽谷公園，遇到一位迎娶川妹子的台灣男青年。前些年，他遊九寨溝認識的四川姑娘，手續辦了一年半，如今生下三孩，岳家夫婦笑呵呵赴台幫著育孫。目前，台灣至少26萬大陸新娘，連同新娘家屬50萬，成為繼閩南人、客家人、外省人、原住民之後第五大族群。

2008年7月18日，台灣對大陸富裕省區開放旅遊，但須旅行社帶團，至今尚未開放自由行。遊客若脫團偷渡，兩岸旅行社各罰20萬台幣。饒是如此嚴防，「不幸」還是屢屢發生，甚至有整團脫逃的「大不幸」。反之，台民不會偷渡大陸，也不需要偷渡。台人進出大陸，手續簡便，亦不僅僅限於旅遊，上海就有50餘萬常居經商台民。說到底，台民身分的含金量遠遠高於「陸民」，人家當然不會「倒流」。

台灣的大學畢業生起薪2～2.5萬台幣，公務員起薪2.8～3萬。大陸大學畢業生平均起薪1800元人民幣。人民幣與台幣匯率1:4.5，台灣大學畢業生起薪約合5000人民幣。台灣對大學生薪水設有保護性標準，最低1.8萬台幣。鐘點工最低96台幣／小時。台灣電視報導：家庭清潔工因近年關漲至400台幣／小時，相當90人民幣／小時。上海家庭鐘點工最高20元人民幣／小時。勞動力值錢，現代化標誌之一呵！

台灣醫保普及，感冒在任何一家診所400台幣搞定。台灣社會整體誠信度較高，各旅遊商店「不二價」，不用啟動特別防範意識。台灣街頭、地鐵數次問路，特意找年輕人，無一被拒，且每次都得到特別詳盡的指點。一位地鐵青年員工，車都進站停穩了，他還堅持寫完我要達到的站名（繁體筆劃又那麼多）。大陸青年絕無如此「熱度」。更不用說扶起倒地老婦反遭誣指的南京「彭宇案」，七旬老太的良心一惡至斯！說明什麼呢？她也是唱著「我們是共產主義接班人」成長的一代。大陸還有層出不窮、此起彼伏的各式騙案⋯⋯

台灣青年「助人為樂」，當然是教育的成功，青年畢竟是中老年的折射，從青年身上能夠讀到中老年的道德水準。台灣青年因幼得愛，長成後才會傳遞仁愛。大陸人（尤其紅衛兵一代）長年浸淫階級仇恨——「親不親，階級分」、「對敵人像冬天一樣冷酷無情」，幼時未得仁愛，不知愛味，成人後自然也就不懂得如何施愛傳愛。

回滬後，大年初四（2月6日），上海地鐵三號線一位少婦嫌兩歲幼女纏鬧，順手一耳刮，「啪」聲極響，女童委屈莫名，無聲悲泣，高跟鞋少婦一下沒站穩，仰倒筆者腳邊，順手將她攙起。少婦不僅不道謝，還怪怪地看看我。幸好身邊站有不算難看的太太，估計她才沒「多想」。想來少婦幼時沒領受仁愛，且未少領父母耳光，才有如此表現。

大年初六（2月8日），筆者熟悉的一對75歲夫婦乘坐滬港直快，提前一月購票，僅得上中鋪，老人爬鋪艱難，須借下鋪歇腳。下鋪為14歲少年，行李一字鋪開，竟不許老人借坐，乘客紛紛斥責，置之不理。老年夫婦歎曰：若在台灣，青少年必將下鋪讓給老人，何況歇腳！經探問，胖少年出身權貴，搞張下鋪不費功夫，尚未成年，已滿世界瀟灑旅遊。

兩岸青年一對比，又一處「西風壓倒東風」。培養60年的「共產主義新人」，硬是不如《西潮》（蔣夢麟回憶錄，曾列台灣大學生必讀）影響下的台灣青年。台灣抵制共產赤潮，台民道德反倒「覺悟」

高得多。當年聲嘶力竭呼口號，如今則是實質性「產品比較」──下一代的品質。

專家劃別四大華人區文化素質：台灣第一、新加坡第二、港澳第三、大陸最末。我注意到台灣地鐵、公交均設老人專座、博愛專座，乘客再多，兩個專座都空著，絕不會出現「目不斜視」的中青年。而且發展出讓座文化──迅速離座，以免對方懷歉。大陸地鐵普遍未設老年座、博愛座，上海公交倒是設有專座，但常被中青年占去，老人就站在他（她）邊上，也不讓位，乘客見怪不怪。當有中青年為老人讓位，老人一屁股落座，不但無謝，頭都不抬一下。老一代素質如此，難怪下一代「學樣」。大陸常見惡習──公眾場合抽煙、隨地吐痰，在台灣未見到。

遊島數日，台灣節奏明顯快於大陸。無論螢屏主持語速，還是餐廳商店招待的動作，頻率都很快，訴說著台民的時間觀念。台灣互聯網的速度也比大陸快得多，無任何「金盾」遮罩，不會遭遇「該網頁無法顯示」。高速高效、公開透明，現代化必備。溫吞吞、慢騰騰的節奏，只配套於時間不等於金錢的農業社會。至於封閉資訊、遮罩真實的背後，還需要多說嗎？

街頭看到的民權

由南向北一路遊訪高雄、嘉義、台中、花蓮、台北，各城街頭都有扎眼舊房。不少大陸客說台北市容遠不如京滬，可這正是人家先進之處──不搞強拆。七斜八扭的舊房，說明台灣政府對民權的尊重，百姓權益高於政府面子。若在大陸，一聲令下，誰敢不從？官員自然偏袒開發商（無論政績還是受賄），哪會體恤升斗小民？硬體的背後是更重要的軟體呵！非常遺憾：一般大陸客領會不到台灣街市舊房背後的人文理念，會按大陸思維，歸為「政府無能」。

台灣公園一律免票。公園一般不大，大多緊挨住宅區，便於居民

使用。這才想起大陸公園憑什麼售票？既然納稅人的錢建造營運，憑什麼再收納稅人的錢？

台中一家珊瑚博物館，塞過來一張500台幣「折價優惠券」，小馬哥頭像赫然映目。國家領導人為一家商店「形象代言」，大陸絕對不可能，誰敢如此放肆！台灣政要放任商家使用肖像，體現服務於民的意識，真正「利為民所謀」，希望得到民眾擁戴，不像大陸靠壓服（無所謂你的認同）。台灣政角為選票計，也必須「有姿態」。選區內遇紅白之事，都會停車進去「親民」。議員自嘲：「早上送人上天堂（出殯於晨），晚上送人入洞房（婚禮於昏）。」投票前幾個月，競選人天天掃街拜票，每天與千餘人握手，「握手握到手發腫」，稱民眾為「頭家」（老闆）。

旅遊車上，小楊導遊一路很隨意地評點「國家領導人」，稱阿扁沒做什麼事，惟一政績就是允許台灣人稱台灣人；呂秀蓮還行，至少搞了兩項德政：一、設立地鐵婦女夜間候車區，安裝監控以儆「鹹豬手」；二、設立113家暴專線。僅僅導遊這份評點政要的隨意，已說明不同國情──台人已享「免於政治恐怖的自由」。

大陸不僅不能評點「今上」胡溫，毛澤東、華國鋒、甚至陳永貴都評說不得哩。中宣部有令：凡涉歷屆政治局委員一級的負面報導必須報批。國事成黨事，黨事成禁事，既不讓選，還不讓評，只能「歌德」不能「缺德」。集權如斯，黨權獨重，民權何在？「政治局」獨重、「核心」獨大，黨內民主尚且遙遙，遑論「人民共和」？且不說「公僕」、「社會主義真民主」，僅僅常識「瘭要己撬，好要人誇」，就已經將中共「比」下去了。歷史要前進，社會要發展，公務能不受批評麼？不受批評，如何糾錯？言論自由的背後既連著智慧採擷，更鉤掛公眾利益。

電視裡的民生

小小台灣，電視頻道居然七八十個，節目十分生活化，如告知怎樣辨識冷凍蝦、瀕死蝦與死蝦。維權新聞占相當比例。2011年1月19日，TVBS新聞台：台民蔡姨乘機回家，拉杆箱被割70公分，損失三盒巧克力。「新聞」做得很大，指責航空公司扯皮推諉，弱勢小民投訴無門。此事若在大陸，連報角都上不了。

媒體如此幫襯弱勢民眾，台人維權意識普遍強烈。1月18日東森新聞（19:40）：亞航公司因債務取消一些預約航班，去年8月預訂的今年6月飛泰國班機，亞航全額退還訂金及利息。我已十分感動亞航的理賠，不料台灣訂客仍不滿意，強調亞航毀約的嚴重性，給他帶來諸多不便，云云。以我大陸思維，這不還有近半年時間，完全可另行預約，再說人家已賠付（包括利息），還要怎樣？不過，我馬上意識到自己的落後：惟消費者維權意識強烈，才能遏阻各種欺詐，保持商務過程的均勢。大陸人太無權益意識，太無所謂，看似大度豪爽，實質不利維權，更不利商家確立「自覺意識」。既然消費者都不在乎自己的權益，商家又何必「自堵財路」？這頭要求太低，那頭水準怎麼高起來？

幾天台灣新聞聽下來，明顯感覺台媒的民眾意識，動輒將「民眾認為」掛在嘴邊，以「民眾代言人」自居。大陸媒體根本不可能有這種意識，也不敢萌生這種意識。因為，會被視為最最敏感的「挑撥官民關係」、「故意與政府對立」，還得了?!電視台長幹什麼吃的?!大陸媒體至今定位「黨之喉舌」（各種文件及教科書定義），當然不能成為「民眾代言人」。

其他差距

差距各到各處綻露，隨處呼吸可觸。登島次日，導遊人手一冊派

發《大陸旅客須知》，詳盡告知各項權益，醒目標示：

旅客團費包含所有交通、餐宿、行程及活動費用。旅行社及導遊不得於行程外安排或推銷自費行程或活動，自由活動期間亦不收取額外費用。

《須知》標明安排購物次數不得超過住宿天數，附有各種投訴電話號碼。這種「授人以柄」的小冊子，大陸旅行社從不派發，旅遊局亦不會製作。小冊子不僅大大方便人生地不熟的遊客，也對導遊起著有力制衡，不敢放肆宰客。據熟悉內情的大陸領隊告知：台灣旅遊局規定用新型旅遊車（七年以下）接待大陸客，八年以上的舊車接待日本客、馬來客，甚有「統戰」意識。

另一較深感慨：台灣保留了傳統文脈。台北地鐵站名：忠孝復興、忠孝敦化……路名：信義路、仁愛街……大陸地名則一律革命化，已看不到忠孝節義，只有解放路、延安路、人民路、朝陽路……新近天安門廣場矗立孔子塑像，從五四驅孔到文革「批林批孔」，再到迎回孔聖，意識形態走出巨大「否定之否定」，背後墊襯著多少文化傳承的斷裂！

最後一天，花三個多小時逛台北書街——重慶南路，對台灣出版業粗窺一二。筆者感興趣的歷史傳記類，壓縮至一二櫥櫃，多家書店乾脆不賣。滿街幾乎看不到政評雜誌（包括港刊《爭鳴》《前哨》），惟一二家及復興北路三民書店擺售港刊《開放》。最初驚愕，不久釋然。台人對政治的淡漠當屬正常，設若人人都關心國家大事（像大陸文革），豈非大事不妙？畢竟，政治距離普通百姓較遠，不必特別關注。台灣最暢銷的書刊與大陸一樣——教輔類、備考類。書店麥克風也以利誘客：「投資買書，考上大學，起薪×萬！」

最有人文差距的是：台灣書店竟出售血血紅的連環畫——《紅岩》、《鐵道游擊隊》、《林海雪原》、《紅日》、《戰火中的青春》、《霓虹燈下的哨兵》、《英雄小八路》……甚至《毛澤東語錄》（2010年版）！在大陸還了得？政治性錯誤呵！大陸不僅絕不允

許出售港台書刊，連港台書刊的評論都不准發表。出了重慶南路，這才想起2008年6月台灣廢除黨禁，台民可成立各種政黨，已有人註冊成立「台灣共產黨」。

化妝品店街售小姐見我挾著台版書刊，一副大陸客穿著，大概看我不像知識分子，輕問：「先生，你看得懂繁體字？」可不，六旬以下陸民確有繁簡隔膜。我朝她詭詭一笑：「看得懂，中國人怎麼會看不懂中國字？」不過，我也只會看不會寫。

8.27平方公里的日月潭，比573平方公里的浙江千島湖還清澈，管理能力一波可見，珠潭浮嶼，蕩心滌懷。三十餘歲的遊艇司機，從頭至尾介紹景色，十分吃力十分敬業。若在大陸，肯定只放錄音。

太魯閣大溝深壑，東西橫貫公路靳珩橋邊，矗有殉職工段長塑像，配以文字。筆者上山下鄉大興安嶺，嶺中南麓鐵路修建於1960年代（晚於太魯閣東西橫貫公路），一處隧道坍方，二十餘名鐵道兵遇難，隧道口山坡簡單墓地，無像無牌（更不用說碑）。對待生命的態度，當然體現深層人文差距。

最敏感的幾處對比

適逢胡錦濤訪美，1月19日台灣新聞均有報導。大陸則從不報導台灣領導人的活動。台灣電視台對胡哥訪美的報導客觀中性，僅最後帶一句：「法輪功與藏人的預期抗議」。

應中老年陸客要求，小楊導遊在車上播放碟片《兩蔣父子檔案解密》，抗戰歲月竟配有中共國歌〈義勇軍進行曲〉，大陸絕無可能出現的「嚴重政治錯誤」。筆者至今從未與聞〈中華民國國歌〉，請小楊導遊清唱一段。原來台灣「國歌」並非激越進行曲，而是舒緩慢拍曲。

對政治人物的評點寬鬆度體現社會自由度，《兩蔣父子檔案解密》既不避蔣一妻二氏，亦不諱江西剿共屢戰屢敗，還挖蔣的腳底板

——早年日本振武學校（陸軍預備學校）成績54名（倒數第八）。大陸對毛澤東一直還在神化，至今不讓說其醜陋罪惡。

台灣軍事頻道亦有「爆料」，不僅承認台軍處境艱尬，對大陸共軍只能「有效嚇阻」，22日TVBS新聞台（6:35）抖出最近軍演（馬英九上台後最大一次），發射導彈25枚，脫靶6枚。主持人質問：這樣的效率能夠擊退共軍麼？大陸電視台絕不可能捅出此類「軍事祕密」。大陸播音員一副「靈魂工程師」腔調，儼然「我說你聽」的架勢。兩岸電視，僅憑播音員聲音就能分辨無誤。

性觀念開放度也是社會文明一道刻線。台灣一位37歲初中女教師與15歲男生產生戀情，監禁八月，出獄之日小男生獄門迎候，媒體「狗仔隊」遠伺，搶拍擁吻。2005年筆者首次訪學香港，見港報「辦公室故事」（稿費200港幣／篇），那麼露骨地寫性，單人在屋，也身熱臉燥。台灣據說陳水扁取締妓業，但性觀念到底比大陸開放得多。花蓮一家大理石廠，專櫃陳列「根與源」（男女性器官），大陸絕對見不到的「新鮮事物」。1月22日，入住花蓮洄瀾客棧512房，抽屜裡放著一隻高級避孕套（免費），大陸酒店不可能出現的「低級趣味」。

花蓮海岸路11號洄瀾客棧，雅致的中式酒店。清晨散步，得知此處原為軍港，兩座廢棄地堡面海而臥，靜靜述說當年的「戰備」。不遠處，蔣像聳立，柱杖挾包，凝視大海，凸顯「反攻大陸」。民進黨上台後，推倒島內三千蔣像，這一路第一次「瞻仰」蔣像。

離開台灣，桃園機場還有一項刺激性對比，安檢速度很快，僅須脫衣放物，魚貫過機，毋須等候。大陸機場則如臨大敵，登台伸臂，一個個艦尬作清白狀，接受器掃手摸。一次，筆者被女安檢「重點關照」——抄檢褲部。雖然她飛手掠過，我立刻明白她在檢查這一部位是否有挾藏。

《張學良口述歷史》

　　台灣一行的後續效應是購回唐德剛的《張學良口述歷史》，搞清幾處中共一直遮蔽的史實：

　　一、張學良率東北軍赴鄂陝剿共，並非蔣逼，而是張的自選。張學良不願去剿土匪劉黑七，認為「打這個土匪，我是弄不好的。……我自己選擇了它（打共產黨）」（頁251）

　　二、張學良對西安事變的最後態度：如果他是蔣，會斃了叛亂者，蔣只是關他半個世紀，因此他無怨無尤。1958年蔣在桃園大溪見張，說西安事變對國家損害太大，張垂首不能視，兩人都流了淚。（頁4、52）此時，張學良已明白什麼叫中原鼎沸、百姓臥火抱冰、奸匪叛亂成功……蔣死後，張學良輓句：「關懷之殷，形同骨肉」。張對西安事變的定論：「誤長官、毀僚友、害部下」。

　　中共一直將張學良捧為「民族英雄」，1990年代力邀少帥返訪大陸，張身邊也有促返晚輩，十分思鄉的張學良就是不返，一直令筆者納悶。底牌原是：「共產黨歡迎我幹什麼？歡迎我回大陸，文化大革命呀！我們奉天吶，有一句土話：『貓給耗子舔鼻梁骨』，沒安好心！」（頁331）

　　《張學良口述歷史》還有值得轉述一節：汪精衛刺攝政王後，肅親王善耆主審，對汪說：「你們這革命呀，當然啦，你們是有原因的，看我們清朝太壞了。唉！假如你們成功啊，我看你們也不能強過我們什麼的。」1922年，汪精衛對張學良說：「他（肅親王）這句話所說的應驗了，我們今天成功了，真是還不如人家前清，弄得這麼糟糕！」（頁232）

　　到了「偉大的毛澤東時代」，連清廷那點水平都不如。滿清尚有立憲意識，還頒佈一些法律（如《著作權法》），毛共一共頒佈兩部法律——憲法與婚姻法，偌大國家竟靠不斷變動的時政進行「無產階級管理」。就這兩部法律，毛都嫌多餘，說是黨委開會做出的決議，

就是法！

毛一生惦記自己的「偉大」，所作所為，椿椿件件，引災肇禍，罄竹難書，還偉大得起來麼？「偉大毛時代」難道不正是如今兩岸政經巨差的根本原因麼？無神論的共產黨，全球五口水晶棺材，睡的竟都是「革命導師」！紅旗呵，你還能打多久？

蔣經國功績

港台士林一直對蔣經國讚譽有加，這次訪台特地查閱相關資料。蔣經國時代，台灣人均GDP從1970年300美元躍升至1984年6000美元，外匯儲備僅次於日本，世界第二（台灣人口僅兩千餘萬）。台灣不存在「非變不可」的內外壓力，雖然也有官場腐敗，但未引發威脅政權的「群體事件」。

蔣經國未陶醉盛世光環，看到繁華煙雲背後的危機，1986年9月宣布解除實行38年的戒嚴令，開放黨禁、報禁。9月28日「民主進步黨」成立，結束台灣的一黨化。情報部門呈上「反動分子」名單，蔣經國平靜回答：「使用權力容易，難就難在曉得什麼時候不去用它。」當時國民黨內很少有人理解蔣經國。國策顧問沈昌煥勸諫：「這樣可能會使我們的黨將來失去政權！」蔣經國依舊平靜：「世上沒有永遠的執政黨！」

蔣經國並未停留口頭做秀，以實際行動結束黨權世襲與一黨專制，實現軍隊非黨化、取消三民主義政治考試、剝離政府部門專職黨政人員⋯⋯

1991年4月，台灣制訂「憲法增修條文」，廢止「動員戡亂時期臨時條款」。

1992年5月，廢止「陰謀內亂罪」、「言論內亂罪」。

1994年台灣省長直選，台民每人一票。

1996年台灣第一次民選總統。

2008年6月，掃除黨禁最後一道障礙，廢除對共產黨的黨禁，台民可成立共產黨。

台灣上述每一步動作，都是陸民日思夜想的政治現代化。飲水思源，台灣民眾當然感念小蔣——開啟台灣政治民主閥門。這才是真正的「永遠活在人民心中」！

不足之處

匆匆一行，走馬觀花，還真沒看到多少台灣的負面。不過，憑常識，台灣一定會有不盡人意之處。根據此前資訊與熟悉島內情況者反映，大陸有的劣根性，同文同種的台灣也存在。如「一盤散沙」的內鬥紛爭，不像日本人那麼團結，台民也嗜賭成性，華人每年外流賭金6000億人民幣，內有台民一份「貢獻」。此外，一位關注台灣新聞的滬友，每天收看三小時台灣電視，托我轉告台灣媒體：一、新聞報導面太窄，關注點太小太瑣碎；二、對大陸新聞關注太少，別忘了海峽對岸有大批收看TVBS、東森新聞的陸民，僅僅東南沿海裝有衛星天線的就遠遠超過島內2300萬台民，他呼籲台灣新聞「兼濟天下」。

台島旅遊的民主價值

春節期間，每天約六千陸客登島。台北故宮博物館每天遊客五千，1/3陸客。大陸已成為台灣旅遊業支柱。2010年，120萬陸客登島（日均3300人），帶去910億台幣。中共雖然意在加強兩岸聯繫，打經濟牌，遏阻台灣對大陸的離心力，降低民進黨的台獨分貝；不過每天3300陸客也會帶回不少「不良資訊」，目睹台灣人民不僅沒在「水深火熱之中」，反而比「幸福的社會主義公民」富足自由，大陸至少還有三千萬絕對貧困的農民（中共承認的數據，日均生活費不足一美元）。加之這邊阿扁夫婦受審蹲監，那邊曉波入獄、劉霞管制，不可

能不產生一點對比，更何況大陸高官種種特權……無論如何，隔海而鄰，人家起了新屋，雖說雌黃任出唇吻，朱紫任由月旦，畢竟隨風潛入心，潤物細無聲，群眾的眼睛雪亮呵。明眼人指出：台島旅遊已成為台灣對大陸悄悄的「統戰」，無聲推助大陸民主的「第四次浪潮」（五七「鳴放」、丙辰天安門、八九「六四」），大陸人民一定會「找差距、補不足」。套用一句紅色習語：人民才是歷史最終的主人呵！

初稿：2011-1-24～2-7；補充2011-6-18上海

原載：《開放》（香港）2011年3月號（初稿）

《南方都市報》（廣州）2015-8-4（刪削稿）

海參崴今貌

早已非常「熟悉」符拉迪沃斯托克（海參崴），早期紅角回憶錄經常出現的東方名城。十月革命後，西伯利亞大鐵路（全長9288公里）終點海參崴，成為中俄交通樞紐。陸路入俄畢竟辛苦，海輪舒適得多。「第一代無產階級革命家」（絕大多數出身富家）揣著盧布，多從海參崴進出，很少選擇陸路滿洲里，中共「六大」代表也大多選擇這條路線。[1]1932年7月，陳潭秋、陳雲、楊之華乘蘇聯貨輪抵海參崴，轉乘火車赴莫斯科。[2]2012年8月下旬，海參崴即將舉行APEC（亞太經濟合作峰會），此時進入這座東方名城，當會收穫「歷史與現實」的交匯感。

毛時代與「蘇修」交惡，黑龍江、烏蘇里江沿岸設壘，國內挖洞備戰，大修防空洞，少得可憐的那點GDP都投入地下工程。歷史證明：「中蘇必戰」、「中西必戰」乃老毛狂想，白白折騰百姓15年。祖宗有言：「四郊多壘，此卿大夫之辱也。地廣大，荒而不治，此亦士之辱也。」（《禮記・曲禮上》）老毛還是經典讀得不夠。如今，仇敵成友鄰，中蘇中美至少暫無戰爭危機，中共也早已淪為修正主義，歲未遠而世已移矣。

驗關——慢吞吞的老毛子

2012年8月6～8日，終於有機會入訪「蘇聯老大哥」，一親東方名城芳澤。從延吉到口岸琿春134公里，兩小時車程。導遊再三警

---

[1] 唐韻超：〈赴莫斯科參加中共六大的前前後後〉，載《紅色往事》，濟南出版社2012年，冊一（上），頁113。

[2] 何炎牛：〈記潘漢年接受黨中央使命去莫斯科的一些情況〉，載《上海黨史資料通訊》1988年第11期，頁12。

示：老毛子（俄人）辦事慢慢吞吞，效率忒低，過關特麻煩，兩小時都算快的！還未入俄，「前社會主義」的味兒就飄過來了。果然，俄方口岸只有接待一輛旅遊巴士的能力，40分鐘才放行一輛。護照一遍遍驗，狗對旅行箱一隻隻嗅，老年旅客的藥品一瓶瓶檢查（以防麻醉成分）。手續之繁瑣，耗時之拖逿，筆者到訪國家之最。導遊苦笑：「老毛子就這樣，你們中國人愛來不來！」長年保持這一慢速驗關，確實不能表示「熱烈歡迎」。而在日本，只要說一聲「觀光客」，普通百姓都會表示歡迎，給他們帶去GDP呵！

飆騰的民族感情

進入俄境，還有五個半小時車程（320公里）。一路山川廣袤，無邊無垠，全是未開墾的處女地，不像中國見縫插針到處種有莊稼。一股民族憤懣油然升起，這片土地本是我們的！俄羅斯1.4億人口，國土1700萬平方公里，8.235人／平方公里，中國136人／平方公里。2011年俄羅斯人均GDP 1.29萬美元，翻中國一隻跟斗還有餘。人家那裡土地資源用不了，我們這邊如此挨擠緊蹙！

烏蘇里江以東這片40萬平方公里的土地，一直是我們的。唐人就在此活動，元稱永明城。符拉迪沃斯托克當地人叫「崴子」（港灣），盛產海參而得名。清代歸轄吉林琿春協領。1860年《中俄北京條約》割去這片領土（相當11個台灣），海參崴改稱符拉迪沃斯托克（控制東方）。大革命前後，中共要角一個個由此出入，竟無一位產生「被殖民」的民族感情，反而不厭其煩描述「社會主義優越性」，國際主義完全壓倒愛國主義。

十月革命後，赤俄政府兩次宣布廢止帝俄對華不平等條約。1919年7月25日〈蘇俄第一次對華宣言〉：帝俄在中國東北以及別處用侵略手段取得的土地，一律放棄；廢除帝俄在華租界及領事裁判權；放棄庚子賠款與中東鐵路一切特權。1920年9月27日〈蘇俄第二次對華

宣言〉：帝俄政府同中國訂立的一切條約全部無效，放棄以前奪取的一切中國領土。1924年3月中蘇正式談判，北洋政府要求廢棄舊約，赤俄卻拒絕了。赤俄政府兩次對華宣言全為空心湯圓，僅為爭取中國好感，引誘中國成為其盟國以抗禦西方，而非真正高尚無私的「國際主義」。

1926年，符拉迪沃斯托克10萬華人，大多為商人、工人。中國留蘇生抵達，華僑工會均在五一俱樂部舉行歡迎會。[3]

1930年代，符拉迪沃斯托克成為蘇聯政治流放犯主要地點。史達林期間，城內幾十萬華人幾乎全部被殺或強制遷移，朝鮮人也全部遷走。1958～1991年，規定只有俄人可居或入訪該城。如今，漫步符拉迪沃斯托克街頭，鮮見中朝居民。

2001年7月16日，江澤民在克里姆林宮簽署〈中俄睦鄰友好合作條約〉，確認放棄對爭議領土的主權要求。第六條原文：

締約雙方滿意指出，相互沒有領土要求，決心並積極致力於將兩國邊界建設成為永久和平、世代友好的邊界。締約雙方遵循領土和國界不可侵犯的國際法原則，嚴格遵守兩國間的國界。

儘管民間還有抗議，海參崴從國家法律層面永遠「出去」了。

列寧塑像與十月革命廣場

克里姆林宮上的紅星隱淡21年了，符拉迪沃斯托克仍到處透發紅色氣息。列寧塑像、十月革命廣場，中國遊客必到的「規定項目」。市中心的十月革命廣場，一組持旗挺立的紅軍士兵塑像，戴著再熟悉不過的保爾・柯察金式軍帽。廣場周圍，則一片市場經濟，私鋪林立，「靡靡之音」飄蕩，地鐵口蹲著兩位老年乞丐。十月革命的赤魂已飄得很遠很遠，紅軍塑像與時代格格不入。

---

[3]　盛岳：《莫斯科中山大學和中國革命》，東方出版社2004年，頁29。

列寧塑像下，我告訴29歲俄國女導遊阿琳娜（遠東大學漢語系畢業生）：

這個人不僅給你們俄國，也給我們中國以及其他社會主義國家帶來災難——共產主義災難。

阿琳娜很嚴肅地點點頭：

是的是的，但你們中國人很崇拜這個人。

我糾正她：

不是中國人崇拜這個人，是中國共產黨崇拜這個人！

近年，俄羅斯「打倒列寧」的呼聲漸走漸高，要求將列寧屍體移出紅場，推倒各地列寧像。女導遊對列寧的態度，證實了這一呼聲的社會基礎。得不到後人繼承的「主義」，無論一時如何走強，早晚得退出歷史舞台。列寧塑像與十月革命廣場，時日無多矣！

事實上，符拉迪沃斯托克非常資本主義化了。「鄉村表演餐」舞女的面部表情高度市場化，這一自費項目每客繳納500元人民幣（團費僅千元），兩位身著民族盛裝的俄婦滿臉堆笑，表情到位，竭力討好中國餐客。但時間一到、音樂一停，兩婦立收表情，一副「一切結束」的鐘點臉，接過餐廳老闆一疊盧布，頭也不回匆匆離去，去趕下一場。前後表情，天上人間，完全商業化。另兩位「三點式」俄羅斯舞女，騷首扭腰，跳得如訴如慕雨泣花愁，也十分職業化，與其合影50盧布。資本主義金錢完全戰勝社會主義覺悟，哪還有半點無產階級的淑性茂質？

「前社會主義」痕跡

一入符拉迪沃斯托克旅館，真正領教「前社會主義」。每單元兩間房（一間兩床一間三床），衛生間公用（無窗）。房內設施簡陋老舊，空空如也，且無紗窗，任由蚊蟲出入，檔次遠在中國鄉鎮旅舍之下。更糟糕的是：房門無鎖無閂，推門即入，毫無私密。沒想到符拉

迪沃斯托克如此不顧「國際形象」。旅行團伙食也相當糟糕，中晚兩餐只給飯店500盧布／桌（不到95元人民幣，1元人民幣：5.3盧布），早餐鹹菜稀飯、一枚雞蛋（點人頭發放），人均不足兩元人民幣的標準。儘管「普通團」收費低廉（延吉遊客1500元人民幣、琿春遊客1350元，包含一項必須參加的自費項目），如此食宿標準，實在丟份（或旅行社壓榨太狠）。中俄旅行社似乎都在齊聲告誡遊客：「下不為例」──莫再來也！符拉迪沃斯托克似不會有中國「回頭客」。

中國官方網站「赴符拉迪沃斯托克旅遊注意事項」：

當地治安狀況堪憂，跟團及個人上街遊覽，女士請不要帶包，尤其手拎包，易成飛車黨搶奪對象；男士請注意民族主義者或搶劫者，走路時注意周邊狀況，如在偏僻道路行走，應四人以上；如遇險應報告領事機構及警察局，記住歹徒特徵，保護隨身證件。

當地部分警察素質不高，如遇敲詐勒索，需即時記下警號，聯繫中國總領館符拉迪沃斯托克辦公室。

中領館出此「告示」，看來「前社會主義」留痕太深，21年「改革開放」都無法根除前朝惡弊。筆者曾訪德奧，早晨散步小鎮，路邊精美桌椅隨處散放（並無腳鏈），無人售報（自動投幣）、櫥窗內堆滿各種高級商品（在中國等於自招盜竊）。真正物質決定精神，倉廩實而知禮節，先富足而後才有禮讓。「前社會主義」國家還是窮呵，饑寒起盜心，需要向訪客如此提醒「歹情」。

街上很少看見計程車，車輛多為日系，豐田、本田、三菱、尼桑，也有中國的大眾、奧迪，就是看不到幼時熟悉的「伏爾加」。蘇聯規定車輛右行，但符拉迪沃斯托克車輛方向盤左右兼備，似在訴說這座城市的「東西融合」。

順便學了幾句俄語：普拉西亞（俄羅斯）、斯得托思吐維奇（您好）、借我斯卡（美女）、克拉西瓦亞（漂亮）、斯巴謝瓦（謝謝）、哈克拉肖夫（好）。

延吉社情

因由延吉（出席學術會議）赴俄，順便瞭解這座朝鮮族城市的社情。入住站前大洲酒店，打折後340元／天（標間），收費已達京滬標準，但設施、潔度不到京滬一半。如此高收費，清潔女工基本工資僅1400元，加上獎金、加班費也僅兩千。一位52歲清潔女工，每月退休金一千，為供孩子上學，「發揮餘熱」承包六個房間，打掃一間5元，一天30元（需三小時）。延吉機場中國移動公司貴賓廳27歲女招待，月薪1500。辦理登機手續的29歲英俊青年，年薪也僅三萬餘。跑長白山旅遊大巴的三旬回族司機，底薪2400元，外加提成，大巴一趟18元，小巴一趟10元，月薪不過三～四千。長白山公廁老頭，每月兩千，每年四個月旅遊期打掃公廁，八個月清掃山道積雪。長白山電瓶車司機建議我們11月再來，保證看到天池，人少，山色更好。

延邊大學三級講師，月薪也才3500元，最高特級教授不過八、九千。雖然延吉房價不高，三～四千元／平米，馳名全城的「金達萊冷麵館」人均30元便酒足飯飽，可延吉青年「成家立業」仍得靠父母。這也是延吉旅行社無法組到赴俄「豪華團」（四日遊，三千元／人）的原因。

8月4日晚，延邊大學設宴城郊很高檔的農業科技文化園，很漂亮的女侍月薪僅兩千，經理不過三千。北韓派出女演員歌舞助興，為國家賺取外匯。最後一項「互動」，一位朝鮮姑娘拉我共舞，見我還會跳幾下，她很高興，乘機問她：「你們辛苦演出，每月能掙多少？」不料，花容立變，豎眉怒擲：「不知道！」哎呀，踏了人家的「底線」。忽然想起：北韓政府教好的，薪額涉及國家機密，為不友好之問。親身領教北韓姑娘的「社會主義覺悟」，不免尷尬。其實，北韓女性地位卑下，今年8月才可騎自行車，此前20年禁止女性騎車，因為金正日的一句話。朝鮮電視台播放宣傳片，說女性穿裙騎車（朝鮮不准女性穿褲）違背社會主義美風良俗，一些朝鮮專家獻諛佐證：

「女性缺少應對突發事件的處理能力，瞬間不知所措，會引發大型事故。」

女性騎車開禁，緣於2011年3月平安南道順川市一位女教師跳河自盡。這位三旬女教師買了五公斤玉米騎車返家，被警方按章扣車。女教師丈夫乃榮譽軍人，下肢不便，女教師跪乞：「我丈夫是個癱子」。警方不理睬，女教師跳了大同江。社會騰議，終於開禁。如今自行車成為朝鮮家庭必需品，時聞遭竊，市場出入口設車管所，收費看車。

延吉計程車起步價五元（2.5公里），的哥月收入三千多。滬上的哥月入四五千，但兩城物價三倍以上，比價效應還是延吉的哥更高。

延吉城市建設近十年才起步，現在稍微漂亮一點，上個世紀一直破破爛爛。從大洲賓館樓窗望下去，周邊民居還是上個世紀六七十年代「作品」，塑膠袋亂飛，垃圾遍地，環境惡劣，一副髒亂差。

機場「花絮」

8月9日晚回滬，早早趕到延吉機場。因颱風「海葵」，上海機場關閉兩天，上海飛來的東航班機延誤三小時。10日零點，廣播突然告知「取消航班」，因機組人員「飛行超時」，存在不安全隱患。候機乘客有的已被延誤兩三天，大鬧起來，敲砸服務台。機場與東方航空公司再三聯繫，答應次日原機原座飛滬，每人賠付400元（非客觀原因誤機八小時以上賠付標準）。凌晨四時，仍有48名旅客拒絕上賓館，在候機廳「堅持」。我夫婦見「堅持」已無意義，搭乘最後一班小巴去機場安排的賓館（最後六名撤退者），簡單洗一下，睡了二三小時。

入住的延吉東北亞大酒店，據說東航支付300元／標間，價格不低，設施與潔度甚差，衛生間地漏堵塞，早上起床尚「一片汪洋」。估計還是「社會主義」問題，或有官員上下其手（賓館離機場並不

近）。真正市場競爭，安排「機場滯客」，一塊大蛋糕（僅我們這一晚就有兩萬餘營業額），怎會如此對付？

次日11時登機，放行特別慢，走近才知發放延誤費，每客賠付600元，須一一填寫身分證號碼、簽名。增加了200元，原來鼓動上機後鬧事的那幾位（堅持不下機以要脅東航增賠），一路平安無事，沒發生開水潑空姐的發洩。[4]抵滬後，亦無「最後抗議」，一個個乖乖下機。這一趟「取消航班」，東航損失十多萬（除賠付乘客、食宿費，還得支付機場「安慰費」），幾乎「白飛」，甚或「倒貼」。同時，也看出國人好說話，揣進600塊，就都「諒解」了。不知歐美如何解決此類人為因素誤機？美國民航飛機總量為中國的23倍餘，[5]國土也小於中國，人家怎麼解決我們這裡經常發生的「流量控制」？

2012-8-14～15　上海
原載：《爭鳴》（香港）2013年2月號

[4] 畢詩成：〈「潑空姐」其實是不講理〉，載《法制日報》（北京）2012-8-21。
[5] 楊宇立：〈航班「流量控制」掩蓋了什麼？〉，載《檢察風雲》（上海）2012年第14期，頁38。

「夕陽追憶」俄羅斯

我們紅衛兵一代「生在新社會，長在紅旗下」，自幼植入的紅色元素永伴終身。克里姆林宮、紅場、列寧墓、阿芙樂爾號巡洋艦、冬宮……一粒粒閃光的紅色座標，開墾著我們童年「歷史意識」的處女地，汨汨輸送紅色「狼奶」。

2014年6月20～26日，我夫婦與兩對知青老友結伴遊俄，跟團遊，團費1.2萬人民幣（約2000美金）／人，加上入俄再繳納1350元人民幣自費項目、40美金俄餐、小費什麼的，共約1.4萬人民幣／人。我們這個15人遊俄小團由「攜程」網拼組，十位六旬以上「文革遺老」，與我一樣懷有紅場情結。旅行社出團通知書取名「夕陽追憶團」，準確貼切。

莫斯科

近十小時飛抵莫斯科，機場距離紅場40公里，即1941年冬德軍入俄最深處。青年時代從朱可夫《回憶與思考》獲知德軍坦克兵突進於此，望遠鏡已看到克里姆林宮尖頂紅星。俄人在此特設標誌，提醒「千萬不要忘記」。

入城沿途不時發現很破的汽車還在上路，這種車如在中國「必須淘汰」。導遊釋疑：「俄羅斯車輛管理很鬆很人性化，再破的車，只要你開得動，都可上路。」1200萬人口的莫斯科（全俄1/12），車輛300萬，戶均一輛，全城無高架，好像也不怎麼堵。導遊很快警告：「今天週末，車輛少一些。工作日常常要堵，不過每天只堵一次，從早堵到晚。」怪不得普京得乘直升飛機到克里姆林宮上班。普京的直升機停機坪，克里姆林宮景點之一。

　　莫斯科民居大多建於「前蘇聯」，赫魯雪夫時代的福利房，30～40平米／套。據《新消息報》，65%俄人希望改善居住條件。人多的地方東西貴，莫斯科為全俄生活指數最高城市，房價3500美元／平米。莫斯科月收入約兩千美元家庭15～18%（150～200萬人），依賴6萬美元房貸（莫斯科房貸均額），能承受的房價為15萬美元／套，與京滬中低收入階層大抵相仿。近年，莫斯科市長鼓勵華商投資該市房地產。

　　彼得堡人口500萬，不到莫斯科一半，房價低得多，僅莫斯科一半。全俄均薪3～4萬盧布／月，約合6000人民幣。一位退休女教師告知，她每月退休金相當兩千人民幣，感覺「可以了」。

　　中俄人口與土地之比相差近20倍，俄羅斯人口約為中國1/9，國土面積則大我們80%，人均GDP約1.6萬美元（中國6767美元，俄國高出1.4倍）。行進於俄羅斯城鄉，真正感覺什麼才叫「地大物博」。莫斯科、彼得堡的綠化令我們望塵莫及，地方大，攤得開，不像我們只能螺螄殼裡做道場。

　　各種紅色回憶錄一再提及的「列寧山」，實為莫斯科近郊森林公園。那首風靡吾華的〈莫斯科郊外的晚上〉，確有生活基礎。莫斯科始建1147年，卡巴爾達語，意為「密林」。後來，周圍林木遭大規模砍伐，二十世紀初莫斯科人在「憶甜思苦」中幡然醒悟，經四次綠化工程，城市終得恢復綠化。[1]彼得堡全城綠化面積43%，名副其實的花園式城市。

列寧墓

　　1929年修建的紅場列寧墓，北京老毛紀念堂的「樣板」，意在「永遠活在人民心中」。前蘇聯倒台後，俄政府悄悄撤走列寧墓撥款，由民間組織「列寧慈善基金會」維持。按說每三年要給列寧換裝

---

[1]　陳效衛：〈莫斯科建成「森林城市」〉，載《人民日報》（北京）2014-8-10。

一次，由於資金少得可憐，必須的防腐經費都很緊張，換裝價格高達三萬美元，列寧多年無法換裝，只能細緻清潔現有著裝。

同團三位年輕女性對列寧不感興趣，不願排隊「瞻仰」而去逛商場。她們不知列寧墓1994年躋身「世界歷史文化遺產」，遺體防腐祕方乃尖端科技，國家一級機密。她們更不知道：2011年2月全俄公投，超過60%的俄人主張將列寧遷出紅場，其餘（包括普京）認為可保存作為旅遊景點，另一政要梅德韋傑夫保持沉默。無論如何，列寧給俄國及全球帶來赤難，以高昂代價長年供奉遺體，既違悖大多數俄人意願，亦與現代人文價值格格不入。歷史直覺告訴我：列寧的紅場歲月快到頭了。即便有「世界歷史文化遺產」這道護身符，列寧墓也只是作為「前蘇聯」景點，裸呈蘇共宗教性質——尊教頭、搞崇拜。全球五口水晶棺全是「無產階級革命領袖」——列寧、毛澤東、胡志明、朝鮮金氏父子，很說明各國赤黨的同一性。

如今進入列寧墓的各國遊客，還會懷揣紅色虔誠與崇敬麼？列寧主義在中國已正式貶黜，中宣部退守最後防線——馬克思主義，放棄對列寧主義的「捍衛」。對我來說，「既來之，則觀之」，一睹曾傾倒無數中共黨人的列寧遺體，也算「圓夢」吧？

進入墓室前，衛兵示意我右手垂放袋外，大概見我一臉鬍鬚，怕我袋裡揣著什麼。終於，看到那張熟悉的臉了，水晶棺裡的雙手修復痕跡明顯。出了列寧墓，一排緊靠克里姆林宮的紅牆墓區，按去世時間排列的十二尊胸像——斯維爾德洛夫、伏龍芝、捷爾仁斯基、加里寧、日丹諾夫、史達林、伏羅希洛夫、布瓊尼、蘇斯洛夫、勃列日涅夫、安德羅波夫、契爾年科。沒有赫魯雪夫?!很奇怪，俄國人「容納」了罪惡的史達林，竟不接納「解凍」的赫魯雪夫?!赫魯雪夫入居擁擠的新聖女公墓（莫斯科西南部），「居住」面積與位置還不如戈巴契夫亡妻賴莎。1961年，史達林遺體從列寧墓水晶棺拎出火化（一說直接埋於列寧墓側），紅場仍有其一席之地，為了他指揮抵抗納粹的衛國戰爭。歷史複雜，對待歷史的態度也相當複雜。

　　史達林石像很新，一望便知毀後再立，體現俄人對他認識上的「反覆」。黑色大理石墓板上兩枝鮮花，看來至今還有人對這位冷血紅魔尚存敬意，還在執拗表示「不同意見」。

　　無論如何，「前蘇聯」隨風飄去，紅場紅墓的保存，只能說明俄人的包容。歷史問題讓歷史去解決，遞交爭議於後人，保持現實的相對「和諧」，高級政治智慧呵！

「前蘇聯」遺韻

　　21日上午十時，按日程來到紅場，高音喇叭突響，紅場戒嚴封閉——軍校舉行畢業典禮。一場軍校畢業典禮耽誤紅場兩小時「接客」，不怕得罪內外遊客，立刻嗅出「前蘇聯」味兒。也只有前集權國家才會有此「習慣動作」——隨意侵害公眾利益。李立三俄妻李莎（1914～2015）對前蘇聯的自由有一段描述：

　　當時（按：1946年）蘇聯公民想出國比登天還要難，一個普通的婦女能被允許隨中國丈夫出境，真有些不可思議，況且從來沒有這樣的先例。倒是沒少聽說這樣的事情，丈夫按黨組織的指令突然消失，遠走高飛，丟下的家眷卻成了孤兒寡母。……正是出於這些擔憂，我才不敢下定決心把自己的命運與立三拴在一起，婚後又較長時間不敢生育孩子。[2]

　　前往彼得堡的列車上，進一步感受「前蘇聯」遺韻。直達軟臥，夕發晨至，一來一回，旅行社省卻兩晚住宿費。車廂老舊，臥具得自行裝套。女列車員只出現一次，每間包廂發四小袋劣質茶葉，且意在沛公——舉著100盧布示意。導遊事前交代，此為要小費，我爽氣給了她100盧布。女列車員見迅速搞定，微笑離去。車上衛生間極髒，不打掃一下就「上崗」了，只想要資本主義的福利——小費，卻不提

²　李莎：《我的中國緣分》，外語教學與研究出版社（北京）2009年，頁138。

供資本主義的服務。現今中國游客漸增，各景點同胞約占1/4。也許人家老毛子知道中國人不太講衛生，人在旅途，要求更低，「順水推舟」對付對付你。

俄羅斯不少廁所收費，20～25盧布／人，相當4～5元人民幣，中國的十倍。筆者只上過一次「自費」，因不知道這麼貴。有了第一次，當然避免第二次。

自費項目的涅瓦河遊船（450元人民幣），俄羅斯歌舞者為求中國遊客「共鳴」，高唱毛氏語錄歌〈下定決心不怕犧牲〉，甩擺文革pose，最後高呼「毛主席萬歲！」沒想到文革在這兒「發揮餘熱」，搞笑華人的「包袱」，不倫不類，不知該笑還是該哭。

彼得堡

導遊說：「沒到莫斯科，等於沒到前蘇聯；沒到彼得堡，等於沒到俄羅斯。」就城市外觀，莫斯科建築主要體現「革命年代」，一幢幢盒式建築，平直簡潔，毫無藝術感。彼得堡則一派精緻的歐式韻味，濃郁的巴洛克風情。漫步涅瓦河畔，由衷讚美這座城市。彼得堡綠化面積43%，中國一線城市永遠無法達到的指標。

彼得堡的重頭戲當然是城裡的冬宮、郊外的皇村。除感歎巴洛克風格的繁複奢華——不放過一寸空間，也看出中外帝王炫貴示尊的共性。當導遊指著冬宮大門介紹：「冬宮大門要打開，尼古拉大門也要打開」，同團六旬「夕陽」翁嫗都笑了，都知道語出赤俄影片《列寧在十月》。中青年則聽不懂兩個「打開」，更不明白這幫老頭老太何以笑得「不約而同」。一代接受一代的文藝，一代形成一代的積澱，代溝實為歷史必然。倘若幾代人觀念完全一致，反倒不妙，社會沒進步呵！歷史前進，從人文角度，必然化為觀念移變，就像「九斤老太」不可能欣賞五四青年。

彼得堡「地陪」乃長春工科女生小杜，來俄六年，已在彼得堡成

家，丈夫也是中國留俄生。夫婦均持兩年期工作簽證，兩年回國一次辦理續簽。小杜27歲，年收入50萬盧布，折合人民幣10萬。我替她分析：「這個數目國內也能掙到，何必大老遠躐這兒？」她真誠回答：「丈夫在這兒發展很好。彼得堡藍天白雲，環境比國內好，至少沒霧霾吧？嘿嘿……」小夫妻在彼得堡與人合租一套兩居室，每間月租500美金，約3100元人民幣。彼得堡最低工資3～4萬盧布／月，約一千美金（六千人民幣），比上海最新出台的最低工資1820元人民幣，高330％。

帝王宮殿、陵墓，各地旅遊重點，但歐洲近代帝王厚養薄葬，生前奢華，死了也還簡單。較之中國帝陵的「高大上」，沙皇後事可稱簡樸──就地葬於教堂。我們的秦皇陵、漢唐帝陵、明十三陵、清東西陵，太鋪張太浩大，太不恤民力了，除了彰顯皇家氣魄，招來一輪輪盜墓，並無實際價值。皇朝也不會因帝陵宏偉而一世二世……乃至萬世。帝王厚葬，折射出我國歷史理性的低弱。

如今，我國帝陵成為旅遊熱點，為國家旅遊創收，邊際溢效耳。高貴森嚴的帝王陵寢天天遭一批批中外遊客無休止打擾，實在有損龍威，絕非墓主本願。

其他「俄感」

各到各處的人物雕像，俄羅斯一大人文特色。彼得大帝、蘇沃洛夫、庫圖佐夫、朱可夫、普希金、陀思妥也夫斯基、高爾基……莫斯科大學前，兩列歷任校長雕像。人像遍地，還都是近代人物，表明重視個人貢獻，激勵後人努力，爭取「身後」，不像我們貌視所有個人價值，獨尊老毛、「核心」，只要求億萬國人甘為「螺絲釘」。

抽煙，在俄羅斯十分普遍，向路人要煙很平常，不會見怪。不少女性一煙在手，吞雲吐霧，頗有「腔調」。俄籍導遊介紹：俄國男女抽煙比例大致相等。二戰後，俄女比俄男多，男性46％、女性54％，

不少俄女很苦悶吧？俄國規定不能向18歲以下未成年人售煙，香煙也不能放在店內看得見的地方；還規定22:00～次日10:00，禁止賣酒，好像酒鬼都是臨時起意，不會事先準備。俄式煙酒「限禁」，很像掩耳盜鈴。

　　一家旅遊品商店，同團一位六旬翁見瓷盤上印有普京少林武僧像，很衛道地說：「將國家領導人的頭像印在這種東西上，很不尊敬呵！」我告訴他台灣商家也到處用馬英九做廣告。此翁一派奴才心理，還自我感覺很正確。

　　年近六旬才上「紅都」報到，漫步久聞盛名的涅瓦大街、喀山大教堂，想到這個鄰國對吾華的巨大影響，百感交集。首赴赤俄的瞿秋白、莫斯科中山大學的「二十八個半」、「走俄國人的路」……如今俄人已放棄「無產階級專政」，轉型民主，「偉大蘇聯」不存在了，那麼，我的中國呢？

2014-6-29～7-8　上海

原載：《南方都市報》（廣州）2014-9-22（刪削稿）

中歐訪感

　　2007年暑假首訪歐洲，德奧捷匈斯五國十日遊，除去往返航程，實際不過八天。隨團旅行只有廣度沒有深度，但幾個中歐國家轉了轉，以五旬閱歷，還是感觸處處，引慨良深。

　　中歐五國北緯50度，大致相當我國黑龍江，夏季涼爽宜人。7月24日，大暑時節，南歐熱浪正飆，高溫釀成大面積火災，甚至引爆二戰遺彈，數百人喪生。但德國南部的慕尼黑，攝氏12～22℃；7月31日的柏林，最低氣溫跌至攝氏10度以下，穿絨著棉都不嫌厚。筆者行前未作功課，對中歐氣溫估計不足，為求輕裝只帶一件襯衫，不時需要「堅持」。多虧大巴女司機安妮帶了兩件滑雪衣，救了大急。

　　7月26日抵布達佩斯，進入中歐熱圈，感覺稍熱，旅館床上仍棉墊棉被，晚間亦須周蓋全身，不可捅腳被外。中歐旅館只供暖無製冷，床上也無涼席薄毯，中歐最熱30～33℃，持續時間不逾周。冬季最冷0～-5℃，也不逾周。亞洲旅客進入客房，都會心浮一問：怎麼沒紗窗？答案自然惟一：不需要。旅館酒家無蚊無蠅，歐洲一大「先進性」。

德國

　　慕尼黑，日爾曼語，僧侶之家。1185年，因宗教遷移聚居成邑。全城纖塵不染，真正花園式城市，全車華人同聲讚歎。慕尼黑也是一座活力四射的城市，啤酒乃城市「地標」，只是那家「希特勒啤酒館」不復存在。二戰後期，盟軍飛機幾乎炸平該城，「希特勒啤酒館」毀於大轟炸。雖然「希特勒啤酒館」極具旅遊價值，但德國政府不允許任何帶有納粹標誌的遺址。鬧市區有一家「大上海飯店」，中德文大字標出，頓覺親切。

德國乃此行中歐五國翹楚，處處聞嗅德國文化的先進性，時時感受德人的理性。任何現象必然折射文化內涵，點點滴滴均透發對生活的理解。德奧等先進歐國的人文理念：正直勤奮的聰慧者就應先富起來，得到相應社會地位，彰顯主流價值。歐美尊崇個人奮鬥，從而帶動社會整體層次提升。文化在他們那兒得到深層次的理解與體現。

德人的精緻落實到每一細處，不僅處處以人為本，而且進入以自然為本的更高層次。車行德境，猶如駛入田園油畫，葡萄樹種得士兵列隊般整齊，收穫後的秸杆捆紮有序，猶畫中靜物，凸顯規則與理性，一車中國人無不發出由衷讚歎。著名的薩爾斯堡湖如詩如畫，使人不得不珍惜生命的美好。

德人的精細節約也讓我感慨不已，7～12對輪胎的重型卡車，空駛時收縮1～2對，以減少輪胎不必要的磨損。高速公路安全第一，幾無廣告牌，亦無收費站，電子收費，準確省時且不影響車速。

滿街啤酒館、咖啡店，顧客滿滿，人們充分享受生命的美好。不禁替他們瞎擔心：都這樣了，下一步咋辦？還有什麼發展？朝什麼方向發展？人類想像有限，但人類的擔心卻無處不在，真是多操心了。

德國法治程度甚高，防範成本較低，沒有各種防盜裝備。前些年，復旦大學試驗數周無人售報，不自覺者太多（包括拾荒者收去賣廢紙），被迫終止。可人家德國，「無人售報」已是生活一部分，付款取報（0.5～1歐元），全憑「階級覺悟」。包括賓館冰箱裡的付費飲料，離店時交還房卡，一聲「NO」，絕不會打電話上去查房。只有誠信度甚高的國家，才會信任這一聲「NO」。

夜宿慕尼黑郊外，安詳寧靜，高級椅座當街擺放，無鎖無防，八九成新的自行車也不上鎖。商家櫥窗亦無捲閘門，高級商品陳放窗內，根本不擔心砸窗盜物。

德國一切都有細密規定，指導性操作性兼備。如一天開車不得超過12小時，實際駕駛不能超過9小時，連續開車4小時必須休息40分鐘……車輛啟動前，得將一張記錄紙插入儀盤，以便警察隨時檢查駕

駛時間。一旦發現違規，後果很嚴重。約定明確，分寸清晰，很少發生衝突，都說讓德國人開罵很不容易。寧波奉化江一座德國公司設計施工的橋梁，75年後該橋管理處收到德國公司來函，提醒管理處進行維修。若在中國，過了三五年保修期，誰還會主動提醒用戶，遑論75年後的不遠萬里？[1]

後來，我讀到張發奎1933年的訪德觀感——

我們常常光顧猶太餐廳，因為它便宜。德國人是非常儉樸的民族，他們午餐只點一道菜伴食麵包。但我們喜歡喝湯，常常叫幾份湯。在猶太餐館，我們被告知：不必點湯，因飲水是免費供應的，他們想幫我們省錢。[2]

舉世聞名的蘇軍解放柏林紀念碑，不在東柏林而在西柏林，保存完好，氣勢如初。西德並未因意識形態否認蘇軍解放柏林的功績。至於兩德統一，東德人的一段話頗耐尋味：

過去我們過的是「按勞分配的社會主義」，柏林牆一倒，我們倒進入了「按需分配的共產主義」（按：高福利）。我們惟一沒有體驗到的是「資本主義」，因為西德的資本家寧可去「剝削」土耳其勞工，也不願來這裡「剝削」我們（勞力較昂）。

兩德統一，西德犧牲重大，經濟總量從世界第二驟降十五，人均GDP從3.8萬美元跌至2.2萬。[3]但西德人民的同胞情還是超過「階級恨」，寧願吃虧也要拉貧窮的東德同胞一把。

奧地利

藝術之都維也納：隨到隨處的雕塑體現對精緻的追求；四處流溢的音樂，裹著對各種追求的理解。中國人總認為歐人的先進在於科

---

[1]　張幫俊：〈橋品如人品〉，載《新民晚報》（上海）2011-8-8。

[2]　《張發奎口述自傳》，當代中國出版社（北京）2012年，頁147。

[3]　劉文忠：《新海國圖志》，崇適文化公司（澳門）2011年，頁252～253。

技，實則根鬚在人文。對藝術的深度追求來自對生命的精緻認識，藝術濡染悄悄拓展生命張力，不動聲色地轉化為生產能力、科研動力。如上美國西部淘金的歐人，面對金礦，第一件事並非直奔主題去挖金，而是設法擁有舞廳、咖啡館，不願為明天損失今天的快樂，更不會像中國勞工咬牙當癟三──只為衣錦還鄉闊一把。

歐人重視當下，不斷改善生活，從而不斷提高生命品質。中國人「一切為了明天」，似乎目標遠大，恰恰整個滿擰，倒置價值。很簡單，不重視當下，放走今天，明天的美好如何形成？明天的高度能夠脫離今天的台階麼？沒有今天的積累，明天的美好從何而來？今天不是昨天的明天麼？

Ring大街（戒指大街），維也納商業中心，各路民間藝人匯聚，一位華裔小姐彈琴求乞，無愧無赧，也沒人嘲笑。還有許多「行為藝術」乞討者，以活體雕塑為自己扒分。

維也納金色大廳（Goldener Saal Wiener Musikvereins），世界第一音樂殿堂，每天至少一場音樂會（最低門票39歐元），地板竟相當陳舊，至少二十年未換了，油漆磨去，木紋裸露。音樂廳座椅也與「古老」配套，無一點現代氣派。因不妨礙演奏，能節約為什麼不節約呢？

行走維也納，微風吹拂，思緒飄得很遠很遠。藝術追求的內核是對生命的重視與精致，只有堅信生活美好、自我重要，才會開始追求，一切才有附麗。一切只有在乎，才有追求完善的必要。什麼都無所謂，都可拋可棄，也就不可能不必要修正補充了。無小何以大？無初何以遠？無個人何有集體？無公民何來國家？這也是幾千年儒家總是壓勝道家的根柢。輕忽當下，追求玄遠，符合歷史理性麼？為了子孫後代「美好的共產主義」，去坐牢去打仗去流血去犧牲，且不說您的共產主義是否真正「美好」，僅僅以一代人的生命為代價，就已凸顯這則「主義」的猙獰。需要犧牲一代人幸福的「主義」，不捎帶一代人幸福的「主義」，還可能「美好」麼？憑什麼「美好」？

如廁昂貴

歐元與人民幣匯率1:10，歐洲物價亦大致十倍於中國。以如廁為例，雖設備高檔，臭味較低，一次0.5歐元（人民幣5元）。國內廁費一般人民幣0.2元，25倍哇！國內即便5角／次，德廁亦達十倍。當然能省則省，不到萬不得已不願掏此大頭錢。用餐方面，旅行社儘量找中餐館，一則合華人口味，二則便宜呵！每餐6歐元／人，國內每人60元人民幣，至少中檔了，在中歐只能排檔級。維也納中餐館，滬籍老闆娘端來一大盆紅燒肉，頃刻「銷」光。若在上海，絕不會如此饞肉，引笑一片。老闆娘也十分驚訝：「嘸沒想到倷胃口介好！」

奧地利路邊餐廳，台灣籍導遊為我付了3.5歐元啤酒費，說是能為教授買單十分榮幸。筆者因知識得到如此尊重，此為第二次，且全在境外，全來自港台華人。對知識的態度還真體現社會層次，蔑視知識、唯官是尊，恰恰是大陸庸俗趨利的折射。現代社會，文化知識乃從業必備，「我是大老粗」不可能自豪了，無知者不能以無知引傲。我們知青一代絕大多數僅初中學歷，文革陰影，拖滯至今呵！

當然，也有反面感覺。中餐館衛生間內，時見中文提示：「請勿將煙蒂等雜物投入池內，如被發現，將請您親自撈出。」國人衛生習慣不佳，餐館老闆不得已出此警語。

匈牙利、捷克

布拉格兩晚、布達佩斯一晚。剛從德奧過來，對比強烈。捷匈二國海關、旅遊景點、酒店服務態度，均比德奧差了一大截，看不出對外國遊客的歡迎，只有例行公事的「對付」。這種「前社會主義」味兒，全車國人熟悉之至，相視莞爾。

在匈捷看著一張張表情緊繃的臉，怨怒滿滿，這兒人們的幸福度明顯少於德奧。「蘇東波」之前，電冰箱、電視機等家用電器，東歐

民眾視為「資產階級奢侈品」，與我們一樣，這些前社會主義國家也「以貧為貴」、追求「永葆無產階級本色」，因而集體淪貧。1956年「匈牙利事件」，匈國人口950萬，150萬人被起訴，上百萬送入「古拉格群島」。他們也有個人崇拜，他們的崇拜語與我們的文革差不多：

　　風兒停止了喧譁，好讓人們聽清拉科西（1892～1971，匈共第一書記）的講話。

　　最好的父親拉科西，勞動人民熱愛你！[4]

　　匈捷兩國生活粗放，節約理念很差，很像中國的渾不吝、大咧咧。入住布拉格第一晚，房間很大（套間），與德奧二國的小巧精緻對比鮮明。但布拉格旅館設施粗糙，工藝很差，衛生間水箱龍頭無法關閉，白淌一夜；干擾睡眠，浪費資源，十分心疼。次日出遊前，特向大堂值班說明情況（我尚能說幾句簡單英語）。晚上回房，滴水還在繼續，再上前台反映，直到睡前，仍無維修工上門，皇帝不急急太監。

　　九萬多平方公里、人口不足千萬的匈牙利，竟是中國小商品集散地。華人在布達佩斯開闢出歐洲最大批發市場──「四虎市場」，廉價的中國百貨、華產服裝很受歡迎，每天客流量三四萬。大批華人湧入淘金，中文報紙就有十幾份。

　　東歐經濟比俄羅斯發展快──船小好調頭，但東歐諸國改走市場經濟時日不長，東歐生活水準距離西歐還差一大截。捷克人均月薪二萬克郎（六～七千人民幣），每月伙食須二～三千人民幣，住房須四千，積餘無多。但東歐教育全程免費，直到大學畢業。18歲後找不到工作，可領失業金，政府兜底。

　　歐洲的性工作者多出東歐（包括俄羅斯），中國也不時出現斯拉夫女郎，原因當然還是母國的經濟基礎。否則，姑娘們何必不遠萬里來到中國？2003年就聞知捷克乃東歐妓女集散地，色情業在捷克合法

---

[4]　侯鳳菁：〈裴多菲俱樂部真相〉，載《炎黃春秋》2008年第5期，頁73。

化，政府登記收稅。切布鎮為中心的德捷邊境，有一條60公里的「妓女走廊」。下午，布達佩斯多瑙河畔飲酒小憩，不時飄過衣著暴露的女郎，目挑語引，不避不諱。

捷克妓女還經常前往德國萊比錫市政廳「工作」，薩克森州兩位知名政角涉及性交易醜聞。有人提議布拉格市中心為妓女立青銅雕像，命名「放蕩的長凳」──一位裸露私處、正為長凳客人服務的妓女。這尊雕像原擬放在紅燈區德沃夏克區，該區居民強烈反對，稱「妓女紀念碑」，要求政府禁止在該區擺放這一「恥辱標記」。地點問題久未解決，作者只能將雕像放在布拉格市郊工作室門前。結果，「長凳」成為當地一大景觀。

旅行團中一位英語很棒的新加坡人，經與捷克人閒談，告知嫖客大多來自德國，因為捷克「消費水準」比德國低一半；還告知多數妓女拿不到多少錢，有時80%嫖資流歸老鴇、皮條客或黑手黨；加上性病與安全問題，很多妓女處境不佳。

東歐教育傾向英美式，提倡愉快學習，不強求孩子聽話。東歐孩子從小接觸政治，中學就開始論政，評頭品足，大學則會盯上政角的競選綱領。小處見大，國情總能在國民身上體現斑紋。

成了老外

都說一出國就愛國，未出國時很難想像，年輕人或會嗤鼻──怎麼可能？當真足臨異國，馬上就會發現那兒不屬於您。滿眼外文滿耳異音，與您的「整體組裝」完全不匹配。現代人好像只能生活在熟悉的文化之中，當發現自己與那兒難以對接，那種異鄉的寒冷會從體內騰然升起。那兒確實很好，什麼都先進，但我只能屬於中國。科技也許無國界，文化則與語言一體，很難「出國」。一入番邦，確實發現必須愛國，不是祖國需要你，而是你需要祖國，只能屬於祖國。許多旅歐留美的人文學者要死要活要回國，根柢在此呵！

海外華人不少開飯館謀生，餐飲門檻低，容易入行。中華「食文化」真正澤被後人，飯館一開，國菜一上，生活無憂。祖先實在否定不得，文革否定一切，尤其「兩個澈底決裂」，與傳統一刀兩斷，真正反動呵！那首曾經響徹寰內的〈文化大革命就是好〉，還能唱嗎？

行走歐洲，自己成了老外，歐人眼中一道飄帶異國情調的「風味小餐」。筆者長鬚大鬍，引不少老外側目，回頭率極高。布拉格一販甚至指我呼叫：「哦！哦！拉登！拉登！」

最令我有榮譽感的是德國大商場設有「東亞服務區」，專為中日韓顧客辦理退稅（須持旅遊簽證），頓感東亞遊客的消費實力。最後一天在法蘭克福，尚餘500歐元，平日沒時間逛商場，便統統為妻買了服裝。女店員見我短褲窄衫，卻要這要那，十分詫異，及見我掏出大額歐元，連聲「Thank you! Thank you!」歐盟各國工薪階層一般也就3000歐元／月。國際地位不在自吹，更不能用「主義」砌疊，而在百姓的購買力，包括境外所得的「國際尊重」。從「東亞病夫」到「東亞服務區」，事情在悄悄起變化。雖然出國旅遊者均為「先富起來」，能夠有人走出去，且有一定消費能力，總是好事。有人富起來總比綁在一起捱窮好吧？13億人一起富，沒一點前後，齊頭並進，怎麼可能？就是百萬人口的小國，也不可能齊步「共同富裕」。何必那麼在乎差異？追求「無差別」本身就是很低級的哲學錯誤。

都說讀書人要行萬里路，中歐一行，收穫確實遠勝百卷書，近距離的親身感受，尤其人文對比，真切理解歐洲文學之所以先進的社會土壤，進一步理解近代哲學何以盡出德國。

初稿：2007-8上旬；定稿：2007-9-22；補充：2011-6-17

原載：《檢察風雲》（上海）2011年第14期

感觸日本（一）
──第一感

　　2008年7月，隨妻單位《社會科學報》東渡訪日。得朱曉雲女士接洽安排，整整一天先後訪唔早稻田大學建築學教授古谷誠章、株式會社環境研究所所長原田鎮郎、早稻田大學新聞學教授花田達朗、《日本經濟新聞》國際部副部長竹岡倫示、北原基彥等知識精英，還看了早稻田大學幾個博物館。時雖短促，還是強烈感受日本文化氣息，探觸日本精英思想脈搏，深感日本發展潛力。

　　日本公民化程度已相當高，法治觀念普及，什麼都有約定。自動電梯靠左站，留出右邊給趕急者；商店只標實價，省去討價還價的麻煩。台籍導遊說中國人判別價值次序：情、理、法，日本人則是：法、理、情。法律是人情人性的濃縮提煉，人己利益平衡點。缺乏共識，易發生齟齬，引惹紛爭。大家守法，標準同一，既避讓又自檢，社會磨擦率大幅降低，和諧度拾階而上。

　　據說常發生這樣的中日文化衝突：中國乘客在新幹線搞錯車廂坐錯席，前來找座的日本姑娘再三察看手中車票。日本人從小被教育遇到衝突首先自檢，先找自身錯誤，不像華人第一反應質疑他人。一先一後，深刻折射文化差別、認識能力。

　　2010年，一位華人將包忘在東京地鐵，不僅有錢，還有護照等重要證件，急得團團轉。一日本青年先打電話給地鐵辦公室，再轉身安慰：「別擔心，剛才那列地鐵一小時後還會經過這裡，我們上月台等吧。」那位中國人瞪大眼：這不是最傻的「刻舟求劍」麼？日本青年則堅信：「不要緊，我們日本幾乎沒有小偷，你的東西肯定能找回來。」撿到東西交警察乃日本人「基本規則」，很少丟失物品。一小時後，那列地鐵來了，他們進了那節車廂，包果然還在原處，打開一

看，一樣不少。[1]

　　一位中國警察旅日八天，深深感歎良好的社會風氣。旅行團內一女士逛店後上大巴，車開後發現錢包遺忘商店，急撥購物單上的電話號碼，商家回答已發現錢包，等待認領。更使中國警察驚詫的是：麥當勞就餐，日本食客很放心地將包放在選定的座位上，離去購食。中國遊客則習慣性帶著大包小包走來走去，生怕被順手牽羊。[2]

　　日本朝野對經濟與各種社會活動形成共識：民間經營、政府管理、人民配合。日本民眾對政府一邊批評一邊「配合」，對政府的認可超過懷疑，官民衝突較少，穩定和諧度遠高我國。

　　日本的人性化觸處可見：山階砌有方便老幼的半步小階；任何一處洗手間都有殘疾人設施；街心散步小道立牌提醒前有台階──輪椅不便通行。人性化最重大標誌：廁所遍地，示牌遍處，醒目標出最近公廁，急內急者所急。

　　日本國民意識的另一體現：最好的東西自己用，淘汰的才拿去出口。日民普遍享用本國尖端電子產品，如可上網的手機。至於森林、水源，更是特級保護，凡有可能破壞環境的產業一律不准興辦，一次性方便筷當然從中國進口。

　　日本面積僅37.788萬平方公里（中國1/25），大半還是山區，領地狹窄資源匱乏，什麼都是小小的，小桌小椅小房，高速公路的隧道都小小矮矮，開不了高大一點的集卡。最令我吃驚的是一處盥洗盆，20釐米寬，專用淨手，打破筆者在香港看到的最小盥洗盆記錄。這些都體現珍惜資源的可貴意識，夠用就行，不必以偌大太師椅體現氣派。

　　當然，日本青年也有一些問題，如令各方頭疼不已的三族──啃老族、宅族（只上網無朋友無未來）、草莓族（稍遇壓力就喊自

---

[1]　張宏濤：〈「刻舟求劍」錢包失而復得〉，載《青年參考》（北京）2010-3-9。

[2]　王曉：〈一個警察眼裡的日本〉，載《中國青年報》（北京）2010-2-9，版5。

殺）。「三族」自我封閉，婚配則充分利用富國資源——找貧國佳偶。日本鼓勵多育，一胎無補助，二胎公費供至高中，三胎供至大學；日本非常清楚國家的未來在於下一代。日本孩童極受各方呵護，真正「金色童年」。

　　漫步東京市中心早稻田大學（創辦者大隈重信宅所——豐田郡早稻田村），周邊高樓林立，一派現代化，但你感覺不到歷史遠逝、傳統消失，反而處處感觸對歷史的銘記、對傳統的尊重。日本知識界努力向青年告知歷史，詳細標出走過的道路——從國史到校史。早稻田大學幾個展館生意清淡，觀客稀少，免費參觀，賠錢買賣。但人家算的是思想賬歷史賬，認為塑造青年的歷史意識與價值理念乃最重要的事業，國家發展的核心後勁。相比之下，中國幾無一所大學開辦同類館展，僅此一項便體現日本的史傳意識與前瞻思維。東京大學多出高級官僚，早稻田大學多出政經首腦與思想家，根基應該就在這些「細枝末梢」。

　　1860年代明治維新以來，日本人寫自己的《日本人論》、《日本論》達2000部（篇），並很注意外國人怎麼看日本。自我認識乃提高的起點，提高自身當然得從認識缺陷開始。1925年後，日本文部省特設「思想局」，很注重意識形態呵！十九世紀著名學者森有禮曾（文相）論證：「日本乃劣等民族」。有人提倡改造人種，呼籲日本女性盡嫁西人，生養優等人種。還有人喊出「取消日語、全盤西化」。1885年出版的《脫亞論》，以西方文明為標準認定西優東劣，「脫亞入歐」成為主流意識，日本一路朝著「入歐」方向發展。二十世紀初，日本竟有人考證出「日本人祖先是白人」。二戰後，著名作家志賀直哉（1883～1971）提出改國語為法語。還有人向美國占領軍司令麥克阿瑟提議：乾脆將日本併入美國，成為星條旗下的「遠東州」。[3]從相當意義上，正因了日本知識界的「澈底謙虛」，明治維

---

[3]　朱建榮：〈日本人怎麼看自己〉，載《同舟共進》（廣州）2015年第4期，頁31～32、35。

新後接受「脫亞入歐」，方向正確，日本才發展迅速。

初稿：2008-7；稍增補
原載：騰訊網（北京）「大家」2013-10-27

感觸日本（二）
——想到千年之後

　　早稻田大學建築學教授古谷誠章（1955～　），長野車站設計者（獲2007年全國建築設計一等獎），向我們介紹東京城市未來規劃，設計要求「管用」千年。1995年，日本建築中心開始一項宏大國家項目，開發設計「超超高層建築」，由大型建設公司、建材廠家、電梯廠家、設計所、大學等90家單位、20餘名研究者組成團隊，從規劃、結構、材料、施工、管理等14個方面開展研究；要求達到「三個一千」：千米高度，千頃建築面積，千年使用壽命。設計目標：根本改變現有城市開發思維，建設高度資訊化的未來城市。這項「未來城市規劃」的主導思想是向空間發展，向天空要空間，儘量將東京托舉聳立，結束現攤大餅式拓展。按這一設計思路，新宿第二代超高層建築將從空中連結，城市「站立」起來，形成立體化。

　　如今東京，向四周擴展幾十公里，「大餅」越攤越大，生活效率及舒適性大幅下降。長距離上下班的滿員電車，肉體和精神都負擔很重，交通耗能也很大。同時，日本人又普遍希望擁有土地以建私宅，造成東京平面無序擴大。這一狀況不僅日本如此，亦為全球超大城市通弊。因此，研發「超超高層建築」，對全球超大城市的未來規劃具有突破性意義。

　　以千年為目標進行設計，如此前瞻，深感震撼。中國建築設計時距目前還未達百年。日本則已組織超一流研究團隊朝14個方向展開研究，除體現深遠前瞻，亦凸顯高度整合能力。有多大整合能力，決定有可能搭建多高平台，決定能看得多遠。儘管古谷誠章教授很謙虛：「不可能設想得很完美，需要漸漸拾遺補缺，需要後人不斷修正完善。」但人家的「千年目標」，已令我深感中日差距。

日本建築設計界不僅關注外形構造、空間設計，更關注建築空間對思維的影響，以自由為設計宗旨，而非用明確的空間區隔「規定」思維。這一點，怕是中國建築設計界想都不可能想到，因為我們還未意識到「自由」的重要性，更不可能將「自由」融入設計思想。

日本建築設計界明確表示不可能十全十美，但必須考慮地震、維修、壽命、實用等元素，必須體現人文理念。承認不可能很完美，只能一步步前進，相信後人智慧，強調歷史承傳，而非讓傳統戛然終止，也是十分了得的設計思想。外形與內涵的關係上，日本設計界更看重內涵功能。這些，都使我深感什麼叫真正的差距。

古谷誠章教授最後介紹：未來城市設計，30～40年後將形成決心，投入具體施工。從日本學者身上，我嗅到一股強烈的職業自豪與價值自信。日本知識界的社會參與度甚高，乃是這一價值自信的台基。專業價值、社會意義，中國學界最缺乏自信的兩個詞彙，在日本學者那裡，絕對神聖！

花田達朗先生五十多歲，早稻田大學新聞學教授，留德十年，多次訪華，與京滬新聞學界廣有接觸。他介紹：十九世紀日本才有民族國家這一概念，此前封建社會，國家不統一，江戶幕府背景很強烈，明治維新就是要打造近代化統一國家，「富國強兵」乃明治維新標誌性口號；由於日本帶著自身社會矛盾走向現代化，追趕型後起之國，走了學英法德依靠侵略求發展的道路，侵略了中韓及東南亞等國；日本之所以發動侵略戰爭，緣於沒解決好國內矛盾，為掠奪國內稀缺的各種資源與勞力；同樣由於追趕型，前面有英法德這樣的老師，後面又有種種誘人利益，因此在現代化過程中發動了侵略戰爭。

明治維新送貴族子弟留歐、大量聘請歐籍教師、學習西歐政制。日本留歐生認為英國的國會制（君主立憲）較合本土民情，不像中國留歐生只學軍事兵器。伊藤博文、大久保利通等明治重臣認為科技學德國、海軍習英國、學術崇法國，兼採眾長，提出「和魂洋才」——既保留大和民族傳統又運用西洋才技。「和魂洋才」類似我們的「中

體西用」，但日本的「和魂」並不固守君主政制，認識到通過國會能採集各種資訊，得到民間智慧，民眾也有機會參與國務，各種社會矛盾可解決於初萌。他們的明治維新成功了，我們的戊戌變法失敗了，應該承認這就是日本後來居上的一大關鍵之處。

此外，還得強調：重視教育乃日本迅速崛起之地基。明治之前的江戶城，青少年就學率70～80%，識字率超過50%。同期英國，識字率才20～25%，法國14%，莫斯科20%。日本的教育地基，起於平安時代（8～12世紀），為普及佛學，日本寺廟出現幫助民眾識字的「寺子屋」，或個人開辦，或得商人居民捐資，僧侶、武士、公務員擔任「師匠」，後期出現女教師。學童按家庭能力繳納「束修」（可代以蔬菜或土特產）。「師匠」收入不高，但極受尊敬。江戶時代（1603～1867），一直持續教育熱。1830年，寺子屋遍布全國，號稱「邑無不學之人，家無不學之子」。明治初年，廢寺子屋而推行六年義務制教育，水到渠成，成就「教育大國」神話。[1]反觀吾華，截止2016年，全國大學教師均薪5478元／月，年薪不足7萬。據2015年〈全國教育事業發展統計公報〉，全國在校大學生2625.3萬，各級教育財政預算生均18143.57元。按說157萬高校教師，人均財政經費約30萬，這還未計高校自收的學費、教師的科研經費。[2]完全可以問一句，高校教師人均23萬教育經費（扣除教師年薪），上哪去了？

花田教授認為戊戌變法之所以失敗，乃中國疆土太大，不好操作，實指老大中國，史久積重，不易維新。畢竟西方民主與東方專制，方向悖反、價值全擰、不易對接。加上中國歷史悠久、承傳古老，船大難調頭，不肯輕易放下架子，不願承認「不行」。日本歷史既淺，積負亦輕，反而船小好調頭。他們通過對比，棄漢唐儒學就西

---

[1]　周朝暉：〈江戶時代的「教育熱」〉，原載澎湃新聞（上海）2016-9-14，《報刊文摘》（上海）2017-1-6摘轉。

[2]　熊丙奇：〈高校教師為何年薪難達三十萬〉，原載《北京青年報》2017-1-16，《報刊文摘》（上海）2017-1-20摘轉。

方法治，「脫亞入歐」，完成這一關鍵的社會轉型。

不說遠的明朝倭患，僅僅1894年甲午之後，日本奪朝鮮、占威海、割台灣、索賠款、「九‧一八」、「七‧七」，給中國造成多少深重災難，尤其致使中共坐大，問鼎禍國。作為中國知識分子，沒有一點民族傷痛是不可能的。承認這個傳統敵國的優長，需要一點勇氣哩。他山之石，可以攻玉。看看人家快速進入現代化的軌跡，總還必要吧？「民族主義」盲目催化虛幻的群體意識，統治者常用工具——誇大外部危險而轉移內部危機。

初稿：2008-7；後增補

原載：騰訊網（北京）「大家」2013-10-30

感觸日本（三）
——敏感的中日關係

　　靖國神社，最敏感的中日觸點。筆者很想知道日本知識界的態度，但又不便一坐下來就「直取中軍」。不料，人家卻不避諱。《日本經濟新聞》國際部副部長竹岡倫示先生，1999～2002年該社駐華辦主任，熟稔華情，主動提到前首相小泉參拜靖國神社，懇切表示：小泉參拜靖國神社，並不為大多數日本國民認同，小泉參拜一次，日本五大報便有四家（《讀賣新聞》、《朝日新聞》、《每日新聞》、《日本經濟新聞》）發表社論抵制，十分醒目的大標題，充分表明「言論機關」嚴正姿態，只有一家媒體（《產經新聞》）支持參拜。日本主流媒體及大多數民眾的這一立場，在日華人、記者都十分清楚，不知為何中國朝野聽不到四大媒體的反對，獨獨只聽到那一家支持的？

　　竹岡先生一再表示：

　　大多數日本民眾從不參拜靖國神社，首相並不代表全體民眾，只代表部分民眾；小泉時代，靖國神社問題也令我及不少日媒人士頭疼；小泉下台後，繼任首相福田對中示好，不參拜靖國神社，但你們中國也不要太高興，政治並不能決定一切，福田雖不參拜靖國神社，但日商對華投資反而下降。小泉這樣的首相，以後肯定還會出現，要拉右翼民眾的選票呵！

　　日籍影歌雙星李香蘭（山口淑子，1920～2014），1944年一曲〈夜來香〉在華名世。二戰尚未結束，她就為出演辱華影片《支那之夜》（1940）追悔：「那時我年輕不懂事，現在很後悔。向大家賠罪。」她就此辭職「滿洲映畫協會」。1974～1992年，李香蘭連任三屆日本參議員，2005年發表長文勸誡小泉不要參拜靖國神社：「那會

深深傷害中國人的心。」[1]

竹岡希望兩國知識界與草根階層呵護中日關係，不要受政界人物左右，千萬不要用戰爭思維延續歷史仇恨；日本社會複雜多元，右翼勢力企圖以靖國神社鬧事，製造中日爭端，挑起民族對立，延續仇恨，有違兩國根本利益；二戰以後日本反戰意識強烈，無論怎麼選擇，絕大多數國民絕不會再選擇戰爭，絕不會再用這一極端方式解決爭端；日本當然得為那段侵略低頭臉紅，但你們中國也不要揪住不放，兩國畢竟一衣帶水，關係正常化很重要；日商赴華投資，日民赴華旅遊，華人來日留學、打工、旅遊，還有創業，互惠雙贏，不好麼？

「和解」寄望下一代

日本知識界已將中日澈底和睦的希望放在下一代。竹岡打趣：「我們這一代可能沒有和解的機會了。」我笑笑：

我個人從理性上是放下了。但戰爭記憶畢竟太深刻，我的不少同胞還放不下。尤其你們的小泉及教科書問題，經常刺激我們。

《日本經濟新聞》近年出資舉辦專門針對中國大學生的「日語演講比賽」，每年邀請進入決賽的十餘名中國大學生赴日，決賽就在該社八樓舉行。令他們十分遺憾：2007年16位入圍中國學生，僅一位男生。竹岡說：該項比賽並非推廣日語，並非鼓勵中國人說日語，你們中國大學早就廣設日語系，而是創造機會讓中國青年訪日，接觸日本瞭解日本，參觀奈良古文化與迪士尼，消除中國青年對日本的「歷史情結」。《日本經濟新聞》還有一項計畫，準備出資邀請中國青年學者訪學日本一年，以加強中日文化交流，當然亦意在「淡化」歷史情結。

---

[1] 王穎等：〈李香蘭：「夜鶯不再歌，芳蹤無處尋」〉，載《新京報》（北京）2014-9-15。

竹岡希望我們務必向中國人民（尤其青年）傳遞資訊：小泉對那場戰爭的態度並不代表日本主流意識，尤其不代表日本知識界主流意向，日本知識界與絕大多數民眾都對日本侵華知罪認錯，絕無翻案之念，既無可能亦無必要去翻這一歷史鐵案。

我們接觸的四位日本學者，當知道我們是中國人文知識分子，均以致歉口吻主動提起日軍侵華，表示「非常理解」中國的仇日情結。這些日本知識精英認為：日本給中韓等亞洲國家造成巨大災難，這一事實毋須論證。日本右翼團體借歷史問題折騰，翻不了大船。日本知識界這一集體態度使筆者深感中日不再戰的社會基礎。所謂現代化，當然是文明力量不斷進步，和諧互諒，堵塞暴力。

「去中國化」

回國後，意猶未盡，Email朱曉雲女士，「遠端採訪」竹岡先生，提出台籍女導遊告知的近年日文「去中國化」現象，如日文漢字率從70%降至40%，竹岡先生認真覆函：

初次聽說日文的「去中國化運動」，詢問周圍多名「中國通」，誰也不知。在報社，減少難解漢字的趨勢是事實，但這是宣導寫作讓讀者易讀易進腦的文章運動，與「去中國化」完全無關，全是漢字的文章，日本人讀起來較生硬辛苦；相反，政府的國語審議會告示的「公文、傳媒應使用的漢字範圍」，「當用漢字」的字數不斷在增加。日本現在測試能讀寫多少漢字的「漢字測驗」，相當流行。

看來，所謂日文「去中國化」，又是日本右翼團體的刻意造勢，歪曲事實以證嫌棄中國的「民意」，挑動華人仇日，再反過來證明反華之必要。台籍女導遊順手拿來當花絮，誤傳誤導，有意無意挑逗中國遊客敏感的民族情緒。

彈丸日本傍依老大中國，十分敏感。中國落後，日本擔心中國難民偷渡湧入；中國強大，又擔心受到威脅。日本科技上模仿別人，卻

擔心被別人模仿。當感覺自己「不及歐美但高於亞洲」的國家地位有所動搖，更懷「不安全感」，暗盼別人跌跤。2011年，美國前駐日外交官凱文・梅爾（Kevin Maher）撰寫《無法決斷的日本》，將日本比喻老婦，只要丈夫一天不說上幾聲「I love You」，就憂心忡忡。這位駐日外交官說他在日本，一半工作時間都用於反覆向日本政府說「美國仍然愛著你」。[2]

初稿：2008-7；稍增補

原載：騰訊網（北京）「大家」2013-11-2

---

[2] 朱建榮：〈日本人怎麼看自己〉，載《同舟共進》（廣州）2015年第4期，頁34～35。

感觸日本（四）
——麥帥英明

　　二戰結束後，遠東盟軍司令麥克阿瑟（1880～1964），執掌日本牛耳六年。他之所以力主保留天皇制，未送天皇上國際軍事法庭，說來話長，埋意深遠。按說，裕仁天皇提拔「主戰」陸相東條英機組閣，授意訂盟德意，發動太平洋戰爭，握有最高決策權，難逃罪責。法理上道義上，理當受審。歐美媒體當時就指稱東京審判席缺少一位主角。遠東國際軍事法庭澳籍審判長威廉・衛勃：

　　天皇的權威在終結戰爭時已得到毋庸置疑的證明。同時，在發動戰爭時天皇所扮演的顯著角色也為檢方所闡明。但是，檢方同時明確表示對天皇不予起訴。

　　美籍首席檢查官季南明示：

　　天皇免受審判是盟國的政治決定。

　　1942年8月，太平洋戰爭正打得殘酷膠著，美國已在考慮「戰後」，紐約哥倫比亞大學設立研究小組，研究戰後對日政策（包括如何處置天皇），主持人胡格・博頓撰文〈佔領日本的準備〉。僅此一項安排，就體現美國深遠的人文眼光。1944年5月9日，該小組經激烈辯論擬訂的方案，成為美國國家安全委員會文件，核心內容：

　　天皇的存在會令人信服地拯救成千上萬美國人的生命。至少天皇的聲音是日本人民或軍隊有可能服從的唯一聲音。（美國駐日前大使格魯）

　　日本民眾長期習慣「絕對聽命天皇」，失去這一絕對權威，可能引發大幅社會波動，增大佔領軍管理難度，也不利於戰後各項恢復。別忘了，「八・一五」天皇玉音廣播〈停戰詔書〉，各大戰區700萬日軍「傳檄而定」。

　　日本同意「無條件投降」唯一條件——保留天皇國家元首地位，美國總統杜魯門答應了，但有附加條件——天皇必須聽命美軍駐日最高司令。1945年9月27日裕仁天皇夜觀麥帥，俯首表明自己是發動美日戰爭唯一責任人，願意領罪。1946年1月1日裕仁在麥帥授意下發表〈人間宣言〉——神道和國家分離，由天皇自否神格神性，承認只是普通凡人，同時否定「大和民族優越論」、「日本有支配世界命運」等侵略理念。

　　作為軍人，麥克阿瑟對日本並無多少了解，但他的優點是虛心傾聽中央情報局日本專家及祕書班子的意見。軍事祕書波納・費勒斯准將，戰前長期跟從日本學者瞭解「武士道精神和天皇制」，他向麥帥遞交意見書：

　　在我軍實現無血進駐日本時，需要獲得天皇的說明。由於天皇的命令，700萬日軍放下武器，避免了700萬美軍負傷，戰爭的結束超乎預期。如果一邊利用天皇，一邊將天皇作為戰犯進行審判，對日本國民是一種違背承諾的行為。因為，包括天皇在內的日本國民接受了明確表示保存日本國體的〈波茨坦公告〉，如果將天皇作為戰犯加以審判，日本政府將會瓦解，各地的暴動將會此伏彼起，即使日本民眾沒有武裝也難以避免流血慘案，需要大量佔領軍和數以千計的官員去應付，從而勢必導致日本國民感情的惡化。

　　次日，這位「日本通」准將再遞交三點補充說明：

　　一、如廢除天皇制，可能引發革命；二、審判天皇，必然引發全國性暴動，白人在特別警戒區外必遭暗殺；三、始料未及的戰敗已使日本國民感到恥辱，能夠依賴精神領袖的天皇，成為日本國民的唯一安慰。

　　反覆權衡，麥克阿瑟認為保留天皇制不僅有利於美軍占領（減少對抗），亦有利於日本秩序重建與經濟恢復。當美國輿論主張追究天皇戰爭責任，麥帥對最高決策機構「三院部協調委員會」發出警告：

　　如果委員會要做出將天皇作為戰犯加以審判的決定，必須取得全

體一致贊同。同時必須清楚，那樣的決定將增加多少佔領費用，需要延長多少佔領時間，甚至很可能需要派百萬部隊無限期駐留日本。如果天皇受到審判、被宣告有罪並被判刑，日本的天皇制或許會變得前所未有的鞏固。

美日史家認為麥克阿瑟的態度雖不能一錘定音，但對美國政府的最後決策具有「關鍵作用」。為此，日本學界、民眾至今感謝麥帥。

由東條英機頂包受審，迎合日本民眾心理，大大降低對佔領軍的牴觸，接受美國對戰後日本的安排，從「切身利益」理解美國理念，感受現代文明，認識歐美的「民主自由」。

不廢黜天皇，不將天皇送上法庭，為天皇保留最後一點顏面，等於尊重絕大多數日本民眾。同時，用內閣制剝奪天皇對政局的操縱，悄悄為天皇制搭設一條下台階。保留天皇，基於天皇對民眾具有巨大號召力這一現實，讓天皇去說佔領軍要說的話，省事省力，事半功倍，十分明智呵！這一政治妥協充分體現美國政府尊重現實的政治理性。只是這一靈活性得有人文基礎呵！僵化的紅色意識形態，怕是無論如何「靈活」不起來。麥帥的幕僚團隊，體現了歐美人文理念精髓──既尊重歷史也掌握方向。保留天皇制，得到時間的檢驗。

1945年7月16日，美國原子彈試爆成功，17日出席波茨坦會議的國務卿貝爾納斯致電華盛頓，建議〈公告〉草案中刪除「保留天皇制」。18日，參謀長聯席會議根據杜魯門總統的意見，提出「日本國之最終政治形態由日本國民自由表明之意願決定」，此即「天皇地位未定論」。美國政府當時之所以「閃爍其詞」留有餘地，內核還是非常現實的「對美有利」：一、調和日本內閣「強硬派」與「穩健派」的對抗，便於接受「無條件投降」；二、日本各勢力對美可寄期望；三、便於美國根據戰後日本政局採取靈活策略。

7月26日〈波茨坦公告〉發佈，日本最高決策層之所以接受「終戰」，保留天皇制乃是前提條件。

1945年秋，美國民調機構蓋洛普民測「如何處置天皇」，33%的

美國人主張判刑，11%主張終身禁錮，18%主張流放海外，即總計62%的美國人認為應追究天皇發動戰爭的罪責。但這一多數「民意」未被白宮採納。因為，另一頭91.3%的日本人支持天皇制（日本輿論調研所民調數據，1945-12）。[1]

保留天皇制，尊重日本絕大多數民眾意願，日本士民真切感受美國的「不同」，不像日本用刺刀強迫中韓各國接受自己的邏輯，硬撐被征服國家的民意，還給予扶助經濟復甦的各項援助，日本朝野真切認識美國的先進，佩服美國的人文理念。因此，日本意識形態較快完成轉型——摒棄軍國主義、接受歐美政治文明。麥帥策略的「退一步」換來戰略的「進兩步」，從根本上摧毀日本軍國主義的思想土壤與政治基礎。

時間證明麥帥的英明與深刻，得到日本民眾廣泛欽佩，知識界更是對麥帥讚不絕口。歷時越久，麥帥得到的尊敬越增。後人更清晰看到麥帥這一抉擇的歷史成績——日本戰後經濟迅速恢復、政治民主化，人民生活大幅提高。

在日本走向現代化的過程中，君主立憲的天皇制被證明十分成功，體現了明治重臣的高超智慧。1860年代的明治維新，日民大多尚為封建愚民，客觀上需要國家權力象徵。主持維新的留歐貴族青年，經比較分析，認為英式君主立憲較合國情，既有絕對權威的皇帝，號召百姓「使由之」，又有博採眾議的國會，充分論證各項決策，百姓逐漸「使知之」。史實證明，君主立憲制使日本迅速走強，不到30年就躋身列強之林，擁有「拓疆開土」的國力。

日本國民對麥帥的這份感謝，說到底還是對西方文明的折服。美國沒像日本對待中韓及東南亞等國那樣採取征服政策。日本在「滿洲國」連語言都要「全日化」。麥帥之所以仁慈靈活，還是歐美文化有厚度。美國與西方文明幫助日本戰後經濟迅速恢復，日本的富裕度今

---

[1] 馮瑋：〈天皇制保留：日本不認罪主要根源〉，載《新民晚報》（上海）2015-4-14。

逼美國。事實證明：美國人確是好心，而且以對方能夠接受的方式輸送「好心」，辦成好事。

後來，人們還發現麥帥的另一英明：自然淘汰天皇制。麥帥參與制訂的天皇繼位法規定：繼位者必須天皇正室所生男子，而皇室規定不能納妃，一旦絕嗣，天皇制「壽終」。2006年，悠仁小王子出生前，日本皇室近四十年無男丁，全國上下那個著急呀，真切感知麥帥的「遠見」。

另一事例也證明麥克阿瑟識見明通。1950年8月6日他向美國駐蘇大使哈里曼稱讚日本人對待工作的優良品質，斷言共產黨不能對日本構成威脅——

因為共產黨的觀念並未引起日本人的共鳴，而更為重要的是，共產黨的觀念還貼有俄羅斯的標籤。日本人既害怕而又憎恨俄國人。[2]

時間再次證明麥帥這一洞見。共產赤說之所以未大面積滲透日本，一方面日本人對蘇聯的紅色暴力有所認識，深層次的原因還是保留天皇制，切實感知歐美文明的先進性，從而產生抵禦共產豔說的文化內力。

理解的難度

在中國，麥帥（或曰美國）這一重大妥協一直被斥「扶助日本軍國主義」，近年又指「日本右翼之所以特別活躍根源之一」，一些中國學者認為保留天皇制是「導致日本缺乏歷史反省意識的關鍵因素」。筆者則認為：日本右翼活躍自應警惕，但成因複雜（包括中國未索戰爭賠款），不可簡單歸之保留天皇制。很簡單，沒了天皇，日本右翼就會消停麼？德國不也時不時納粹幽靈閃現折騰一番？任何一個民主國家，不可能沒有不同聲音，鴉雀無聲只能說明暴力壓制。說

---

[2]　（美）《杜魯門回憶錄》，三聯書店（北京）1974年，卷二，頁416。

到底，還是對民主的理解缺乏深度。筆者相信日本總有一天會「覺悟」，日本首相也會向亞洲各受害國下跪，如德國總理在奧斯維辛、俄國總統在卡廷森林。

2000年，東京台場矗立起自由女神像（全球第三座），日本全面接受歐美人文理念的標誌性建築。沒有對自由民主的深刻理解，便不可能迎娶自由女神。今天的「和魂」，已浸潤「自由」。事實上，正是明治時期對西方文明的接受，才形成日本的迅速崛起。無形的人文理念，真正的發酵核心。我們洋務運動僅學西方之表──堅船利炮，不承認文化政治的落後，才在這場歷史競跑中輸給東鄰日本，受了欺侮。

經濟學家楊小凱（1948～2004）：

有了民主，各方面的利益集團就有制衡。……（英國）工業革命的政治條件是最關鍵的。日本戰後經濟的成功，有人說是美國管制的作用，其實是通過國會實現了真正的民主辯論，決策更趨科學化，因而出現了經濟的發展。[3]

青年成才

尊重個體，乃尊重集體之前提。積極調動社會成員的才能，強國富民的根本依託。一切財富都要人去創造，一切創新都要人去研發，一切知識都得一個個人去掌握運用。發達國家與落後國家之間的差距，物質財富、科技進步僅為其表，人文理念、民主自由方為其裡。

日本社會的發展活力，在於青年英俊很難被埋沒，各種機制為他們提供種種通道，各級主管亦以發現人才為最重要的業績。日本媒體，高中生與博士生的起點雖然有異，但高中生真若有才，埋沒不了

---

[3] 〈從經濟學角度看中國問題──楊小凱訪談錄〉，原載《書屋》（長沙）1998年第6期。參見向繼東：《歷史深處有暗角》，秀威資訊公司（台北）2013年，頁146。

你，自有發光發亮的機會。日本媒界優越感十分強烈，竹岡先生自豪介紹：

在日本，一流青年入財經界、實業界、新聞界，進入政界的只是三流人才。我不太理解中國人為什麼將進入政界的青年才視為一流？

日本「經營之神」松下幸之助（1894～1989）名言：

我們把第一流人才留在企業，自己使用；第二流人才，才輸送給政府。[4]

說到底，一個社會是否先進，標誌之一就是為青年才俊提供多少機會。只有青年成才，國家才能獲得實質性增長。或者說，國家發展必須體現為青年成才。青年不發光，社會如何前進？至少一部分青年實現個人價值，才能推動國力上升。

反觀中國，以筆者40餘年社會閱歷：能夠照章辦事、不動歪念已是好領導了，根本不敢存有「被發現」之奢望，更不可能有「金子總會發亮」的機會。尤其我們中青年時代，全社會以無知老粗為貴，各級官員「武大郎開店」，哪裡具備發現武松的才具？中共一直要求青年「學雷鋒」──做一顆永不生銹的螺絲釘，黨的馴服工具，擰哪是哪，不許有一點主動性。社會成員不准「創新」，國家如何收穫「發展」？

日本雖小，人家重習擅仿，人均GDP高於中國六七倍，多看看人家長處，沒壞處吧？看到別人的短處很容易，也很快感（人性本能），誰願承認比別人弱呢？但這種快感有何斤量？能長我們的肉嗎？

初稿：2008-7；後增補

原載：騰訊網（北京）「大家」2013-11-6

---

[4] 《許家屯香港回憶錄》，香港聯合報公司2008年，上冊，頁190。

感觸日本（五）
——小泉為什麼勝選？

「感觸日本」連載原結束於前一篇「之四」，可能編輯期待「之五」，抹去篇尾注明的「完」。真巧，一位網友拍磚提問——小泉為什麼不拉多數票？引出這篇「之五」。不過，「感觸日本」系列到本篇無論如何結束了。

小泉為什麼獲選？

「之三」說日本知識界主流及大多數民眾不支持小泉參拜靖國神社，小泉之所以參拜靖國神社出於「拉選票」。由於疏忽，「之三」未解釋小泉為什麼不去拉「多數票」，故有讀者拍磚提問：既然「拉選票」，大多數民眾不支持「參拜」，小泉為什麼不拉「大多數」，反而倒著去拉「少數」？問題提得很有邏輯。本想直接回復這位網友，都已打了幾行字，一想此惑帶有普遍性，還是對「大家」正式說明一下。不過，筆者非日本通，對日本國情瞭解甚淺，尤其對日本選情僅識之無，剖解不一定到位。

日本多元，選情複雜，選票相當分散。小泉一向右翼，右翼民眾是他的「基本票」，因此必須首先「照顧」基本選民，明確代表右翼籲求，清晰體現右派立場。從策略角度，他不可能在競選時（亦無必要）變臉，轉身去討好「反對參拜」的民眾。

更關鍵的是：日本民眾不會根據「是否參拜靖國神社」投選。更精確地說，日本民眾不可能站在中韓等國立場，以「參拜靖國神社」一票否決小泉。日本民眾認為，競選者的國內政策才是決定他們投票的第一關鍵，「參拜神社」屬於形而上的對外關係，利益關係遠

得多。

決定大多數日本民眾（尤其中間層）選票流向的因素很多，也很複雜，只要小泉「競選綱領」某些內容符合他們的要求，就有可能得到這部分選票，贏得選勝。小泉以右翼民眾為基幹隊伍，再用其他競選內容去拉中間層選票，選舉策略看來是成功了。

不知如此這般說清楚沒有？那位提問網友是否已解惑？也希望熟悉日本選情的讀者，指教點撥一二。

只能「吃下去」！

騰訊「大家」連載幾篇介紹性的〈感觸日本〉，不想遭到個別讀者擲罵，甚至指為「賣國」、「日奴」……還有「SB」（「傻B」？）。當然，質疑擲罵、潑汙吐髒、痛爆粗口，國情如此，只能讓對方去「自覺」了，我只能「吃下去」。

「愛國」當然很要緊，但一些憤青就是不想看人家日本的長處，更聽不得有人擺說日本一二優點，像筆者這樣便是「日奴」、「沒骨氣」，好像只有呼籲對日宣戰，至少開罵小日本，才是民族英雄。

有一條評論：「總有一天要打到東京去！」這是呼籲戰爭呵！發帖人可能也就隨便這麼一說，但清晰折射出暴力思維。血雖然很熱，好像潑錯地方。今天或看得到的將來，還有「打到東京去」的可能與必要麼？僅僅因為日本侵略過我們，就必須進攻東瀛，「痛快」一把回來？「爽」一下回來？

人類社會的進化，最關鍵的指標就是降低武化提高文化。戰爭、暴力、征服……已不可能再返神壇。當今世界形勢，有理由相信：人類有能力告別戰爭、告別暴力。

至於筆者是否「賣國」、「日奴」，不便自辯，只能「讓別人去說吧」。

再說一點日本

日本還有一項優長：不重學歷重實力。在中國絕對優勢的碩士博士，在日本媒體竟「無差別」。竹岡先生說：「學歷沒有任何意義」。他的邏輯是，攻讀學位是個人選擇，並不證明你就因此比別人高一頭。任何新員工進入《日本經濟新聞》，無論什麼學歷，起薪一律14萬日元／月（折合九千人民幣），扣除中日物價指數，大致相當京滬四千人民幣。不過，差距會很快出現，因為「單位」會很快發現新員工的不同素質不同潛力，將你調整到能夠發揮特長的崗位。

索尼創始人盛田昭夫（1921～1999），寫有暢銷書《學歷無用》，日本企業幾乎人手一冊，人力資源管理的經典。該書解釋了學歷何以不等於能力：

學歷與其說是一種客觀評價的標準，倒不如說是一種偷懶的手段，所謂學歷標準只不過是管理者避免花力氣評價員工的一種藉口而已。

日本媒體對員工的惟一尺規是「新聞感覺」，尤重評論能力。如何看待新聞，本身就是新聞。用新聞術語來說，只要你有「新聞鼻」，絕對埋沒不了你。印刷廠技工，高中生甚或初中生，一旦發現你有「新聞鼻」，會立即將你提到合適位置，配發相應薪水。日本媒體一致認定：優秀新聞工作者必須能夠獨立思考獨立判斷，發別人所未發、見別人所未見；對員工的起點要求：「必須具備好奇心」。

中國媒體至今還在強調專業、學歷，還停留在模式化選才。模式化選才簡單依賴學歷，易辨易識易操作，便於招聘者管理者掌握，但其身後則是對複雜辨識的躲避，體現了管理者能力的低下。中國媒體管理者知識結構單一，既不理解多元化的價值，也不擁有多元選拔意識，更不可能掌握多元選才方式。

1982年，日本京都大學教授矢野暢（1936～1999），出版名著《劇場國家日本》，論證日本擅長模仿，古代搬演中國漢唐「劇

本」，近代則搬演歐美「劇本」，而且演得比原版更逼真更像樣。仿習搬演「成功劇本」，也是日本業界靈魂。[1]在筆者看來，無論如何，仿人之長，總比我們搞「前無古人」的紅色試驗聰明得多，至少避免了大風險。

2013-11-8　上海

原載：騰訊網（北京）「大家」2013-11-9

---

[1] 朱建榮：〈日本人怎麼看自己〉，載《同舟共進》（廣州）2015年第4期，頁35。

尊重文化
——最深處的國家潛力

　　赤潮禍華，最深遠的惡弊就是蔑棄吾華傳統文化。1950～70年代中共推行工農化，以無知為貴，「我是大老粗」竟說得力拔山兮氣蓋世，好像越無知越值得自豪。

　　對大多數國人來說，文化似乎只是中小學十分討厭的語文課。一些粗人挑眉一皺：「什麼文化?!沒有文化老子就不活了？」確實，對現代人來說，文化已成為每天「呼吸」接觸的空氣，沒了感覺。然而，對每一民族與國家來說，文化乃集體經驗的歷史承傳。尊重文化的國家才可能是理性之國，才可能執用祖輩經驗，走在健康發展的大道上。對中國這樣的古老大國，文化才是最深層次的國家潛力。

　　1924年8月9日，郭沫若長函致成仿吾，記錄一段受辱。1918年8月初，郭沫若入學福岡醫科大學，挈婦將子從岡山前往福岡。下火車後，黃包車拉到醫科大學前面一家旅館。這些旅館專靠醫大攬客，收宿學生、病人。郭沫若一家進入旅館，下女引上樓，進了一間很清潔的房間。不一會兒，旅館主人趕上來，估量他們一下，說此前有人打來電話，這間房子已訂出，「樓下還有好房間，比樓上的還好。」

　　他們被領到臨街一間側室，一邊茅房，一邊下女寢處。郭沫若馬上明白：「太不把人當錢了！這明明是要趕我們出去！」此時未到晚飯時間（日本旅館一般包伙），郭沫若跑出去另覓住處。人生地不熟，等找到一家合適處已紅霞漲天。回到原店，妻子旅途勞累，抱著兒子睡著了。郭沫若也餓了，一邊吃飯一邊讀晚報。不一會兒，店裡「番頭」（領班）悄然進入，拿著號簿來登記，旅客照例要報上年歲籍貫。「番頭」對他全無敬意，郭卻故意一副卑恭之態。

　　——我是支那人，姓名不好寫，讓我替你寫吧。

──那末，寫乾淨一點！（命令的聲音）

我把我的寫好了，他又指著帳中睡著的曉芙（按：安娜）：「這位女子呢？是你什麼人？」

我說：是我的妻子。

──那末一併寫清楚一點！

安娜乃日本人，郭故意未寫日籍本名。最後，「番頭」問及來此目的，郭答進大學。「番頭」問進大學做什麼事？以為支那人最多去當下力。郭忍住怒氣回答：「我進大學去念書。」

──啊！真是奇怪，我這一句話簡直好像咒語一樣，立刻卷起了天翻地覆的波瀾！「番頭」恭而且敬地把兩手撐在草席上，深深向我叩了幾個頭，連連地叫著：喂呀，你先生是大學生呀！對不住！對不住！

他叩了幾個頭便跳起來，出門大罵下女：「你們攪的什麼亂子啊？大學生呢！大學生呢！快看房間！快看房間！啊！你們真混帳！怎麼把大學生引到這間屋子?!……」

下女也湧進來了，店主人夫婦都湧進來了，曉芙們也都驚醒了。

大學生！大學生！連珠炮一樣地亂發。下女們面面相覷，店主人走來叩頭。這兒的大學生竟有這樣的威光真是出於我的意料之外。我借大學生的威光來把風浪靜止著了。「房間可以不必換，縱橫只有一夕的工夫呢。」

第二天我們一早要出旅館，店主人苦苦留住了吃早飯。走的時候番頭和下女替我們搬運行李，店主人夫婦和別的下女們在門前跪成一排，送我們走出店門……[1]

郭沫若撰寫這則「悲喜劇」實因刺激太深，牢記恥辱。不過，卻可從中看到日本之所以迅速崛起的原因。

日本崛起後屢侵吾華，當然令我切齒。但這則郭氏故事卻清晰折

---

[1] 郭沫若：〈致仿吾書〉，載《中國新文學大系》，上海良友圖書公司1935年，冊六，頁222～224。

射日本何以崛起的「本錢」。一個大學生如此了得，旅館老闆如此前倨後恭，對照我們文革的「知識為我仇」，甚至1990年代都有高官以大老粗為榮（開口閉口「我是大老粗！」），人文差距連著社會價值走向呵！

　　有人將美國的強盛歸之地理封閉、長期無戰，這些當然也是原因，但美國強大最根本的力量源於《獨立宣言》，以歐洲近代人文理念為立國原則。如果沒有這些人文理念，為什麼同樣地理封閉的非洲沒有發展起來？說到底，國家發展在於對國民才智的調動，在於收割社會成員的才華智慧，在於鼓勵青少年努力向學。國家強盛當然只能建立在社會成員的個體強壯。草澤人才，盡得其用，其用之效，歸於國家。而要達到這一目的，需要相對合理的社會機制。我國盛行三十年的「螺絲釘」精神，以剷滅個人價值為旨歸，好像個體生命本來就無價值，個人若不自貶自抑，國家就完了，人類就完了，真正的反動呵！

　　群己利益平衡能力，社會文明一大標誌。單極否認個體價值，十分容易十分簡單，同時也暴露認識與管理能力的低下。能夠管理複雜，恰分運用天然人性，保持集體與個體的平衡，才叫真本事真水平。

2009年初夏‧上海

原載：《中國青年報》（北京）2011-8-1

轉載：《甘肅日報》2011-9-20；《中外文摘》（北京）2011年第20期

《視野》（蘭州）2012年第2期；《作文與考試》（長春）2011年第24期

《領導文萃》（福州）2012年第5期；

《課外閱讀》（北京）2012年5月（下）

《青年博覽》（福州）2012年第6期

《科海故事博覽》（昆明）2012年第6期

《芳草（經典閱讀）》（武漢）2012年第6期

治外法權緣起

　　最近，接觸一些憤怒「左青」，他們以美國為假想敵，以攻擊美國為英武，認為美國發動越戰、出兵阿富汗、伊拉克都是干涉別國內政的暴行……一位26歲的碩士生甚至教訓起筆者：「裴老師，你為什麼不能對中共政府寬容一點？」

　　與這些不知歷史（甚至不知林彪）的娃娃，談論宏觀政治，真不知如何說起。難道中共政府需要本人寬容而不是本人需要政府的寬容？整個大顛倒，基本「戰略態勢」都弄不清，就跑來對師長指手劃腳。缺乏基本史識，乃這撥「憤青」基本特徵。如治外法權，憤青跟著中共怒斥國恥，不知實在事出有因，並非西方列強太霸道，而是滿清太野蠻太落後。

　　1840年第一次鴉片戰爭，中英《南京條約》及其附屬條約《中美望廈條約》，均載明領事裁判權：洋人在中國觸犯刑律，不受中國官員審判，由該國駐華領事裁決，此即治外法權。治外法權的核心即領事裁判權，各國駐華領事對該國在華公民的人身財產擁有裁判權。這項不平等條約直到1943年才廢除。治外法權與領事裁判權一直作為列強辱華內容之一，也是中共判定「兩半」社會性質重要證據。「兩半」者，半封建半殖民地是也。但中共在高調譴責「治外法權」的同時，卻對「治外法權」的產生諱莫如深。

　　1821年，一艘美國商船停泊廣州碼頭，美國水手泰拉洛瓦從船上隨手丟下一隻罈子，恰好砸中船旁一條舢板上的華婦，致其落水身亡。為了不與中國人搞翻，能在廣州繼續做生意，美國商人將這名水手交給中國司法部門。按照中國法律，這名水手很快被絞死。這樣的判罰，引起美國人極大不滿，強烈質疑中國法律的公正性。美國法律認為，判斷犯罪必須考慮動機，故意謀殺與意外致人死亡完全有別，

兩大不同量級行為，處罰必須有區別。而滿清法律粗放原始，尚未精確到犯罪動機，仍處於原始的「命命相抵」。美國水手致人死命，事實清晰，證據確鑿，供認不諱，以命相償，天經地義。美國人大皺眉頭，這樣的法律太原始太野蠻，如再發生類似事件，不能任由中國官員裁定，尤其不能如此野蠻處置美國人的生命。這就是「治外法權」的起緣。1844年第一個中美條約對此有充分闡述。此後百年，「治外法權」一直是各項中美條約的中心內容。[1]

「治外法權」確實起於保護在華洋人的人權，含有調節中西不同法律層次的現實落差，最實質的差距當然在於對生命與人權的理解。應該承認，滿清法律比英美低了幾大台階，治外法權也有客觀需要的一面。

1931年，中共革命支持者、美國青年海倫‧斯諾（愛德格‧斯諾之妻，1907～1997），一次與丈夫爭論，驚叫：「你不是指結束治外法權吧？沒有那個玩藝兒，外國人在這兒沒法子生活。」[2]

治外法權的歷史作用

「五四」以後，中共為挑動民族仇恨，竭力誇大「治外法權」屈辱性，單極指陳國家主權受損，隱遮「不得不然」的另一面，不向國人交代中西法律落差。此外，若無治外治權，將大大遲滯洋人來華腳步，延緩中西交流速率，嚴重影響外資入華，不可能帶來「歐風美雨」，任何人都不會前往缺乏安全保障的國度。如此這般，也就不可能帶來可愛的英鎊美元，以及更可愛的歐美文明。1927年上海，洋人7.5萬餘。1933年，北京也有700餘洋人，多為教師教士、醫生護士、

---

[1] 費正清：《觀察中國》，傅光明譯，世界知識出版社（北京）2003年，頁2。

[2] 海倫‧斯諾：《我在中國的歲月》，中國新聞出版社（西安）1986年，頁57。

漢學家藝術家、商人、使館人員。[3]他們的作用具有多元放射性。

「治外法權」雖為一枚澀果，有損國家尊嚴，帶有國恥，但又是必須經歷的曲線，其推動中西交流的正面效應遠遠大於有損顏面的負效。就像英殖香港150年，港人最後定評：「美麗的錯誤」，看到歷史的複雜性——領受恥辱的「錯誤」才一併接獲意外的「美麗」。1987年，費正清評價「治外法權」：

> 它不但使在華美國人享有特權，而且也避免了許多敵意。簡言之，在帝國主義侵略時期，英國人和美國人在中國所享有的治外法權，是我們今天稱之為人權的具體表現。現在與過去是緊密相連的。[4]

1903年上海蘇報案發，租界工部局堅持領事裁判權，不同意清廷以滬寧鐵路主權為由引渡章太炎、鄒容，兩人得以輕判。章太炎出獄後，友人感慨歐美的民主公正，「否則落入清政府之手，今日豈能相見？」但激進的章太炎根本不領情：

> 這哪裡是他們的好心腸噢，他們這樣做，還不是為了自家利益？他們拒不將我這樣一個「重犯」交給清政府，貌似公正，其實是為了保護他們在租界上的特權，進一步撈取好處。他們沒有同意將我引渡，其實他們所獲得的利益，何止於一條滬寧鐵路？對此不值得一謝。[5]

章太炎將租界對言論自由的保護，掛鈎上英美在華特權，認為「不值一謝」，未能一碼是一碼地分析領事裁判權所含的歷史理性，只能說明當時中國思想界水準甚低，大名士章太炎也僅「憤青」水平。

很清楚，治外法權意在保護來華洋人的「人權」，雖然凌駕超越中國法律，但其價值方向還是正確的，最終為中國帶來長遠利益——逐步實現人權並在港台建立民主政制。

---

[3]　海倫・斯諾：《我在中國的歲月》，頁59、91。

[4]　費正清：《觀察中國》，頁2～3。

[5]　章導：〈憶辛亥革命前後先父章太炎若干事〉，載《辛亥革命七十周年》，上海人民出版社1981年，頁60～61。

清除左毒

中共之所以猛烈抨擊「治外法權」，意在證明革命的必要性：一則證明「兩半社會」定論正確；二則說明革命正義與被迫；三則煽動民族情緒，鼓動憤青投身「反帝反封建」。將現實描說得越黑暗越不堪，革命自然就越必要越急迫。如果，社會已然合理，陰面不大，還有必要發動暴力革命麼？青年們還願意獻身麼？甘願成為「歷史前進的代價」麼？

1949年後，中共由野入朝，大陸媒體官辦——只發出一種聲音，民眾只能看到「偉光正」，毛澤東也承認執行「愚民政策」。[6]「反右」後，赤色恐怖日濃，私下議論都有危險。大饑荒、反右、文革、六四，至今還在「淡化」。革命的利器當然只能自己握用，不能讓別人也用上。當年指說舊社會如何如何黑暗，得國後則不允許指說「新社會」的陰暗面，執持這樣的邏輯，居然自稱「偉光正」！

直面史實不僅需要勇氣，更需要識見。分析複雜的歷史不僅僅取決於願望，也取決於能力。如何看待近代國恥，尤其全面分析近代史涉外戰爭涉外條約，剝離極左思潮，打掃中共赤左史學的蛛網積塵，還歷史以真實，當代史界一大重任。

正確認識過去乃正確判斷當今之前提，不能直面過去，自然也就不可能理性迎接未來。若早早剷除馬列主義——意識形態的違章建築，重慶「唱紅」，還唱得起來麼？

就大陸現實國情，僅僅一項恢復歷史原貌，就革命遠未成功。喏，矯正一個個左青的仇美情結，不僅同志還須努力，估計沒有三十年還完成不了。

初稿：2007-12-13；補充：2012-4　上海
原載：《爭鳴》（香港）2012年5月號

---

[6] 李慎之：〈「大民主」與「小民主」一段公案〉，載《百年潮》（北京）1997年第5期，頁48。

第三十三塊紀念石

2007年4月16日，美國維吉尼亞理工大學驚響槍聲，震動全球。4月19日，該校女生凱特琳・喬森在校園紀念地放下第33塊紀念石，標明給第33位死者——兇手趙承熙。一石激浪，騰議飆起，人們震驚得如同「黑夜裡遇到怪物」，許多人「不敢相信自己的眼睛」！這位23歲的韓裔美國人，這個製造驚天凶案的殺手，竟也得到祭奠?!《中國青年報》5月9日發表長篇報導——「第三十三塊紀念石」，5月13日《文摘報》大幅轉載，配發壓題照片。

如何看待「第三十三塊紀念石」？該不該放上這塊石頭？兇手的靈魂能否與死難者一齊受到哀悼？問號意味深長，牽涉重大社會倫理。雖然槍響美國，我們似乎也有必要探討其間曲直，明辨糾葛，綢繆未雨。

「怎麼會有人紀念兇手？」這個連開175槍的殺人犯，不僅用手機偷拍女生大腿，寫下血腥陰暗的劇本，行兇前自錄〈英雄宣言〉。整一個變態狂，也值得哀悼麼？該校一位中國女生承認：「老實說，我可沒有那樣的胸懷。」

那位放下紀念石的女生接受美聯社採訪，寫了一封公開信，理由為四：

一、趙也是校園大家庭中一員，人們對家庭成員沒有選擇權，我不願意整個維吉尼亞理工大學拋棄趙承熙。

二、趙的家人也沉浸在失去他的悲傷中，為趙生前所承受的強烈痛苦而痛苦，我對他的親友深表同情。

三、趙也是一條年輕的生命，與其他32條生命一樣。

四、冷漠的社會才使其中一員的趙倍感疏離孤獨，才用這樣的恐怖行為進行反抗。

這位女生最終極的原因：

所有的生命都是平等的，趙是一個人，曾經是我們中的一員，一樣有人曾經愛他。我不對死去的人進行審判，我哀悼每一個生命。

一位年輕的基督徒母親領著兩個孩子為「第三十三塊紀念石」留下一朵粉紅色鬱金香。另一位基督徒表示：「寬容能夠使人從悲憤中解脫，我希望借此教育孩子，上帝愛每一個人。」

顯然，「第三十三塊紀念石」的價值支撐來自博大寬容的基督精神。「惹事」女生發出公開信後，擔心受到鋪天蓋地的譴責，結果卻收到上百封令她感動不已的電郵（內有死難者家屬），只有一人措辭禮貌地要求她移走「第三十三塊紀念石」。

不過，反對的聲音還是漸漸強烈：如果趙也擁有一塊紀念石，那麼「九·一一」恐怖分子與希特勒不也應得到紀念碑麼？有人呼籲媒體不能再提趙的名字，不能讓這小子更出名，因為這可能就是他掩藏很深的醜惡目的。

對於「第三十三塊紀念石」，各有各的理由，各持各的價值。而所有的質疑與焦點來自兩大問號：趙不是一條生命麼？社會難道不是趙行為的孕母麼？能僅僅指責趙一人麼？「第三十三塊紀念石」確實放下了一道不大不小的倫理難題。「放與不放」之間，人們只能選擇其一。釐清兩難之間的價值，實質性考量當代社會的辨析能力。

筆者認為：價值有高低、理由有大小。對於「第三十三塊紀念石」，應以社會效果為最高裁量，以合乎人類道德導向為首要準繩。

固然，趙承熙也是一條年輕生命，上帝也愛他，基督十分博愛寬容，但絕不能因此模糊兇手與受難者之間的區別。凶案源於趙承熙的極端偏激，他寄給NBC電視台的視頻中闡述行兇緣由：「你們讓我流血，把我逼進死胡同，使我別無選擇。」這裡，趙的「讓我流血、逼進死胡同、別無選擇」均為他個人極端褊狹的認定，並非事實。退一萬步，就算「社會逼他」，他就可以奪走32條生命、致殘幾十人麼？割斷原因與結果的聯繫，單單拎出「生命同值」，將趙與32位受難者

放在一起紀念，宣揚基督慈悲的同時，潛伏著諸多邏輯危險，負效遠遠大於正效，會產生一系列走向荒謬的歪斜邏輯。

「第三十三塊紀念石」除了生命同值論，另一理由是將發案根源歸為社會冷漠，將個人罪責大而化之推向社會。儘管每一社會成員的行為或多或少聯繫著社會，社會也有必要時刻警醒自檢，但責任自負總是最起碼的法理原則，社會畢竟無法為每一成員的行為負責。尤其像趙這樣極端殘暴的行為，含混模糊地推給社會，豈非沒了具體責任人？要求社會對極端行為也負責，希特勒似乎也不必為他的喪心病狂負責了，至少不必負全責。希特勒的「反猶」、「興德」，更有一戰後深廣歷史背景。任何極端行為還找不出「社會原因」嗎？以社會原因淡化個人責任、以博愛諒解兇手，還需要法律與道德嗎？同時，「憐憫暴力」必然暗含對暴力的「理解」，漠視暴力自必降低對暴力的憤慨，更不用說「第三十三塊石頭」會鼓勵那些「表現主義者」——借驚天大案一揚其名。

評議這起校園兇殺案，譴責暴力必須置於第一位。寬恕必須有條件有邊界，是非價值應置宗教憐憫之上。只有在明確譴責的前提下，才能給予趙承熙有限博愛。必須明確：上帝愛每一個人，但最愛善良美德的人；上帝雖然寬恕一切罪行，但他最希望不需要這樣的寬恕。

我能理解「第三十三塊紀念石」，但不同意將趙與另外32顆靈魂放在一起。事實上，維吉尼亞理工大學的師生已作出選擇：「第三十三塊紀念石」沒被踢走，也得到一些信件、鮮花，但比其他32塊紀念石少許多，也隔得很遠，那張寫有趙名字的橙色剪紙不見了。師生們用行動對「第33塊紀念石」投了票——只得到有限呼應。當地有的宗教團體為趙的家人祈禱，多數宗教團體不願意。4月23日，維吉尼亞理工大學復課當天默哀儀式，只放了32個白氣球、敲鐘32聲。

無論如何，感謝大洋彼岸包容的社會氛圍，出現「第三十三塊紀念石」，讓我們提前掂量思考這一較難掰扯的倫理難題。無論如何，只有讓「存在」出現，讓「不同」進入公眾視野，引發討論，認識才

有可能深化。這樣，當我們面臨同類問題，便擁有一份提前的準備。

2007-5-15　上海

原載：《中國青年報》（北京）2007-9-16

轉載：《金色年華》（南寧）2008年第1期

中西方文化差異的背後

　　1925年，中國留美生排演一齣中國戲劇招待外國師友。梁實秋、顧一樵負責籌畫。顧一樵選定元末南戲《瑟琶記》，先改編成話劇，再由梁實秋翻譯成英文。男主角蔡伯喈一角競爭激烈，最後由梁實秋自己出演，冰心飾丞相之女。上演前，梁實秋特從波士頓音樂學院請來專職導演指導。演到蔡伯喈和趙五娘團圓，導演大叫：「走過去，親吻她！親吻她！」扮演趙五娘的女生站在那裡微笑，梁實秋無論如何鼓不起勇氣，無法「走過去」，只好告訴盡職的導演：中國自古沒有這一習慣。導演只好搖頭歎息。

　　演出似乎十分成功，老外看得很開心，他們並未真正看懂中國學生的演出內容，只覺得服裝紅紅綠綠、正冠捋髯、甩袖邁步，很有趣。至於趙五娘抱著瑟琶彈唱「少小離家老大回，鄉音無改鬢毛衰」，老外哪知整個混竄——東漢婦女在唱唐人賀知章的詩句！[1]

　　中西方交流日益頻繁，中西方文化差異不時惹生笑話。所謂文化差異，當然在於東西方認識差異，或曰東西方認識深淺度的差異。如我們還在呼籲「見義勇為」，歐美卻不鼓勵「挺身而出」，而是將制止邪惡歸職警察。因為，公民作為納稅人，已通過納稅養活警察，制止罪犯的風險應由警察承擔。面對暴力犯罪，公民的義務是立即報警，而非「明知山有虎，偏向虎山行」自己衝上去。西人邏輯：「衝上去」受傷害概率甚大，豈非擴大「受傷面」？加劇「受傷後果」？而我們這邊的邏輯：黨和人民考驗你的時刻到了，如不挺身而出，當然是「畏怯」、「貪生怕死」……

　　舊金山一位華婦在停車場撿到一張駕照，內有2000美元汽油票，

---

[1]　梁文薔：〈我的父親梁實秋〉，載《往事不寂寞》，三聯書店（北京）2009年，頁308。

很快找到失主。小伙子趕來認領，掏出200美元酬謝，華婦堅決謝絕，再三聲明中國人歸還失物不收酬。小伙子很囧，停車場人員也瞪大眼睛：「這是你應該獲得的！」華婦還是堅拒，小伙子急了：「女士，你一定得收下這 200美元，算我求你了！否則，停車場和我公司要收回我的駕照，上繳交通監理部門。」按美國法規，失主領取失物，應向撿拾者支付10%報酬。如果未收，監理部門會認為失主未支付必須支付的酬金。

也是這位華裔女士，一次見竊賊在大街公然偷卸車胎，沒人制止，小偷扛起輪胎就走，她一把上前擰住，扭打起來，巡警趕到後擒住竊賊。不過，華婦未得到期待的表揚，而是巡警的批評：「往後碰上這種事情，你只管打電話報警，千萬不要跟對方廝打。一般犯罪分子都有兇器和槍支，你會很危險！」趕來的車主也不感謝她的見義勇為，反而責怪：「你值得跟小偷打嗎？假如出了事，法律也會連累到我。」華婦感慨撰文〈在美國做好事也很囧〉。[2]

還有一則令人唏噓的中美文化差異。2012年3月，美國愛荷華州21歲中國留學生唐鵬，以租房為名強姦女房東。被捕後，唐鵬不認罪，被控一級綁架罪、強姦罪。罪名成立，最高刑終身監禁。4月初，唐鵬父母趕到愛荷華州，他們找到那位女房東，重金勸其改口供。警方逮捕了唐氏父母，指控企圖賄賂受害人。唐氏父母被捕後，唐鵬增加一項罪名——干擾證人。因為唐鵬在獄中寫信給朋友，要他找到受害女房東，說服她撤銷指控。為此，警方將唐鵬的保釋金又提高五萬美元。4月20日，檢察官取消對唐氏父母「干擾證人」的指控，釋放兩人。檢察官珍妮特‧萊尼斯披露撤銷指控的原因：「基於文化差異」。她告訴媒體：唐氏父母希望幫助兒子，本身無錯，他們按中國思維，想在庭外與受害人解決問題，並不知道在美國這麼做觸犯法律，不知不罪。[3]如此人性化、善解人意的「區別化」執法，能

---

[2]　盛興林：〈在美國做好事也很囧〉，載《環球》（北京）2013-2-1。

[3]　董柳、譚紹丁：〈「中國式私了」美國遇尷尬〉，載《羊城晚報》（廣

出現在中國嗎？

如何看待此類落差甚大的中西文化差異？或者說，中西方倫理，誰家的更合理？更有利於社會整體利益？再深入一點，哪家的倫理更有利維護正義？能積聚更多的社會正能量？

西方不鼓勵公民的「見義勇為」，只鼓勵有限的「見義勇為」——報警，包含縮小「受傷面」的考慮。將風險留給警察，也是將風險縮小到最低範圍。畢竟，警察全副武裝，抗禦力專業化。至於10%的失物酬謝，含意更深，內涵更廣。

中國鼓勵「拾金不昧」，折射東方道德追求純粹潔淨——不能沾染一點利益。但東方式倫理建築在人性善的基礎上，未兼顧另一面的人性本私。西方規定10%的還遺報酬，既鼓勵歸還失物，又兼顧本私人性（尋找失主畢竟須花時間），比中國的「拾金不昧」更有擴展力。此外，讓失主以10%為酬，既是對失主大意的必要懲戒，也傳遞知恩圖報的理念，優化整體社會意識。

追求「純粹道德」的東方與追求「有限責任」的西方，背後矗立著對人性辨識的精確度、社會效益的分析力。說到底，分寸感不僅體現在東西方各種認識，更體現於法律法規的精細度。西方對人性對法規的深入認識，才是他們倫理道德精確化的前提。

社會越發展越現代化，體現在倫理上、法規上，即兼顧面的日益擴大，不再絕對化、極端化、膚淺化，不單純追求道德的純粹性、高潔度。得承認，東方的純粹道德還停留在原始粗放的層次，曲高和寡，只看到「防私」的一面，未看到另一面「兼私」的更大效應。

再深入一步，認識西方的民主自由，也得由人性角度切入。我們尚未認識到法律法規應建築在人性之上。意識形態應服務於人，價值出發點只能以人性為基。只有符合人性的，才需要被遵守，才可能被遵守。至此，清晰可見：人性認識的精確度乃社會價值地基。我們長

期強調階級性，以階級性壓倒人性，當然是根本方向上走錯了路。

2013-2-18　上海

原載：《陽光》（香港）2013年第5期（3月15日）

向香港學子進言

2005年1月訪港，《成報》編輯部設宴招待評論版作者，得識兩位香港學子（一港大碩士、一中大博士）。席散回程，灣仔碼頭候輪及渡船上，一番交談，得知他們對香港現狀甚不滿意，反倒認為內地某些「紅色政策」不錯，甚至文革也有可取之處，如共產主義畢竟追求社會公平追求平等⋯⋯他們問我：「裴先生，你如何看待當今香港的貧富差異？」顯然，他們有樸素的「大同」理念。

港青疑惑

所有社會問題，往往牽一髮而動全身，解答青年學子的提問常常須從頭說起。尤其中國大陸1949年後經歷如此大起大落，「代溝」更豁。筆者在大陸與本校學生已不易溝通，當代國史的信息多不對稱。此外，青年人總希望一鋤刨出金娃，思維方式簡捷直線——直搗龍庭直取中軍，不知社會問題與求解公式不存在兩點之間的直線。社會複雜，交錯紛亂，必須平衡兼顧，未非易事。

年輕人另一常見病則是追求社會問題的「終極解決」，像共產主義這樣一了百了的好事，什麼都解決的「人間天堂」，歷史證實只是一則烏托邦。最關鍵的是：兩位青年從未到過內地，對自己尚不了解的地方產生「想像式嚮往」。人們很容易「遠交近攻」——厭棄熟悉的周遭環境，嚮往遙遠的陌生地界。兩位港青以內地「紅色政策」為解決香港貧富差異的模板，顯然失妥。因為，那個你們還沒去過的地方，社會問題遠比香港麻煩得多，至少還有五千萬貧民在苦寒中哀號。兩位港青要解決的是香港的貧富差異，內地許多地區還未解決更急迫的基本溫飽。此外，大陸之所以今天尚未解決基本溫飽，原因正

是你們想要取經的「共產主義」。各方面都領先的香港，豈有必要仿習落後的大陸？

懷念文革

南京大學丁帆教授在新加坡講學，一些五六十歲的華僑提出的問題竟是「懷念文革」！這些未生活在紅色中國的文革嚮往者，對文革的「階級感情」竟達瘋狂。丁教授很感慨：

他們在享盡現代社會賦予的物質文明之時，竟渴望一場「革命」來滿足自己的精神需求。但是，倘若「革命」需要他們付出血的代價，他們還會高調嗎？一如魯迅先生所言，他們還不知道「革命是充滿了汙穢和血的」，一旦清楚了這點，他們大概就不再葉公好龍了吧。

葉公好龍，乃葉公尚未見到龍。冷卻這些文革嚮往者的激情，最佳途徑是讓他們了解文革。他們因不了解文革而嚮往文革，香港學子因為不了解平均主義而嚮往均財大同。

估計只要兩位香港青年學子進入內地山區農村，不消三天就能「深刻理解」香港與內地的差距。如再讓他們讀一點二十世紀國史，應該不會再「嚮往內地」，不會對內地的紅色政策保持敬意。香港目前人均GDP 2.8萬美元，內地龍頭城市上海尚不足0.6萬美元，這還是內地改革開放（擺脫共產主義）後才達到的水準。

正視「大同」

筆者建議：內地、香港的高中或大學，似有必要開設一門專題課，專題講解現實與理想，以各種史實為基礎，重點解析貧富差距的成因與現階段的歷史必然；重點放在：為什麼不能用共產主義解決貧富差異。從而解決青少年普遍的「追求平等」的樸素願望。

對香港青年學生來說，社會發展與社會公平的辯證關係很明顯
——香港最低綜援金2000港幣／月，上海尚不足300人民幣。香港因
整體富裕，解決公平的能力也相應提高。1950～80年代，內地的共產
實踐證明：公有均產使全社會失去利益激勵，天包地羅的公有制更是
抹煞了權益與義務的界限。共產主義要求人人自覺，違背天然本私的
人性，導致人人出工不出力，反正幹好幹壞大家所得相同。理論上人
人對生產須負責，事實上因權益不明，人人均可無責。經濟長期疲軟
低迷、赤民長期無積極性，所有共產赤國一致通弊。

另一方面，由於人類天性嚮往「大同」，總想終極解決社會弊
端，既然這一古老理想垂今不廢，歷代青年追求之旗幟，正視青年人
的追求、解決他們的疑惑，遠比迴避理智。擺出歷史、實地考察，相
信事實會教育青年更實際更理性也更綜合地了解現實。別忘了，思維
片面化可是極左思潮得以一再掀起的社會溫床！每一時代都不會缺乏
嚮往暴力革命的「切‧格瓦拉」。

2005-4-30　上海（後增補）

原載：《成報》（香港）2005-5-10

從川普選勝看中美政治文化

2016年11月9日，美國大選，川普獲306張選舉人票，希拉蕊僅232票。1988年以來共和黨最高得票，比上屆2012年大選共和黨整整多了100張選舉人票。川普以如此壓倒性大勝，全球側目，都有點看不懂。對大陸來說，不僅中共吃驚，士林亦愕，筆者也相當意外。大陸朝野都不太理解大多數美國選區何以擁戴這位「嘴炮」？而希拉蕊的優勢那麼明顯：從政經驗豐富、丈夫柯林頓側助、閣僚班子成熟、美國第一位女總統……但她硬是敗了，敗得如此慘，敗給不被全世界看好的川普！

美籍老華人也投川普

有惑生問，Email咨詢美國友人。「六四」後流亡美國的陳立群女士（1957～　），前幾年入了美國籍，很快復函，撮濃簡介——

這次大選，我投了川普一票，而四年前，我的第一次投票給了民主黨歐巴馬。我這次投票給川普的原因：第一，站在美國立場，我認為反恐比反共更重要，美國直接面臨恐怖主義威脅，共產主義作為意識形態和社會制度，對美國至少沒有即刻的威脅。第二，我認為美國應該有比較強硬的手段解決非法移民問題。所謂「非法」，就是你已觸犯美國法律，還有什麼理由讓美國容留你？所以首先要遣返那些有犯罪記錄的非法移民，其次得杜絕非法移民的湧入。沒有一個國家會容忍非法移民，更不會容忍犯罪的非法移民，何況美國有很多途徑可讓你成為合法移民。第三，川普看到了底層民眾越來越不堪重負的生活和中產階級的稅賦重壓，希拉蕊卻沒看到。第四，我不喜歡希拉蕊，我認為她異乎常人、更加異乎女人，太政客了。美國有一位商人

總統，也許更好。

大選第三天，和老同事聚餐，沒想到四位有投票權的老同事（都是大陸移民，都需要美國政府照顧），全都投給了川普，更沒想到民運圈裡也有許多朋友投給川普。我的老年朋友中，享受政府福利的也有好幾位，也投給了川普。美國需要強大，長期的極左路線讓美國不堪重負，只有一個更強大的美國，才可能給世界帶來福祉。

稍後，陳女士再發來她對川普選勝的析因——

一、民眾厭倦民主黨，底層求變，川普迎合了這一心理。

二、川普競選策略正確，從底層突破，畢竟一人一票。

三、FBI（美國聯邦調查局）臨門一腳，大選前八天重啟對希拉蕊「郵件門」調查，大傷希拉蕊元氣，大選前兩天才熄火。

可見，至少近一半美國選民（川普得選票總人數47%，但得到56.88%選區票），他們的感覺與中國大陸大相徑庭，認識上差距甚巨。我意識到：差距背後鉤掛著政治文化差異，即我們尚未真正理解美國政治文化的精髓。信息決定判斷，價值定格層次，饒是大陸學界，對美國政治文化也十分隔膜。

川普政綱

政黨競選，政綱第一，川普的改革方案力度較大，如擬將企業稅從35%下調至15%、企業海外所得稅降至10%、善待退伍軍人，惠及面既廣且深，加上反恐反非法移民，設立限制議員任期制、禁止官員議員替外國政府遊說、凍結政府招募雇員、撤換大法官……凡33項，都是美國選民很關心的熱點，難怪獲勝大多數美國選區。

中共不喜歡川普，可以理解，因為川普宣布「命令財長把中國定為貨幣操縱國」（33項改革之一）。這次美國大選，大陸媒體最初實時跟蹤報導，選戰將終，上峰叫停——「淡化」。讓只能選舉指名區鎮代表的「陸民」清晰觀察人家簡捷透明的總統直選，「近距離」

觀看美國民主，不可能不產生強烈對比。尤其眼看來自民間的川普將勝，政治影響實在欠佳，只能「不宣傳」。

至於我們看來的川普短板——無有從政經驗、無有成熟團隊，翻然成其長項。近一半美國選民還就看上他的「沒經驗」，因為「沒經驗」而沒政客氣，不會職業性玩弄選民。

解讀川普選勝

現實很「殘酷」，大多數美國選區硬是選擇了「不可能」的川普。那麼，擲給我們的只剩下解讀川普選勝的原因，尤其我們尚不理解的部分。事實上，大陸朝野這次的「不理解」，還真就裹帶濃密信息，尤其社會存在所形成的社會意識。

一、川普選勝如同八年前的歐巴馬選勝，再次實質性體現「美國夢」，尤其說明美國總統沒什麼了不起，真正「王侯將相寧有種乎」，誰都可上去舞弄一番，無任何從政經歷的川普硬是一步登頂。而在中國，莫說國家主席，就是省長市長甚或縣長，若存覬覦，都是大逆不道的「政治野心」。1983年，筆者供職浙江省政協，一位五旬副祕書長振振有詞：「誰說他搞得好一個省，人家當你神經病！」那會兒就感覺不對勁，但說不出其錯何處。今天明白了：誰都認為自己不行，搞不好一個省，那麼誰能當省長？2008年5月胡錦濤訪日，回答日本小學生提問，說自己並不要當國家主席，而是別人硬要他當。胡錦濤大概感覺「十分正常十分得體」，卻濺引外媒一片擲嘲——

一個不想當國家主席的人，怎麼當得好這個主席？偌大中國13億人口，難道沒有想當國家主席的？

對個體價值的尊重與貶斥、對個人能力的鼓勵與打壓、對個性表現的欣賞與嘲弄，實質性折射中西深層次文化差距。中共一路強調「四大服從」，內質當然還是封建奴性文化。只有當全體臣民下跪，皇帝才顯得高高在上，毛澤東才能「四個偉大」、改革開放才能由鄧

小平一人「總設計」、才會出現「江核心」、才有……

　　混血歐巴馬、商人川普入主白宮，「美國夢」的經典代表作，凸顯政治民主的真正平等。當中共的民主還寫在紙上，人家西方早已落實在「行」上。

　　二、川普選勝，既體現美國公民的素質（感覺你還行，就可讓你上來試試），不怕新人物犯錯，就是犯錯，也就四年，大不了四年後將你選下來。何況途中還可彈劾，國會、法院隨時可將總統「拉下馬」，如尼克森。

　　敢試才能贏，敢選新人才能帶來「創新」，川普選勝真正體現美國民主政治的「價值自信」。既能將新人「扶上馬」，讓你一展抱負，也用憲法防止「新人」走極端，不會讓「新人」的錯誤犯得太大。毛澤東從鎮反土改、抗美援朝、肅反反右、三面紅旗、恐怖飢餓，直到慘烈文革，全國全黨眼睜睜看著他發瘋禍國，27年莫奈何，只能等他伸腿。無有制度性糾錯的剛性制約，東風西風，中西政制優劣，貨比貨，一目清呵！

　　川普選勝還說明美國的「制度自信」（真正的國家凝聚力），會選一位沒有從政經驗的商人。不像中共自言自語的「三信」──理論自信、制度自信、道路自信，強制國人只能信仰馬列、信任中共、「自覺」抵制其他異聲……

　　三、川普選勝還體現美國政治文化的多元性。律師林肯、軍人艾森豪威爾、演員雷根……這次商人川普，多元性鉤掛選擇的多樣性。有容乃大，多元才可能豐富，多彩才可能繽紛。「美國夢」的映襯之下，一元化領導、一種聲音，還有可比性麼？還能再唱「就是好就是好」麼？

　　四、川普選勝也體現美國民眾的成熟。社會存在決定社會意識，美國民眾的成熟乃兩百餘年民主政制烘焙蘊育的結晶。民主選舉除體現不斷調整的選民意志，也給予選民不斷提高選擇能力的機會，使民眾通過選舉漸獲政治成熟，且有機會不斷修正認識。選舉使民眾了解

政治，而了解政治，正是政治理性的前提。中共一直強調國民素質太低、民主必亂，但你不給國人一個起點，我們又如何從不認識民主到熟悉民主、運用民主，直到美國今天的信任民主？

美國選舉文化的先進性

美國選舉文化迭經兩百餘年實踐、修正，日臻成熟。無論候選人產生、公開競選、電視辯論、直播選情、當天搞定，以程序公開保證結果公正，從而保證政權平穩過渡。爭論公開化、選舉民主化、程序法定化，滅暴力於未萌、扼陰謀於初心。既然通過競選就可執政，誰還會去折騰既麻煩又危險的暴力？正路既築，邪路自湮。

相比之下，「中國特色社會主義」還停留於宮廷政治的暗箱操作，推選「核心」的參與面局限於十數人或數十人（這還是稍有進步的「新局面」）。此前，華國鋒、胡耀邦、趙紫陽、江澤民、胡錦濤，還不都是領袖指定。民主距離中國，路漫漫其修遠，還得上下求索哩！

川普獲勝，真正體現選票決定一切，選票才是合法性的惟一來源。選票的背後當然是真正的民主——少數服從多數，「人民當家作主」。美國的「資本主義假民主」體現於選票，我們的「社會主義真民主」則是我規定你服從，不用選也不許妄議的「三個代表」。

民主是個高檔貨，孵生於現代文明，只能在認同民主價值的意識形態下操作運行。對中國大陸來說，無有意識形態的先行「拆違」——卸載以階級鬥爭為核心的馬列主義，便不可能進至政治現代化——政權運行民主化。

黑人混血歐巴馬、商人川普，美國大選一次次在給中國上課、給中共上課，二十一世紀擋都擋不住的「西風東漸」。

2016-11-22～23　上海

原載：《爭鳴》（香港）2016年12月號

張揚與自限
——中美性格比較

　　從集體性格來說，中國人屬於謙和順從的自限型，美國人則屬自我中心的張揚型。1984年，美國漢學家費正清先生（John King Fairbank，1907～1991）置評：

　　中國人不喜歡個人表現的觀念來自儒家傳統，正如魏瑪（按：費妻）所說的那樣，是強調人與人相處的和諧關係。可是，美國一定要強調個人的性格，中國人也許會覺得這太過分了。將來歷史會證明中國人最後還是對的。美國的自我表現就是那種自我享樂、自我滿足，這是不太正常的情況。……自由和限制會重新融合起來的。美國人面臨的是如何把放鬆和自由、限制和責任結合在一起的問題。

　　費正清也看到中國人性格與現代化不相吻合的一面：

　　中國的人口越來越多，國家的控制也會越來越緊，所以中國式的現代化既帶自我表現的性格，又帶繼續控制的性格。這兩者之間的衝突已經變成了今天中國社會的主要矛盾。也就是說，在中國，今天的衝突已不是階級的衝突，而是個人與國家之間的衝突。

　　當然，民族性格凝聚著諸多歷史文化因素，必然與社會環境與歷史承傳相聯繫，很難簡單對比優劣。但若以現代化標準，以適合現代性為量尺，美國人拓展個性的張揚型自然更適合。因為，現代化的核心價值乃是通過個人努力活躍社會，個性舒張正好合成國家強大。重視個性個權乃一切現代價值基石。費正清在同一講話中說：「在表現自由上中國是非常落後的。情況正好是兩個極端：美國走得太快，中國太慢。」

　　從歷史文化角度，美國人的成功當然是近代文明的勝利，沒有17～18世紀歐洲的人文地基，如華盛頓對權力制衡的理解、傑弗遜對

少數與多數的認識，以及對自由深刻的哲學理解，美國19～20世紀的崛起是不可能的。缺乏結構相對合理的人文設計，便不可能廣泛動員社會潛力，不可能收穫豐碩的物質文明。文革後，中國已收穫市場經濟的巨大紅利，西方近代文明的合理性毋須再行論證。

中國當代文化建設的難度在於尋找某一平衡點，在於建構中西方價值的融合，傳統與現代之間的最佳結合部。因此，追求均衡的中庸乃是我們最重要的傳統人文財富。所謂和諧，內核實為兼顧方方面面——「一個都不能少」。自然，要求越全面，兼顧越周全，層次越高，難度也越大。

西方張揚的擴展個性，追求奔騰創新，負效則是不易靜心，缺乏瞭解前人經驗的耐心。中式謙和順從的自限型性格，有利繼承傳統，容易接受前人經驗，沿著既有轍道小心前進，雖不會犯大錯誤，負效則是怯於創新、鈍於探索。

都說日本的快速現代化乃謙虛之果、拿來主義，東方性格好像並不天然與成功相絕，自限型東方性格也有相對優長。

費正清建議：

我認為美國多需要一點紀律是值得提出的。不過，中國更應該避免對人過分的強制。但話說回來，我覺得這個問題將一直難以解決。在討論中國的革命和當代的歷史時，這是一個必須涉及的問題。據我看，國家對宣傳的控制乃至於對整個社會的控制，都已經超過了政府機構的職能，這種集權不但沒有任何自治權來加以制衡，相反的，最新的科技可以更進一步強化這種控制。[1]

費正清的意思是：美國人需要約束性紀律，中國人則應力避「過分強制」。經過二十餘年的歲月淘洗，費正清對中西方性格的這番評論，可謂經受住檢驗。至少在東方，就時代需求來說，自由應高於約

----

[1] 梁恒：〈費正清教授的思想與生活〉，載《知識分子》（紐約）1984年10月號，頁8。

束。國人自由不足、約束有餘；自尊不足，自卑有餘。中西互補，自然妙哉。

初稿：2006年春；成稿：2007-1-6　上海
原載：《中國青年報》（北京）2010-12-13

餐桌上的文化

　　江南才女小黎留學歐美，以工換宿，從美國到歐洲入住好幾家老外。學教育的她對歐美母親的「問餐」始終存疑。開飯時，歐美母親總是一邊問孩子，一邊為他們配食：「湯尼，你吃什麼？約翰，你呢？還有瑪麗，你要什麼？」歡蹦亂跳的孩子，很認真地報上想要的食物：土豆、沙拉、乳酪、三明治、牛排……

　　小黎想到自己的童年，中國母親可不會這樣任由孩子選擇。媽媽總是為她盛好一飯一菜，不管她喜歡不喜歡，兩只碗往小板凳上一放：「吃！」如遇上不愛吃的東西（如絲瓜、臭豆腐），媽媽絕不會撤兵，不是再三再四做思想工作（從今昔對比到憶苦思甜），就是下死命令──不吃完不行！

　　終於，小黎將這一「中美差異」求教房東太太。那位歐洲媽媽回答：

　　要讓孩子從小就知道選擇，而且明白選擇是自己的基本權利，別人不能代替；我的媽媽也是這樣從小培養我們姐妹的；可不，人生就是一連串的選擇。不學會選擇怎麼行？

　　小黎再請教自己的導師，導師告訴她：餐桌文化乃是一個民族最基本的文化元素，怎麼吃飯拴繫為什麼這麼吃的價值內核；命令式吃飯正是你們中國傳統文化強調服從的一種體現。

　　只有面臨選擇，才會學會選擇；只有理解選擇，才會進一步探索選擇的標準與後面的「為什麼」。反之，只熟悉命令，孩子長大後，不是服從命令就是命令別人。

　　一切行為都是文化的外化，中西差異會從很小的地方幽幽閃現。

2009-5-29　上海

原載：《家庭教育》（杭州）2009年第11期

經典細節

　　閱讀中注意細節，學力增長標誌之一。筆者不幸，成長於反右～文革，八年失學，恢復高考後惡補，有速度無精度，直至中年（40歲以後）才在閱讀中關注細節。

　　經典細節肯定是最亮的一環，那粒集中折射陽光的水珠。2009年1月30日，上海一旅美團大峽谷突遭車禍，七死十傷，路邊居民趕來救援，兩位老美拉出一中國男孩，立即讓他背朝現場，迅速帶離——儘量少讓孩子看到血腥場面。這一細節，經典體現美國對人性的理解，透發出他們對災難心理學的認識。2009年2月19日滬視播報這一細節，震撼於心。估計絕大多數遭遇車禍的中國人想不到這一點（包括筆者），無有讓孩童「背對現場」的意識。應該承認，對承受力尚弱的孩子來說，背對血腥現場更利於保護他們的稚嫩心理。

　　美國芝加哥中途機場有一展廳，專門紀念1942年6月中途島之戰。此戰乃太平洋戰爭攻防逆轉戰略拐點，日軍從此失去戰場主動權，被迫轉入防守。為紀念這場海空大戰，除機場本身命名「中途」，還在候機大廳設立紀念展。最巧妙的設計是覷準乘客候機空隙，讓更多人（尤其孩子）順便知道這場大海戰，效果百倍於其他任何布展。「中途機場」這一展覽設計，人性化合理性兼備，堪稱經典匠意。

　　精彩細節也是小說、戲劇的詩眼，不少作家往往圍繞一則細節編織作品。普希金名篇〈射擊〉，以兩粒彈孔精準重疊，凸顯射手槍法了得，如此槍法放棄「還槍」之權，有力映襯槍手嘲弄決鬥對手的心理。這一細節令所有讀者終生難忘。

　　戚繼光名句「封侯非我意，但願海波平」，如知此聯吟於18歲，對戚繼光後來九年的平倭戰績，自然更添理解。少年林則徐隨師遊城

郊鼓山，師以「山、海」為題命七言聯句，林則徐敏捷吟出：「海到無邊天作岸，山登絕頂我為峰」，氣魄開闊，抱負極大。果然林則徐13歲秀才，19歲舉人。提攜林則徐的閩撫張師誠亦從細節上考察這位「後備幹部」，著意栽培。

嘉慶十一年除夕，張師誠從府縣賀稟中發現一份特別亮眼，即派精幹親隨趕赴該縣，命知縣讓撰稟師爺急赴省衙。知縣以為出了什麼亂子，正要設法庇護，師爺林則徐一力擔當，隨來人一同上省。那親隨嚴遵上命，一路很少說話，暗中觀察。林則徐非常沉著，安步入城。張撫見這位師爺才21歲，且已中舉，晤談後直誇才識過人。於是，找來一份篇幅繁浩的卷宗，要林則徐連夜細閱，寫出奏文，再行繕寫，說明次晨須用。林則徐連夜閱卷，黎明前爆竹聲中從容完成。張師誠五更到衙，案頭已擺上端楷繕就的長長奏摺，閱後十分滿意，但故意圈改數字，發回重謄，考察其耐心忍力。等張師誠進香賀歲回來，不過上午巳牌（9～11時），謄清奏摺再次呈案。張師誠稱許林則徐為不可多得人才，必為國家棟梁，立召林則徐入幕。張幕五年，林則徐一生事業起點。這一時期，他熟悉了朝廷掌故、兵刑禮樂，積累官場經驗，為入仕作了必要實習。嘉慶十六年（1811），26歲林則徐再次入京會試，得中進士，選翰林院庶吉士，一生政績可風。[1]

月暈而風，礎潤而雨，人格乃行為之源。1842年8月11日林則徐（58歲）從西安出塞赴戍新疆，吟出名聯：「苟利國家生死以，敢因禍福避趨之。」[2]

還有一則有關細節的經典事例。1946年，美商韋斯特在加州建造一家七百間客房的酒店。三年施工，通過州監造局驗收。韋斯特走進酒店也很滿意，隨後下令打開所有客房浴室噴頭。不久，下水道無法排泄巨大水量，汙水從各浴室排水口倒溢而出。韋斯特要求返工，將下水管換成粗兩倍的管子。施工隊不贊同：「七百個房間同時放水是

---

[1] 楊國楨：《林則徐傳》（增訂本），人民出版社1995年，頁8、19～20。

[2] 《林則徐全集》，海峽文藝出版社（福州）2002年，冊六（詩詞），頁209。

不可能發生的事！」州監管局也認為下水管道設計達標，七百房間不可能同時放水。韋斯特堅持：「萬一發生呢？」施工隊、監管局無言以對，只能大返工，那個麻煩那個費用！果然，1953年、1979年、2001年，該酒店三次七百房間同時用水，因這次大返工而安然。[3]

2004年7月4日美國國慶，布希總統向中國網民發表演講：

人類千萬年的歷史，最為珍貴的不是令人炫目的科技，不是浩瀚的大師們的經典著作，不是政客天花亂墜的演講，而是實現了對統治者的馴服，實現了把他們關在籠子裡的夢想。因為只有馴服了他們，把他們關起來，才不會害人。我現在就是站在籠子裡向你們講話。

布希這篇談話，我只記得一句——「站在籠子裡向你們講話」，形象凸顯民主內涵。

當代生活快節奏，惟「經典細節」才會被銘記。經典細節蘊實意深，猶如一道濃油赤醬入味滷菜，令讀者咂舌再三。美國政治保鏢學院一些教學課目，將每項任務一一分解落實於細節，再具體解析這些細節的必要性，通過細節連綴完成每項任務。

重視細節乃優化生活的起點。所謂現代化，就是從原始粗放走向精致細密，深化認識的途徑之一就是關注細節。無論國家民族、集團企業，還是個人，注意細節，均為成熟標誌之一。一切真正學習，也都只能從細節學起。

初稿：2010-11-18；完稿：2011-1-12；增補：2011-8-6
原載：《文匯報》（上海）2011-9-27（濃縮稿）
轉載：《雜文選刊》（石家莊）2011-11中旬刊
　　　《女性天地》（南寧）2012年第1期
　　　《黨政論壇》（上海）2012年第2期

---

[3]　陳亦權：〈700個房間同時放水時〉，原載《羊城晚報》（廣州）2011-10-2。

托起海倫・凱勒的人文天幕

每一位讀過〈假如給我三天光明〉或海倫・凱勒自傳的讀者，都會深深震撼，感歎這位盲聾姑娘的自強不息、驚訝她的驚人天賦。不過，我更關注托起這一人文奇跡的社會天幕，使這位盲聾女子得到：

讓我的缺陷轉變成享受正常人所享受不到的美好特權。（《海倫・凱勒自傳》結語）

美國姑娘海倫・凱勒（Helen Keller，1880～1968），19個月時因病盲聾，從此沉入黑暗寂靜，感知外界的途徑只剩下觸覺嗅覺。不可思議的是：她不但進了劍橋女中，而且畢業於哈佛大學德克利夫學院，拿到健全女孩也很難獲得的哈佛學位。她精通英文，兼通法文、德文、拉丁文、希臘文，修習歷史、地理、英法文學，甚至攻克對她來說高不可攀的代數、幾何，一生14部著作，一篇名世散文──〈假如給我三天光明〉。

高度重殘的海倫・凱勒不可思議地「站立」起來，意志超強、素質優異、內驅強烈、個性倔強、記憶非凡、理解敏銳……沒有這些綜合素質便不可能到達光輝峰巔，任何一處小坎便攔住她了。但是，僅有個人主觀條件遠遠不夠，還需得到相當的社會支持。海倫・凱勒的奇跡必須依賴社會的整體托舉，凸顯美國對生命的深刻理解。

社會扶助的首功歸於偉大女教師──安妮・曼菲爾德陽・莎莉文（Anne Sullivan，1866～1936），她以基督慈愛與超凡耐心為七歲海倫・凱勒啟蒙，一步步將她領入知識殿堂，從識字解詞到學會唇讀，最後不可思議地使海倫・凱勒能開口說話（本人聽不到）。沒有莎莉文小姐全心全意的陪讀──將每堂課內容寫在她手心、自修時幫她查生詞，海倫・凱勒既不可能進劍橋女中，更不可能修完大學課程。海倫・凱勒自傳：

　　所有的人都在不同程度地幫助我，然而不以為苦、反以為樂的只有莎莉文老師一人。[1]

　　也只有莎莉文小姐不離不棄，默默承受海倫‧凱勒心煩意亂時的粗暴。莎莉文不僅是海倫‧凱勒的教師，也是她的全程陪同，與她下棋，陪她划船……為了這位重殘學生，莎莉文貢獻了自己的一生。莎莉文乃虔誠基督徒，永不放棄的宗教精神成為信念支柱，幫助她堅持下來，使她謙卑順從，從奉獻中得到慰藉。然而，莎莉文不可能隻手托擎這位重殘女孩，一路走來，還需要許多人的伸手扶助。

　　經濟基礎乃第一要素。海倫‧凱勒的家庭原為瑞典移民，中產階層。南北戰爭期間，父親乃南軍上尉，母親有一定文化，讀過狄更斯的《美國札記》，從書中得知盲聾孩子也能接受教育，通過醫生接觸到貝爾博士，再由博士寫信給波士頓柏金斯學校的安納諾斯先校長，這位校長為海倫‧凱勒找來家庭教師莎莉文。沒有經濟基礎，海倫‧凱勒一家不可能從南部阿拉巴馬州小鎮趕到巴爾的摩，再移居華盛頓，不可能雇得起家庭教師莎莉文小姐。

　　不過，經濟僅僅只是基礎，只是必要條件，還不是最重要的必充條件。托舉起海倫‧凱勒最重要的力量乃是西方現代人文精神——平等博愛、重視生命、「在乎」每一個體生命。

　　首先，父母得不放棄，得「在乎」女兒的生存質量。其次，每位老師也得「在乎」海倫‧凱勒。劍橋女中校長吉爾曼、德語教師葛洛，用手語教她，葛洛老師每週為她單獨上兩節特別課，每次課前寫出教學內容，以便莎莉文提前「備課」。海倫‧凱勒邁出的每一步，都需要有人支付愛心。如每一場考試，得為她單獨設考。

　　反觀我國，至少目前尚不具備托起海倫‧凱勒的「巨手」。我們對健全生命尚且無所謂，健全孩子的教育都顧不過來，教育資源這麼緊張（全國尚缺30萬學歷合格的教師），還會為一位盲聾女孩耗費大

---

[1]　胡梅譯：《相伴一生的偉大傳記》，哈爾濱出版社2005年，頁43。

力麼？哪怕她再有奪人天賦！更可怕的是，我們將「不在乎」視為可風可詠的「仙風道骨」——無欲則剛。試想：一個對自己都不在乎的教師，會在乎盲聾女生麼？

截止2008年，中國殘疾人8300萬，[2]其中盲人1300萬，上海就有殘疾人90萬。衛生部透露：中國殘次嬰兒出生率很高，先天殘嬰80～120萬／年，占每年出生人口4～6%。[3]全國現有1600萬精神病患者，[4]400萬白血病患者，[5]600萬智障兒童。[6]從概率上，中國殘疾人比例遠遠高於其時僅3000萬人口的美國，但我們卻沒有一位「海倫‧凱勒」。這當然不是我國殘疾人中沒有「海倫‧凱勒」，而是我們不具備托起「海倫‧凱勒」的社會基座。

剖析海倫‧凱勒奇跡的社會原因，筆者心情沉重，無法不承認祖國的人文落後。百年國史，一路走向互掐互鬥的階級鬥爭，破壞性的革命成為社會主旋律。面對本國醜陋，官家至今規定「淡化」——必須回避，專用詞「辯證看待」、「識大體」。不看缺陷，缺陷就不存在了麼？我並不認為「月亮也是外國的圓」，美國也存在種種卑鄙罪惡，但人家畢竟百年前就出了海倫‧凱勒，就有這麼一片蔚藍天空。多看看人家的長處比盡琢磨別人的短處有益，自己的發展不可能建築在發現別人的短處上。他山之石，可以攻玉，祖宗之訓呵！

無論如何，中國是我們的祖國，歐美再好也是人家的，那兒並不需要我們「在乎」，我們也不會太「在乎」那兒的風景，但我們必須「在乎」中國，或者說中國最需要我們「在乎」。當然，中共不「在乎」我們，只有我們「在乎」中國。是的，不是中國離不開我們，而

---

[2]　王旭輝：〈8300萬殘疾人商機待開掘〉，載《市場報》（北京）2008-9-17。

[3]　姚麗萍：〈立法不能「高智商低情商」〉，載《新民晚報》（上海）2008-8-7。

[4]　2006-3-10，央視12套法治頻道。

[5]　2006-3-13，央視12套法治頻道「道德觀察」。

[6]　2008-4-25，央視12套法治頻道「道德觀察」。

是我們離不開中國，我們的文化、我們的血脈使我們只能屬於這一片土地。

　　「在乎」，一切追求的起點，「在乎」才可能追求品質，才可能出現「海倫・凱勒」。中共鼓勵國人成為一顆顆「永不生銹的螺絲釘」，不能「在乎」自己，整個滿擰，完全走錯了道。一個不「在乎」自己的人，還會「在乎」別人麼？

2008年春・上海

原載：《中國社會科學報》（北京）2009-11-26（刪削稿）

穿越史塵評鄧、赫

錯失歷史機遇

　　文革後，大批被打倒的赤幹官復原職——「胡漢三回來了」！[1]
為革命出生入死一二十年，竟成「革命敵人」，押入監獄、牛棚「接
受再教育」，這口氣怎麼順？當然對老毛深深銜恨。1982年，筆者
供職浙江省政協，親聆出身新四軍三五支隊的副主席朱之光（1918～
2017）抱怨：「剛從牛棚出來，對毛主席是有點怨的。後來想想劉少
奇都死了，這才慢慢算了。」

　　1980年9月21日，胡喬木在省市第一書記會上承認：

　　毛主席在「文化大革命」中間給大家造成了很大的惡感。

　　其時，中共黨內「重評毛澤東」聲浪甚大，有高幹提議罷廢「毛
澤東思想」，講馬克思主義就行了。[2]無論政治形勢還是撥亂反正的
需要，都是做毛澤東〈祕密報告〉的最佳期。

　　1980年10～11月四千中共高幹聚議毛澤東，討論〈建國以來黨的若
干歷史問題的決議〉。有人指毛「封建主義打底，馬列主義罩面」，
「臨終時沒一個戰友在跟前，孤零零死在深宮，這是莫大的悲劇。
他不需要任何人，任何人最後也認識到不需要他了。」副總理方毅
（1916～1997）：「歷史上最大的暴君要數他，連朱元璋也不如他。」[3]
可惜這股聲音不占主導。胡喬木「絕不允許別人對毛澤東表現不敬和
尖銳批評。遇見這種情況，他會大動肝火，堅決起而捍衛。」——

---

[1]　胡漢三：文革影片《閃閃的紅星》（1974）中的還鄉團地主，要回「鬧
　　　紅」被奪走的田地房舍。
[2]　《胡喬木文集》，人民出版社（北京）2012年，卷二，頁156。
[3]　郭道暉：〈四千老幹部對黨史的一次民主評議〉，載《炎黃春秋》2010年
　　　第4期，頁5～6。

　　當他看到〈實踐是檢驗真理的惟一標準〉一文時，憤曰：「這是分裂黨中央」。他也是較早公開提出對十一屆三中全會異議的人。[4]

　　胡喬木發表文章，竭力維護「以階級鬥爭為綱」。[5]胡很清楚：只有延續毛的理論與邏輯，才能保住毛的地位。關鍵時刻，掌舵的鄧小平支持了胡喬木，錯過「解凍」期最應進行的政治工程，「重新評毛」成為懸蕩至今的歷史遺留問題。

　　由於毛澤東連著中共政權的合法性，批毛對中共有一定風險。但人家蘇共做〈祕密報告〉也有同樣政治風險（甚至更大），赫魯雪夫（1894～1971）怎麼就做了？實踐證明，〈祕密報告〉風險不大，蘇共政權依然穩固，但為蘇聯扭轉大方向，結束史達林的恐怖政策，國家態勢漸回理性中軸。雖然〈祕密報告〉只是很有限的揭蓋子，只限於「個人崇拜」、「破壞社會主義法制」，就這麼一點點轉彎子，這麼一點點「自我否定」，硬成為國際共運由盛轉衰的標誌性拐點──「東風」從此落敗。

　　蘇聯作協主席法捷耶夫（1901～1956）自殺。美國著名左翼作家法斯特（1914～2003）退出美共，發表〈赤裸裸的上帝〉（Naked God）──抖出美共領導層的貪汙腐化。美共窮得要命，領導人不管黨員死活，貪汙黨費包養妓女，與姘頭幽會高級賓館。[6]

　　1953年3月5日史達林死，1956年2月25日赫魯雪夫做〈祕密報告〉。1976年9月9日毛澤東死，1980年10月四千高幹縱論毛澤東，不僅未做毛的〈祕密報告〉，還整出「三七開」。除了維護毛澤東就是維護中共政權這一「司馬昭之心」，鄧小平、胡喬木等人的思想境界、認識能力、人文層次，距離赫魯雪夫與蘇共政治局也差一大截，行動畢竟取決於認識。

---

[4]　何方：《黨史筆記》，利文出版社（香港）2005年，下冊，頁658、660。

[5]　于光遠：《我親歷的那次歷史轉折》，中央編譯出版社（北京）1998年，頁50～51。

[6]　黃秋耘：《風雨年華》，花城出版社（廣州）1999年，頁395～396、391。

〈祕密報告〉背後

　　1956年2月14～25日蘇共「二十大」，大會結束前，赫魯雪夫想揭史達林的蓋子——

　　一種曖昧的形勢產生了。史達林已經去世並且埋葬了⋯⋯史達林的政策仍在執行。工作像往常一樣地進行著。沒有人想到要為那些蒙著人民敵人的罪名而死去的人們恢復名譽，或者想到從集中營裡釋放囚犯。這些囚犯大多數仍被關在那裡，直到黨的二十大，即史達林死去的三年以後！三年來，我們沒有能同過去決裂，沒有能鼓起勇氣和決心來揭開幕布看一下⋯⋯一直保密著不讓我們知道究竟是些什麼東西。我們好像被史達林領導下我們自己的所作所為束縛住了，甚至在他去世以後還不能擺脫他的統治。

　　大會將要結束，也將通過一些決議，所有這一切都是形式上的事情。可是往後又是什麼呢？幾十萬被槍斃的人仍將使我們的良心不安，這些人包括第十七次黨代大會（1934年）上選入中央委員會的2/3的委員。當時在政治上活躍的黨員幾乎全部不是被槍決了，就是被鎮壓了。

　　大會休息期間，赫魯雪夫向蘇共主席團（政治局）提出得向大會揭一下史達林的暴虐，以便將集中營裡近百萬政治犯放出來，「三年來，我們沒有能同過去決裂，沒有能鼓起勇氣和決心來揭開幕布看一下。」

　　赫魯雪夫的提議遭到伏羅希洛夫、卡岡諾維奇、莫洛托夫的強烈反對。伏羅希洛夫（1881～1969）：

　　（人們）於是手指就要直接指向我們。對史達林領導下我們這些人自己充當的角色，我們又將能說些什麼呢？

　　莫洛托夫（1890～1986）認為將遭到全黨對主席團的憤怒：

　　你可知道將會帶來什麼後果？誰要我們這樣做的？誰說我們應該告訴代表大會這些事情？

　　卡岡諾維奇擔心延禍及己，竭力躲避責任，希望將自己的罪證掩蓋起來，千萬不要暴露。[7]此時，「古拉格」（勞改營管理總局）餘熱正熾，全國勞改營關押著781630人，監獄囚犯159250人。他們與外界斷絕一切聯繫，家人既不知生死也不知關押地。1956年底還在槍斃政治犯。

　　赫魯雪夫或有自吹成分，米高揚抱怨赫魯雪夫回憶錄將〈祕密報告〉所有功勞據己，拒絕「與任何人分享這一榮耀」，他曾敦促赫魯雪夫譴責史達林。據史家研究，赫魯雪夫的提議得到蘇共主席團多數成員支持：米高揚、布爾加寧、馬林科夫、別爾烏辛、蘇斯洛夫、薩布羅夫。伏羅希洛夫、卡岡諾維奇也同意「黨應該了解真相，惟事關重大，應考慮周全，得一步步地走。」僅莫洛托夫一人不同意：

　　　　真相就是：在史達林領導下，社會主義取得了勝利！[8]

　　無論如何，蘇共主席團批准了〈祕密報告〉，接著為2000萬人平反。[9]一個行動勝過一打綱領，邁出實質性的一步，至少讓「國家主人」享有一點知情權，惠及2000萬受冤者及其家庭。相比之下，毛澤東至今像在牆、屍在堂，好像大饑荒餓死四千萬、文革死了兩千萬整了一億人（葉劍英語）[10]，還能保持「三七開」?!這還沒算反右、文革對國家深及肌髓的傷害。為自身政權一時維穩的「三七開」，為照顧部分高幹的「階級感情」，致使中國只能背著文革搞改革——只能幹不能說，只能閃左燈向右行，打著毛澤東的旗幟反對毛思想毛政策，既累又悖，還得一路支付政治誠信的代價。也由於理論上堅持

---

[7]　《赫魯雪夫回憶錄》，東方出版社（北京）1988年，頁497、504～507。

[8]　沈志華：《思考與選擇》（中華人民共和國史‧卷三），香港中文大學出版社2008年，頁100。

[9]　（美）威廉‧陶伯曼：《赫魯雪夫全傳》，中國社會科學出版社（北京）2009年，頁286～290、654。

[10]　李銳：〈如何看待毛澤東〉，載《李銳文集》第五集，中國社會教育出版社（香港）2009年，卷九，頁279。
　　董寶訓、丁龍嘉：《沉冤昭雪：平反冤假錯案》，安徽人民出版社2003年，頁1。

「無產階級專政」，勢必摒拒民主自由理念，欠下又一筆政治大倒賬──「六・四」。

赫魯雪夫的人性

赫魯雪夫與蘇共主席團之所以能轉彎子，歸根結底「赫魯雪夫修正主義集團」的人性大於「黨性」，價值序列相對正確。

赫魯雪夫有一段認識──

現在我們應該懂得了：馬克思、恩格斯和列寧的教導不能單靠課堂、報紙和政治大會硬灌到人們的腦子裡去。以蘇維埃政權名義所進行的鼓動和宣傳也應該在飯店和食堂裡進行。如果我國人民最終接受我們的制度和拒絕資本主義，他們就必須能用自己的工資買到在社會主義制度下生產出來的優質商品。當然，在這一點上中國人一定會和我有不同意見。……在文化革命期間，毛批評我們正在努力滿足蘇聯人民的需求。中國人開始嘲罵和叫嚷，說我們犯了「經濟主義」的罪過。毛說我們應當反對物質刺激，並以革命思想來激勵我們的人民。但是你不能用思想來燒湯。[11]

「社會主義應該在飯店和食堂裡進行」，赫魯雪夫推動「解凍」的價值起點。承不承認現實、認不認可經濟檢驗政治，「主義」第一還是「實踐」第一，這一關鍵點上，赫魯雪夫的哲學水準確實高於毛澤東，或者說赫魯雪夫多少還有一點「為人民服務」的意識，不像毛澤東口上「為人民服務」，實則「人民為我服務」。1955年5月9日毛澤東約見周恩來、李先念、鄧子恢、廖魯言、陳國棟，要求加快合作化步伐，「頭腦很清醒」地說：

農民對社會主義的改造是有矛盾的，農民是要「自由」的，我們要社會主義。代表農民講話的，過去有個梁漱溟，現在又出來個黃炎

---

[11] 赫魯雪夫：《最後的遺言》，東方出版社（北京）1988年，頁237～238。

培，其實他們不是代表農民，而是不贊成社會主義。這種思想，黨內也有，不僅下邊有，上面也有，省裡有，中央機關幹部中也有。河北省的女省長薛迅，就公開反對糧食統購統銷，說糧食統購統銷是剝削農民。

缺糧，大部分是虛假的，是資產階級藉口糧食問題向我們進攻。農村工作部反映部分合作社辦不下去，是「發謠風」。[12]

毛澤東至死都不承認「實踐是檢驗真理的標準」，而是倒過來「我檢驗真理」，竟認為「主義」毋須經濟檢驗。文革更是欺騙全國，什麼「無產階級專政下的繼續革命」，明明陰謀權爭，竟拉上所有官民陪綁。老毛嘲罵「蘇修」關心人民生活是「經濟主義」、「物質刺激」，我們知青一代親歷「社會主義貧困」，今天還能提還能看嗎？

赫魯雪夫有一段自評（莫斯科新聖女公墓黑白墓碑詞）：

我死後，他們會把我的所作所為擺上天平——一邊是邪惡，另一邊是正義。我希望好的方面會超過壞的方面。

赫魯雪夫的自知之明大大高於毛澤東，好像也高於鄧小平，承認自己「一邊是邪惡」。

蘇共主席團整體人文層次也高於中共，「二十大」前專門組織調查委員會。據該委員會70頁的報告：1935～1940年逮捕1920635人、槍決688503人，所有罪行均為捏造，都是史達林批准的嚴刑逼供的結果，當時所有政治局成員都知道對犯人的殘酷折磨。

米高揚（1895～1978）記載：

事實如此觸目驚心，當念到某些特別困難的事情時，波斯彼諾夫的聲音都顫抖了，其中一次他再也念不下去了，禁不住抽泣起來。

卡岡諾維奇最後雖因擔心「政治混亂」反對〈祕密報告〉，這會兒卻駁斥莫洛托夫：

你不能欺騙歷史。事實不容篡改，赫魯雪夫對於報告的建議是正

---

[12] 杜潤生：《中國農村體制變革重大決策紀實》，人民出版社2005年，頁53～54。

確的。……我們是有責任的，過去的形勢確實太糟了，我們不能反對赫魯雪夫的建議。

一位速記員記錄〈祕密報告〉內容時，「禁不住痛哭流涕」。

1996年俄羅斯召開大會紀念蘇共「二十大」，戈巴契夫稱頌赫魯雪夫承擔「巨大政治風險」、「政治勇氣」、「畢竟是個有良知的人」。[13]在當時的形勢下，只有揭開史達林的蓋子，才能接著批駁史達林的一系列謬論，才能清理意識形態的「違章建築」。〈祕密報告〉之後，蘇共刊物《共產黨人》一邊揭露恐怖肅反，一邊批駁史達林的肅反理論：社會主義越前進，階級鬥爭越尖銳。[14]正本才能清源，清源才能去汙。

再據1990年代初蘇聯國家安全委員會披露：1930～1953年因反革命罪判刑者3778234人，其中處決786098人，已查出被鎮壓者的墳場約百個。[15]

巨大後遺症

鄧小平之所以沒做毛的〈祕密報告〉，除對毛承諾「永不翻案」，根柢還是哲學水準較低、政治勇氣太弱。「永不翻案」只對毛一人負責，搬開毛石則是對國家對歷史負責。鄧小平的經濟改革盡棄毛魂，一步到位恢復私有制，步子遠遠大於赫魯雪夫，卻在政治上錯失中國〈祕密報告〉的歷史良機，實在很為「總設計師」可惜，更為國家可惜。1980年代以來每次對經濟改革的阻擾抵制，都是政治在拉後腿。由於意識形態嚴重後滯，改革開放以來「後三十年」的文化、思想、政治領域的損失，已無法估算。僅僅一項貪腐，就因未啟政

---

[13] （美）威廉·陶伯曼：《赫魯雪夫全傳》，中國社會科學出版社（北京）2009年，頁5、290、293。

[14] 杜高：《又見昨天》，北京十月文藝出版社2004年，頁85。

[15] 姜長斌主編：《史達林政治評傳》，中共中央黨校出版社1997年，頁546。

改，留下制度性孵貪「糞缸」——各級官吏人人下水、個個沾光。標榜公平公正的中共，竟綿綿製造最大社會不公——「人民公僕」大面積受賄。

價值趨向上，鄧小平的「黑貓白貓」與赫魯雪夫的「不能用思想燒湯」，內涵同一，方向一致，兩人歷史境遇亦大致相同。赫魯雪夫雖公開否定史達林，卻堅持馬克思主義「靈魂」的公有制。鄧小平不說則做，掛幌「不爭論」，實質敢做不敢說，打著紅旗反紅旗。雖說風景各異，俄中有別，但對毛的這筆政治欠帳，已使國家支付實質性「利息」——嚴重拖滯經改、禁錮政改、鉗制士林直言。薄熙來之所以重慶「唱紅」，依托的還不是尚未祛魅的「毛澤東思想」？更可怕的是：老毛的「造反有理」成為弱勢工農的理論武器。「毛時代大家差不多」，當今毛左號召工農「起來」最有力的煽動語。

後人評史

歲月濾真偽，政聲人去後。1998年5月俄羅斯一次民意測驗，18～29歲青年評價二十世紀俄國領導人：列寧、史達林、勃列日涅夫、戈巴契夫、葉利欽都「弊大於利」，給予積極評價的第一位是尼古拉二世，第二位乃利弊對半的赫魯雪夫。[16]〈祕密報告〉使赫魯雪夫名垂青史。

中國青年也有這樣的歷史評議。1990年代初，中宣部副部長龔育之（1929～2007）聽到一位青年學者發言：

中國搞現代化，最有希望的時候是慈禧太后、袁世凱那個時候，壞就壞在辛亥革命把中國搞亂了。我聽了，真是大吃一驚。[17]

那麼，吾華如何評價鄧小平？如果「六‧四」不開槍，即便不

---

[16] （美）威廉‧陶伯曼：《赫魯雪夫全傳》，中國社會科學出版社（北京）2009年，頁656。

[17] 中央文獻研究室編：《話說毛澤東》，中央文獻出版社2000年，頁47。

推進政改，鄧氏至少能得三七開，「總設計師」的經改仍得一致肯定；奈何「六‧四」這灘血實在太大，至今影響大陸轉回理性中軸的速率，民主自由與劉曉波一起關在監獄裡。人民的眼睛雪亮雪亮呵！如果大陸也搞同類青年民調，說不定會跟俄國青年差不多，攝政王第一、蔣介石第二……歷史總是一再讓善良的人們大吃一驚！

2016-5-10～16　上海

原載：《爭鳴》（香港）2016年10月號

結語
──意識形態「拆違」：送客馬列

「十八大」結束，習李新政開場，卻無絲毫新氣象。不走「老路」不走「邪路」，仍走騎牆中路──打左燈向右行。2013年習近平「南巡講話」的信息很清晰：赤旗仍須擎舉，革命還得萬歲，改旗易幟搞民主是萬萬不能走的「邪路」。雖然中共清晰認識到赤說之謬，因涉及自身政權「合法性」，強撐硬挺，借理想避思想，借「中國特色」摒擋普世價值。

時政所必須

中共政治看似高深莫測，信息密閉，國人還是普遍「你懂得」。習氏「南巡講話」一出，中外咸知「胡規習隨」──維持現狀，不準備從時就變，十年之內馬克思主義仍然「萬萬歲」。

2013年4月22日「中辦」九號文件，提出意識形態七大危險：

一、宣揚憲政民主，企圖否定黨的領導，否定中國特色社會主義政治制度；

二、宣揚普世價值，企圖動搖黨執政的思想理論基礎；

三、宣揚公民社會，企圖瓦解黨執政的社會基礎；

四、宣揚新自由主義，企圖改變中國經濟制度；

五、宣揚西方新聞觀，挑戰黨管媒體和新聞出版管理制度；

六、宣揚歷史虛無主義，企圖否定中共歷史和新中國歷史；

七、質疑改革開放，質疑我國社會主義性質。[1]

---

[1] 〈關於當前意識形態領域情況的通報〉，載《明鏡月刊》（紐約）2013年8月號。

2013年5月，「中辦」下發要求高校教師對學生的「七不講」：普世價值、新聞自由、公民社會、公民權利、司法獨立、黨的歷史錯誤、權貴資產階級。

很清楚：習近平在進一步嚴控思想言論，意識形態不是繼續開縫，而是反向收緊，只准諛頌「歌德」，不准批評「缺德」。中南海仍在用暴力控制意識形態，只准國人跟隨中宣部運行思維，必須忍受中共的自我表揚，不准「妄議」。看來，中共很難自我革命了，明知不可為而為之——倚仗暴力強塞硬堵自由民主潮流。大陸憲政，遙遙無期矣。

文革後的中國，經濟崩潰，政治恐怖，民怨煮沸，中共不得不紅著臉搞經改，悖違共富之諾——「讓一部分人先富起來」，培育出新一代資產階級，但意識形態卻一直攔著遮著，既不讓檢討中共黨史（專詞「淡化」），更不讓評議馬列主義。這就是中共給予人民的「中國特色社會主義」的自由！

共產赤說確有很強迷惑性，忽悠了數代士林。中共政權建立在刺刀、謊言與香灰之上。刺刀、謊言，容易識別，惟紅色「香灰」迷惑性甚大，不少紅徒至今還跪著未醒。為此，辨別紅色香灰，釐清共產革命哪兒拐錯了彎、如何走錯了道，不僅為推動當下政改鳴鑼開道，亦為理論上刨除赤左謬根所必須。

為什麼必須皈依經驗，為什麼必須送客馬列，連著為什麼必須逢迎普世價值而送別「中國特色」，連著為什麼得民主自由而非階級鬥爭，連著為什麼……凡此種種，剖析馬列之謬，實為大陸意識形態時需之最。

一幅尷尬的「最新最美」

辛亥革命，聳立亞洲第一共和國，大方向正確，奈何從北洋的軍政到國府的訓政，再到中共的專政，未能走向孫中山設計的憲政。

中共用國，悖向而行，土改鎮反、思想改造、三反五反、恐怖肅反、三大改造、失信反右、人民公社、三年大饑、文化革命，再拖出「六四」屠城、重判曉波……從埋葬封建滿清的辛亥，拐入更恐怖更血腥的中共專政，紅色革命顯然拐錯彎走岔路。否則，沿著天堂的路標怎麼拐進地獄？為此，追根溯源，檢討中國共運指導思想的馬列主義，勢在必然。

　　天不饗「國」，乃今有「共」。如今，國共雖裂海而立，亦有共識：一、共和萬歲！（均紀念辛亥）二、告別共產（經濟同趨私有）。中共當年凜然批斥國府腐敗，專制獨裁、「四大家族」……如今輪到自己膿瘡日爛，64年都治不了腐敗，一茬茬「野火燒不盡」的貪官，一茬茬「老子革命兒接班」的太子黨。至於自由，1949年前報刊絕大部分民營，1949年後一律黨營，大陸士林只能彎腰說繞話，媒體更是「宣傳有紀律」！不僅政治局一級（包括已故）評議不得，各級官吏也批評不得（除非倒台），遮罩面比帝制時代還寬。古時僅皇帝一人尊享「批評豁免權」，如今「澤被全吏」。最最受不了的是：全體國人必須山呼「偉光正」，否則便是「破壞穩定」、「顛覆政府」……

　　從推翻一姓之私的辛亥，到捍衛一黨之私的「六四」──中共可以反對國府，自己卻不接受反對，「反黨反社會主義」成了鎮壓學運的當然理由（參見《李鵬日記》），好像國人必須對黨負責，而不是黨得對國人負責。再說了，共產黨可以反對國民黨，為什麼人家不可反對共產黨？革命革出如此顛倒的「六四邏輯」，整出這麼一幅「最新最美」，其間軌跡怎麼拐過來的？荒謬邏輯如何搭建的？利益攸關的中國人民總還有權質詢一下吧？摔了如此慘烈的「世紀跟斗」，還不汲取一點「世紀經驗」麼？哪兒走歪第一步？怎麼犯的「路線錯誤」？歲月真能淡化如此創痛深巨的國家災難麼？

赤色革命無遺產

　　赤色革命的分數，當然不可能取決於中共獨霸話筒的自喊「萬歲」、自批「百分」。驗尺只有一條：是否為社會帶來普惠利益，留下值得繼承的制度或理念，而非江山易幟、王朝更替。真理當然必須落實於國家利益，而非對未來的描繪。

　　赤說核心——階級鬥爭、暴力革命、公有制度、計畫經濟、一黨專政，均被實踐證謬。俄共1950年代就「修」了，改轍「和平過渡」，變階級黨為「全民黨」、階級國家為「全民國家」。1991年「工人階級祖國」的蘇聯解體，東歐赤國集體轉型民主。共產赤旗飄蕩無魂，再無初興時的豔炫，國際共運澈底落篷，除了成為反面教材，還能留下什麼值得繼承的「紅色遺產」？

　　中共也早已拋棄階級鬥爭、計畫經濟，羞羞答答作別公有制。而失去公有制、失去計畫經濟，馬列主義還有什麼值得掛幌？2013年3月5日（學雷鋒紀念日），中宣部推出影片《青春雷鋒》，多數省城未安排上映，太原兩家影院上映，零票房，當天撤檔下片。[2]全國組織的包場，不過約200場。[3]網評：

　　花幾十塊大洋去看自己都不會相信的東西嗎？

　　花錢上竿子被洗腦麼？人民日益增長的文化智力水準已超過某些人的預期。

　　你學雷鋒，有的人卻在學和珅。[4]

　　1980年代以來，中共寄望經濟改革證明政治「先進」，重獲民心，一廂情願耳。中外咸知：經濟體「全球第二」並非來自馬克思主義的公有制、計畫經濟，而是此前被踩被棄的資本主義的私有制、市場經濟。更重要的是：生產力提高了，溫飽了，人文要求水漲船高，

2　http://ent.qq.com/a/20130307/000042.html

3　https://zhidao.baidu.com/question/1242183020582287699.html

4　https://zhidao.baidu.com/question/531796425.html

新一代國人還會持守紅色信念、自覺與黨保持一致麼？不是說社會存在決定社會意識麼？

文革後，中共碰鼻頭拐彎，明刮「東風」（馬列主義），暗就「西風」（資本主義），旗幟與行為脫節相悖。為解決這一邏輯矛盾，中共高倡「馬列主義中國化」，寄望理論界「創新」，為一黨專政尋找意識形態合法性，同時擺出強硬姿態，拒絕易幟，保持高壓，鎮壓異議（所謂「露頭就打」）。但「馬列主義中國化」能點鐵成金麼？能化出什麼新型學說？估計歷屆中宣部長都明白：一項永遠不可能完成的任務。

哪兒拐錯了彎？

赤潮雖退，廢墟狼藉，國家內傷嚴重，意識形態清汙工程浩大。但中共至今「不鬆勁」，不准拆卸紅色違章建築，攔著擋著不讓評說百年國史，自評黨史自撰國史，不容他人置喙。封建皇朝都隔代修史，中共卻不怕難為情地自封「偉光正」，對盧布建黨、血腥井岡、長征慘史……三年大饑、黑色文革、血腥六四等一灘灘汙點躲閃「淡化」，寄時間於遺忘，抱馬列以長終。得承認，「淡化」政策很有效，大多數國人已不清楚中共黨史，更不明白馬列主義謬在何處、紅色大廈哪兒支歪了梁。

事實上，赤色列車一出站就開岔道、跑錯軌。馬恩以階級立說，剩餘價值「揭示」階級剝削，論證窮人劫富的「正義性」，鼓吹暴力革命，「挑動群眾鬥群眾」。不過，既然「造反有理」，如何「安定團結」？自己「造反有理」得了天下，卻不准人家批評監督，只能諂媚謳頌。前後邏輯截然不一，正義性安在？

實踐證明：馬列赤說悖扭人性違反理性，摧毀社會生產力。富裕成罪，一富即「反動」，誰還奮力勞動、勤勉創造？勞動積極性何來？道德高調能代替利益激勵麼？「千山萬水」扶立的計畫經濟根本

無法兌現政治支票，不僅不能大躍進，反而大倒退、大饑荒。公有制
只能平均分配貧窮，無法給予富裕。指導思想尚貧仇富，制度設計奪
私滅欲，源頭上就扼住致富的可能性。終於，蘇聯東歐相率易幟、柬
共被推翻、中越蒙終棄共產，國際共運步入蕭瑟寒冬，只剩下朝鮮、
古巴兩位小老弟還在熬守貧窮的共產主義。

　　柏克（1729～1797）早就指出：

　　　平均派只不過是改變和顛倒了事物的自然秩序而已；他們使社會
的大廈不堪重負，因為他們把結構的堅固性所需要放在地上的東西置
之於空中。[5]

　　人家早就看穿了「均產」的烏托邦性質──倒置價值順序，顛倒
人文生態結構。

　　1947年，儲安平（1909～1966？）有一段先見之明：

　　　共產黨高喊「民主」，無非鼓勵大家起來反對國民黨的「黨
主」，但就共產黨的真精神言，共產黨所主張的也是「黨主」而絕非
「民主」。……共產黨的對人，只有「敵」「我」，跟他們跑的，他
們可以承納，不跟他們跑的，他們一律敵視。一切都以實際利害為出
發，不存在任何人情與友誼。……老實說，我們現在爭取自由，在國
民黨統治下，這個「自由」還是一個「多」「少」的問題，假如共產
黨執政了，這個「自由」就變成了一個「有」「無」的問題了。[6]

　　各赤國實踐證明：公有制低效浪費、政治暴虐恐怖、意識形態悖
謬歪斜。史達林的殘暴遠大於沙皇、毛澤東的惡能遠高於隋煬帝、金
氏父孫的暴政遠烈於李朝、波爾布特竟殺掉三分之一柬民……「最新
最美」的赤色革命，留下一片骷髏遍地的紅色廢墟，人們必須戴上面
罩出門，必須持說自己都不相信的謊言，國家運行在巨大悖論中。

　　赤色革命以貧為貴，視富為仇，宣倡仇恨──「恨是高山仇是

---

[5]　（英）柏克：《法國革命論》，商務印書館（北京）2009年，頁64～65。
[6]　儲安平：〈中國的政局〉，載《觀察》週刊（上海）第2卷第2期（1947-3-8），頁6。

海」（《白毛女》），窮人得了「公平」，富人淪為窮人，社會失去效率──誰都不敢思富求富。可大家都窮了，誰來濟貧？失去效率的公平，還有什麼意義？誰會需要共同熬窮的「公平」？

重大謬誤

一、錯碼首磚。馬克思主義第一塊磚就碼錯了──否定個人權益。一提個人就俗就鄙，似乎集體利益不包括個人權益，最後進入「狠鬥私字一閃念」的死巷。失去個人權益的集體，還有什麼集體利益？失去個權地基，集體利益何立？更重要的是：為什麼非要硬扭自然天性？修齊治平，先私後公，前賢已然碼順次序，為什麼非要倒置先後？將個人殖富視為罪惡剝削，馬克思主義犯了常識性錯誤。從一個錯誤的價值原點出發，構建學說體系，規劃宏大改造方案，鼻撞南牆，豈非必然？事實上，人性是一切人文價值與社會秩序的地基，硬扭人性才是真正的反動反人類。十九世紀西方思想家就明確指出：

> 如果公共利益是以犧牲個人利益為代價才能換取，這樣的公共利益就不值得考慮。[7]

二、道德單輪。共產主義只在道德一翼做文章，空倡仁義，蔑私滅欲，單輪偏飛，回避社會發展的均衡性，以表面的形式變化（公有制、計畫經濟、大食堂）彰顯革命業績，代替生活水準的實質提高，以宣傳遮掩現實，國人長期生活在政治漫畫中，自然難行其遠。毛澤東要求國人狠鬥私字一閃念，自己卻大私特私，打倒這個逼反那個，時間讓荒謬毛共無處遁形。

棄經濟（效率）就道德（公平）的馬列赤說，無視歷史形成的自然人文生態，無視道德只能作為輔助補充，倒置本末，亂碼價值，一則政治邪說耳。古訓：倉廩實而知禮節。赤說要人們餓著肚子提高覺

---

[7] （英）達爾伯格・阿克頓：《自由與權力》，譯林出版社（南京）2011年，頁300。

悟，不要物質要意識，一切欲望皆罪惡，不能求富不能求美，更不能浪漫；無欲無己，忍苦熬窮才是「無產階級世界觀」。這樣的「高蹈派」，能遠乎？

三、暴力合法。階級鬥爭成為社會必須永久動蕩的理論根源，得「不斷革命」呵！馬克思主義將經濟上的兩大階級搞成水火難容的政治分野，再將無產階級專政論證成通往共產主義的必經之途。《共產黨宣言》結語——

總之，共產黨人到處支持一切反對現存的社會制度和政治制度的革命運動。……他們公開宣布：他們的目的只有用暴力推翻全部現存的社會制度才能達到。[8]

這不是標標準準的破壞社會和諧、顛覆各國政權麼？中共能讓當今無產階級（弱勢群體）繼承這一革命理論麼？既然資產階級不能壓迫無產階級，無產階級又憑什麼轉身壓迫資產階級？這不是「階級壓迫」的社會轉移麼？以暴易暴，其暴仍在。這種壓迫轉移能真正解放全人類麼？馬列赤說破綻百露，根本經不起駁詰，只能暴力封口——「不爭論」。

四、以新自炫。將完全違背歷史理性的赤說吹噓成全新設計，以「全新」豁免「檢驗」。赤說指責一切傳統過時，意在剝奪傳統檢驗其說的資格，避免被「扼殺在搖籃中」。而歪斜赤說之所以順利「免檢」，全賴進化論的先行開道，形成凡新皆美的態勢。進化論一起，兩個凡是——凡新必美、凡青必秀（青年必優於老年），士林皆歸昏庸老朽，失去檢驗赤說資格。西說紛入，如何擇選？檢尺既失，只能聽憑外來妹「拉街」，誰的幌飾最炫目，誰的「主義」最搶眼，誰就似乎最值得娶回，馬克思主義以「最新最美」得選。

---

8 馬克思、恩格斯：《共產黨宣言》，人民出版社（北京）1964年，頁58。

文化界的迷惑

赤潮洶洶，文化界頭暈目眩，最有抵禦能力的歐美留學生，第一反應竟是棄權。1918年，胡適發表〈多研究些問題，少談些「主義」〉，消極防禦，將「主義」的話筒讓給激進的陳獨秀。直至國府敗台，胡適未寫一篇批評馬列與中共的文章。[9]為此，胡適、蔣夢麟等一代國士跌足痛悔，意識到忽視文化思想鬥爭，實為國府失去大陸重要致因。

1949～1979年，一大圈走下來，經歷「天翻地覆」，大陸士林這才發現千辛萬苦迎來的赤說紅學原是一堆「違章建築」──完全搭歪意識形態、摧殘經濟基礎，吾華為這則邪說支付了最慘重的代價──六七千萬人成了「學費」，傳統斷撚，社會歪斜。1960年代初，80餘歲的黃炎培也被忽悠，遺言：

我願和全國人民一道，死心塌地聽毛主席話，跟共產黨走，走社會主義道路，進一步走共產主義道路。[10]

所謂改革開放，每一步都是拆除紅色建築，褪去一條條馬列縛繩。走向現代化的每一寸艱難，都來自中共此前拉的屎──中南海無法不臉紅的歷史尷尬。鄧小平確實很懂中共政治：「不爭論」。否則，如何擺平改革開放與馬列宗旨的巨大豁差？

1949年後一路走向文革，這場空前絕後的烈禍，當然得由馬列主義負責、中共負責、老毛負責，總裁不到「萬惡國民黨」的頭上吧？相聲諺語：「理不歪，笑不來」。馬列赤說實在理太歪，災才來。

9　唐德剛譯注：《胡適口述自傳》，遠流出版公司（台北）2010年，頁256。
10　黃炎培：〈八十年來〉，載《文史資料選輯》第73輯，文史出版社（北京）1981年，頁73。

無法撩看的細節

——1944年11月，美軍駐延安觀察組長包瑞德問周恩來美蘇誰更民主，周恩來回答：「我們認為，蘇聯在世界上是最民主的。」[11]

——1980年代初，深圳特區甫立，港商想搞一塊華僑墓地，「紅色港督」香港新華分社社長王匡（1917～2003）反對：「出賣國土，喪權辱國」。北京有人甚至將特區指為「新租界」——「經濟上天，紅旗落地」。[12]

——晚年韋君宜（1917～2002）意識到紅色邏輯有問題：

工人只能永遠停留在愚昧無知階段，才叫保持階級本色？如果你掌握知識了，知道科學了，想用科學方法來扭轉愚昧了，那你就算變了質，哪怕是從蘇聯學來的也不行！最標準的閉關鎖國，故步自封！這才是對國家的未來危害最大的「指導思想」。[13]

保持「無產階級本色」，就不能擁有知識掌握科學，因為所有科學知識都有階級性，紅色子弟絕不能接受「資產階級思想侵蝕」。無產階級不僅永遠不能有產，子子孫孫必須永遠捱窮，還得樂呵呵保持愚昧，否則便是「忘本」、「無恥的背叛」！

——2006年，藝人張國立（1955～ ）認為播出韓劇類同漢奸：

中國歷史上曾被入侵過，但文化上卻從未被奴役過。如果我們的電視台、我們的媒體整天只知道播放韓劇，這跟漢奸有什麼區別？[14]

——中共政府開支占國家財政30%，發達國家僅約6%；中共政府公共服務支出僅約國家財政20%，發達政府50～70%。[15]為人民服務，還是為自己服務，一目了然吧？

---

[11] （美）D・包瑞德：《美軍觀察組在延安》，解放軍出版社（北京）1984年，頁83。

[12] 《許家屯香港回憶錄》，香港聯合報公司2008年，上冊，頁23。

[13] 韋君宜：《思痛錄》，北京十月文藝出版社1998年，頁76～77。

[14] 龍應台：〈文化是什麼？〉，載《中國青年報》（北京）2005-10-19，版9。

[15] 周瑞金：〈轉型期改革的關鍵在哪裡〉，載《同舟共進》（廣州）2013年

自由必勝

鄧小平之所以「不爭論」，當然是爭論不起，只能「打左燈向右行」。推行「三自一包」、轉型市場經濟、恢復私人企業，無法回避黨內反對派指責「修正主義」。舉著紅旗搞「修正」，爭論不起呵！只能將意識形態的歷史包袱留給後人——「江山留與後人愁」。

但一搞改革，「革命」一回頭，此前所有的「萬水千山」便漂起來了，失去價值依憑。共產之路不通，馬列主義錯了，那又何必腥風血雨「鬧紅」？何必「二萬五千里」？三大戰役、三大改造……市場經濟不早就運行了？1980年代初，相當一批老赤幹抱怨：「辛辛苦苦三十年，一夜退到五一年。」準確地說，前面還應加上「流血犧牲二十年」。

1980年代初，鄧小平的目標是二十世紀末人均GDP翻兩翻——800美元，二十一世紀中葉達到4000美元，很有魄力的展望了。可資本主義這位勤快的小伙子還是使「總設計師」豁露巨大局限，大陸人均GDP至少提前三十年衝至5000美元，「西風」不與鄧郎便呵！套用杜詩：馬列身與名俱滅，不廢「自由」萬古流。資本主義反倒救了中共——我們這個時代最具反諷的政治故事。

1985年6月，抗戰初期與中共多有接觸的李芳蘭（1917～2007），1949年後台灣國防部婦聯會總幹事，寫下很有代表性的感嘆——

往事如煙，而今已時移勢易，當年為中共建立紅朝，出過力、流過汗如戴上九、張寒暉、郭見恩、熊彙荃（按：熊向暉）、陳忠經之流，是否仍在人間？抑或被清算鬥垮！他們如果活著，看到艱辛締造的共黨理想社會，只是人間地獄，是殘酷的獨裁統治，人們沒有翻身，而是下放、勞改、屠殺，把原本豐衣足食的祖國，搞到一窮二白，和自由世界比，科技倒退二三十年，他們若有良知，清夜捫心自

問，難道不內疚、愧悔？那些狡兔死，像走狗似地被烹被殺的共黨忠貞同志，死後能不怨憤自責而含恨九泉？[16]

還真說著了。文革期間，陳忠經成「潛特」，打得遍體鱗傷，若無周恩來保護，就被「鎮壓」了。駐英代辦熊向暉，召回「參加文革」——下放農村勞改。郭見恩遭誣、受迫害。戴上九失去蹤影，張寒輝1946年早逝。

不過，「打左燈向右行」（集權政制運行市場經濟）的收效期終究有限，私有經濟發展後會倒逼政治民主，政府這隻「看得見的手」必將轉成「看不見的手」。一直為中國經濟轉型歡呼的美國經濟學家羅納德‧哈里‧科斯（1910～2013），判認中國三十多年的市場轉型只是起步，真正轉型成功，必須開放思想市場——

一個生機勃勃的思想市場不僅是取得學術成就的必要條件，也是一個開放社會與自由經濟不可或缺的道德與知識的基石；如果沒有思想市場，人類智慧的偉大多樣性也會枯萎。……現在的勞動力市場上依舊存在諸多障礙，尤其是戶籍制度和農民工面臨的各種體制壁壘。只有深化改革才能逐步消除這些制度障礙，為勞動生產力的進一步增長提供源源不斷的動力。[17]

「自由」不僅僅只有政治意義，更有經濟價值呵！

若無國際共運的誤導，沒有「偉大毛時代」（只能排隊等候分配工作、領取食物），中國經濟早騰飛了，勤勞勇敢的中國人民早就有車有房，民主自由早實現了（「萬惡國民黨」都還政於民，並實現台灣均富式發展），更毋須背著文革搞改革——必須費勁釐清一大堆歪歪赤說、得向中共進行人文啟蒙、得等待政治局的「階級覺悟」、得

16　李芳蘭：〈我接觸C‧P與C‧Y的經過〉（1985-6），原載《傳記文學》（台北）第47卷第6期（1985-12）。收入《中共地下黨現形記》，傳記文學出版社（台北）1991年，頁124～125。

17　（美）羅納德‧哈里‧科斯、王寧：《變革中國——市場經濟的中國之路》，徐堯、李哲民譯，中信出版社（北京）2013年，頁214、236、265、238～239。

跪求「垂賜」民主、得……

中共的歷史機遇相當不錯了。當今的「告別革命」雖然否定了赤色革命的歷史價值，也同時遏制了對中共的暴力革命。中共兩頭沾光——奪權時沾享暴力的快捷，得國後則享「非暴力」的遲滯。

中國非中共之私產，上蒼不可能永眷中共，歷史車輪不以任何個人意志為轉移（中共套語），民主自由必勝！當然，中共已從極端的馬恩列斯毛退至相對折衷的「鄧三科」，已在悄悄送客。2005年，深圳某地政府為維穩，防止勞資對立，內部傳令：凡有民工參加的集會，一律不許播唱〈國際歌〉，違者追究黨紀國法——破壞社會穩定。

起來，饑寒交迫的奴隸！起來，全世界受苦的人！滿腔的熱血已經沸騰，要為真理而鬥爭！舊世界打個落花流水，奴隸們起來，起來！不要說我們一無所有，我們要做天下的主人！

鼓動民工「起來」，還有比〈國際歌〉更合適的麼？

我們要奪回勞動果實，讓思想衝破牢籠！快把那爐火燒得通紅，趁熱打鐵才會成功！這是最後的鬥爭，團結起來到明天，英特納雄耐爾就一定要實現！

此前那麼順耳得勁的〈國際歌〉，如今句句扎耳、字字驚心！「奪回勞動果實」，豈非再搞一次共產？秩序還能維持麼？和諧還有可能麼？「讓思想衝破牢籠」，豈非與法治在唱反調？「團結起來到明天」，不是最擔心的「群體性事件」？

2005年，北京悄悄拆除「闖王進京」塑像，含「不安定因素」。[18]中共不期然而然在悄悄拆卸紅色意識形態腳手架。舊時鼓動民眾的造反邏輯，如今成了「檻上芝蘭」。逆取之說已不適應順守之需。中共還想用馬列主義解釋歷史與現今的合法性，當然是無法完成的任務。

---

[18] 烏蘇里：〈政府草木皆兵，禁國歌、國際歌，拆闖王塑像〉，載《開放》（香港）2005年11月號，頁17。

中共如再尷尬一下，利用殘存的政權力量自行拆除紅色意識形態，頂層設計「維新」，而非等待自下而上的革命，當為國家之幸。就當下態勢，中共長一寸，國家向前進。推行政治改革，實為中共殘存的惟一「合法性」。對中南海諸客來說，成為中國的戈巴契夫，千載難逢的歷史機遇。不過，中南海不出戈巴契夫，國家仍會走向民主自由。世界潮流浩浩蕩蕩，中國已處「黎明前的黑暗」，吾華即將迎來意識形態拆違後的「穿柳燕子一身輕」。

初稿：2011年8月上海，後增補
原載：《揭露》（香港）2013年7月號

跋

　　清攝政王多爾袞致書史可法：「宋人議論未定，兵已渡河」。[1]嘲笑高闊空談的經典警句。乾嘉以降，小學盛行，餘緒垂今。筆者嗜史，入學之初，好陳高義，引嘲紛紛。幸賴48歲搞定職稱，完成這條山道的「必修課」，終得由文轉史。從現代士林切入，漸行漸遠，終至不返。回首總結，求學治學過程中，依性而為猶依材雕玉，興趣確為引路北斗。治學首弊在懈，無有興趣支撐，其行難遠。

　　經研究士林，漸悉赤禍滲入國髓，荼毒國本，斷我中華文脈，今與歐美人文差距百年以上。一斑可證：1950年代美國哥倫比亞大學唐德剛教授從事著名華人口述史，定酬時不僅衡量回憶者的「身價」，還根據其經濟狀況。胡適一生收入不菲，然一路散財助人，此時很窮，致酬3000美元／年，「胡適高興死了，那時候三千是筆鉅款。」李宗仁則一個銅板沒給，因為他有錢。顧維鈞也沒給。[2]如此理性區別，而非一刀切，當然體現人文能力的精密度。

　　當歐美已將人文溫暖滲入制度、政策，紅色大陸卻以「革命的名義」折騰一代代國人。1955年肅反，北師大全天候監視「懷疑對象」，無論「對象」到哪，都不遠不近跟著積極分子；「對象」的宿舍，晚上不能關燈，積極分子（1～2小時輪班）坐守床前，記錄「對象」每次翻身與細微表情。中文系1953級甲班徐姓女生，出身「舊文人」，說些怪話，入團不積極，定為「對象」，多次開她的大會，動員同學揭發其可疑言行。這位原本開朗活潑富有幽默感的姑娘——

---

[1] 多爾袞：〈致史可法書〉，載《中華活頁文選》（七），上海古籍出版社1982年，頁285。

[2] 〈唐德剛：活在別人的歷史裡〉，載《往事不寂寞》，三聯書店（北京）2009年，頁283。

被反覆批判折磨，大家挖空心思用最刺激的語言侮辱她的尊嚴和人格，在批判會後還布置了積極分子全天候監視她的一切行動直到表情。肅反以後，徐幾乎變成另一個人，孤獨、沉默，很少跟同學說話，把自己封閉起來。我近年知道，這位徐同學一生都沒有從這場噩夢中走出來。[3]

魂兮歸來哀江南（《楚辭·招魂》），士林獨立之魂當歸矣。家有直道，人多全節；國行歪理，士林盡萎。很慶幸晚生二十年，未被赤潮徹底葬送一生，文革後得入大學，才於二十一世紀走出「反革命」的後半生。

中共不願真正認輸，大陸進步太慢，毛像至今在牆，毛屍依然在堂，可愛中國仍被馬列赤繩強行綁縛，歪理邪說還在硬充真理……革命尚未成功，同志仍須努力呵！

〈七律·學子赤淚〉

西湖已老余垂老，母去子單傷斷橋；
殘月曉風楊柳岸，冷窗夜雨浙江潮。
昔年深怨興安遠，今歲未覺北美遙；
國恨家仇來筆底，簫心劍氣送朱毛。

2018年5月　Princeton

---

[3] 范亦豪：《命運變奏曲》，人民文學出版社（北京）2014年，頁22～23。

Do歷史85　PC0517

紅色史褶裡的真相（五）：
士林紅色・域外紅感

作　　　者／裴毅然
責任編輯／林世玲
圖文排版／楊家齊
封面設計／楊廣榕

出版策劃／獨立作家
發 行 人／宋政坤
法律顧問／毛國樑　律師
製作發行／秀威資訊科技股份有限公司
　　　　　地址：114 台北市內湖區瑞光路76巷65號1樓
　　　　　電話：+886-2-2796-3638　傳真：+886-2-2796-1377
　　　　　服務信箱：service@showwe.com.tw
展售門市／國家書店【松江門市】
　　　　　地址：104 台北市中山區松江路209號1樓
　　　　　電話：+886-2-2518-0207　傳真：+886-2-2518-0778
網路訂購／秀威網路書店：https://store.showwe.tw
　　　　　國家網路書店：https://www.govbooks.com.tw

出版日期／2018年9月　BOD一版　定價／440元

|獨立|作家|
Independent Author

寫自己的故事，唱自己的歌

紅色史褶裡的真相. 五, 士林紅色.域外紅感 /
　裴毅然著. -- 一版. -- 臺北市：獨立作家，
　2018.09
　　面；　公分. -- (Do歷史 ; 85)
　BOD版
　ISBN 978-986-95918-5-0(平裝)

　1. 中國共產黨　2. 歷史

576.25　　　　　　　　　　107011234

國家圖書館出版品預行編目

讀 者 回 函 卡

感謝您購買本書，為提升服務品質，請填妥以下資料，將讀者回函卡直接寄回或傳真本公司，收到您的寶貴意見後，我們會收藏記錄及檢討，謝謝！
如您需要了解本公司最新出版書目、購書優惠或企劃活動，歡迎您上網查詢或下載相關資料：http:// www.showwe.com.tw

您購買的書名：_____

出生日期：_____年_____月_____日

學歷：□高中 (含) 以下　　□大專　　□研究所 (含) 以上

職業：□製造業　□金融業　□資訊業　□軍警　□傳播業　□自由業
　　　□服務業　□公務員　□教職　　□學生　□家管　　□其它_____

購書地點：□網路書店　□實體書店　□書展　□郵購　□贈閱　□其他

您從何得知本書的消息？

□網路書店　□實體書店　□網路搜尋　□電子報　□書訊　□雜誌

□傳播媒體　□親友推薦　□網站推薦　□部落格　□其他_____

您對本書的評價：（請填代號　1.非常滿意　2.滿意　3.尚可　4.再改進）

封面設計____　版面編排____　內容____　文／譯筆____　價格____

讀完書後您覺得：

□很有收穫　□有收穫　□收穫不多　□沒收穫

對我們的建議：_____

_____

_____

_____

11466
台北市內湖區瑞光路 76 巷 65 號 1 樓

獨立作家讀者服務部 　　收

....

（請沿線對折寄回，謝謝！）

姓　　名：_____　年齡：_____　性別：□女　□男

郵遞區號：□□□□□

地　　址：_____

聯絡電話：(日) _____　(夜) _____

E-mail：_____